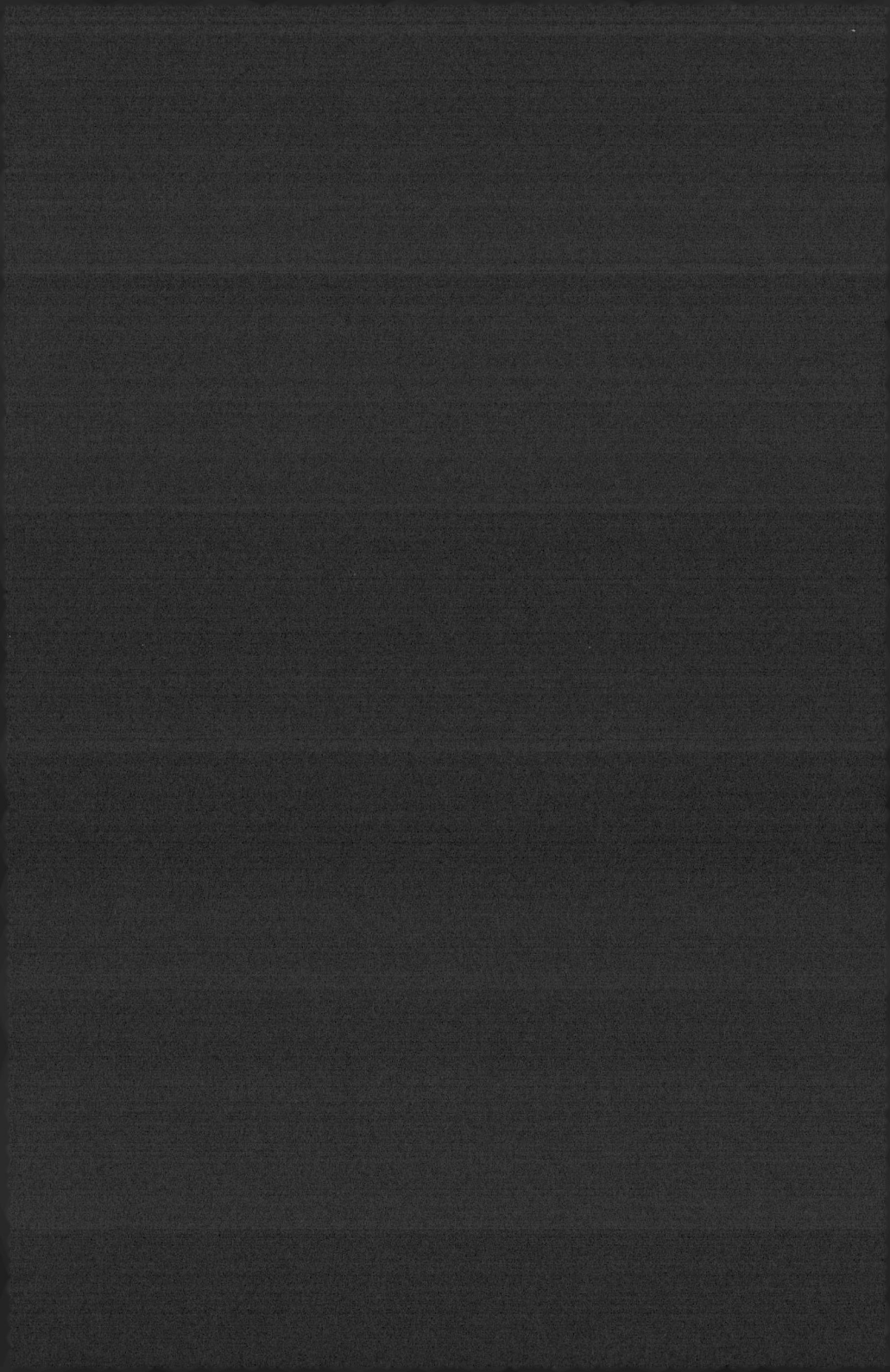

祭旅市場

イベントツーリズムの実態と展望

祭旅市場

イベントツーリズムの実態と展望

祭旅市場

イベントツーリズムの実態と展望

旅の販促研究所

はじめに

今年、アジアでの20年ぶりの夏季大会となる北京オリンピックが開催された。隣の国ということもあり、日本からも選手団や関係者だけでなく、応援や観戦を目的に多くの人々が北京へ旅立った。おそらく、旅行費用やチケットの入手、宿泊の確保などの問題がなければもっと多くの日本人が行ったことだろう。オリンピックは4年に一度の世界的なスポーツの祭典であり、日本人だけでなく世界中の何十万人という人々が中国に集い、交流を深めたことだろう。中国国内においても、おそらく数百万人、あるいはそれ以上の人々が首都北京への旅行を楽しんだに違いない。祭りやイベントはこのように多くの人々を呼び寄せ、旅をつくる力をもっている。

日本も祭りやイベントが全国各地で1年中行われている。札幌の雪祭り、青森のねぶた祭り、京都の祇園祭り、徳島の阿波踊り、博多どんたくなど１００万人以上の規模のものから、どの町や村にでもある秋祭りや盆踊り、商店街のイベントまで、大小様々な形で行われ、住民はもちろんのこと、帰省で戻った家族、近隣や遠くからやってきた旅行者も楽しませている。神社にかかわるものだけでもその数は30万以上といわれている。

２００５年に開催された愛知万博（愛・地球博）はまだ記憶に新しい。半年の開催期間中に予想を上回る２２００万人の入場者数を記録した。低迷を続ける国内旅行市場を活性化させただけでなく、官民連携によるビジット・ジャパン・キャンペーンに呼応し、訪日外国人の数を飛躍的に伸ばした。また国内外の多くの旅行者を呼んだだけでなく、名古屋やその周辺を元気にしたという。

「祇園祭りツアー」や「東北四大祭りツアー」、「おわら風の盆ツアー」など相変わらず人気が高い。目的型、体験型の旅行を求める傾向が強くなる中、ますます祭りやイベントは欠くことのできない季節の旅行素材となっている。同時に地域の自立が求められる中、地域振興、地域おこしの観光資源として脚光を浴びている。地元の大学生が実行委員会を組織し開催した、YOSAKOIソーラン祭りはいまでは雪祭りと並ぶ北海道の代表的な行催事となり、全国各地に波及している。青森県五所川原市は立佞武多《たちねぷた》を復活させ、東北四大祭りに並ぶ170万人もの人々を呼んで、街を生き返らせた。

新しい祭りやイベントも続々誕生している。神戸ルミナリエの成功以来、各地でイルミネーションのイベントができ、多くの人を魅了している。特徴ある映画祭や音楽祭もすっかり定着してきた。東京ゲームショーやコミックマーケットなども多くの人を動かすパワーを持ち始めている。

旅行者誘致、地域おこしにとってインパクトの大きい祭りやイベントにかかわる旅行・観光、すなわち「イベントツーリズム」を「祭旅《まつりたび》」と名づけ、歴史ある祭事神事、伝統ある季節催事から集客のある様々な新しいイベントまで範囲を広げ、その実態と旅行者の動向についての調査・研究を実施した。旅行素材や観光資源として多様なスタイルを持つ今日の祭・イベントの理解が進み、旅行造成・旅行販売や地域活性化に少しでも役に立てればと願っている。

最後に、調査や取材にご協力いただいた多くの方々に感謝します。また、編集にお力添えを戴いた教育評論社の久保木健治さん、小山香里さん、小嶌淳子さんに心より御礼を申し上げます。

2008年9月　　安田亘宏

祭旅市場

——イベントツーリズムの実態と展望——

目次

第8章 「祭旅」の取り組みと効果……213

「○○祭り（○○まつり）」の表記は、「○○祭り」にすべて統一しました。「○○祭（○○さい）」の表記は、「○○祭」としました。

本文中も「まつり」は「祭り」、ただし「まつりたび」は「祭旅」、「まつり・イベント」の場合は「祭・イベント」と表記しました。

文中の「首都圏」は東京都・神奈川県・千葉県・埼玉県、「北関東甲信越」は茨城県・栃木県・群馬県・山梨県・長野県・新潟県とします。

装訂　上野秀司

第1章

「祭・イベント」と「旅」

1 日本の祭・イベント

祭好きの日本人

何十年来の根強いファンを持つＪＴＢのカレンダー「旅の絵ごよみ」をどこかで見たことがあるという人は多いだろう。

１９５３(昭和28)年から途切れなく続いている表紙を含め13枚もののカレンダーで、毎月1日毎のコマに祭りの絵とその日に開催される祭りやイベント情報が紹介されているものだ。年間に約１４００件の祭・イベントが掲載されている。その元となるデータベースには国内海外合わせて約７０００件の祭・イベントがおさめられているという。このカレンダーを見ていると、なるほど日本列島のどこかで毎日何かの祭りが催されているのだと改めて気付かされる。

子どもの頃、近くの八幡神社の祭りは楽しみだった。盆踊りもその周りにできる屋台にうきうきし、河原での花火大会は少し電車に乗って出かけた。商店街や市役所もイベントや市民祭りなどをやり始めた。個人的には学校の運動会や文化祭が一大イベントで、大きくなって、ちょっと離れた町の有名な祭りやイベントに家族や友達と出かけるようになった。その間に東京オリンピックや大

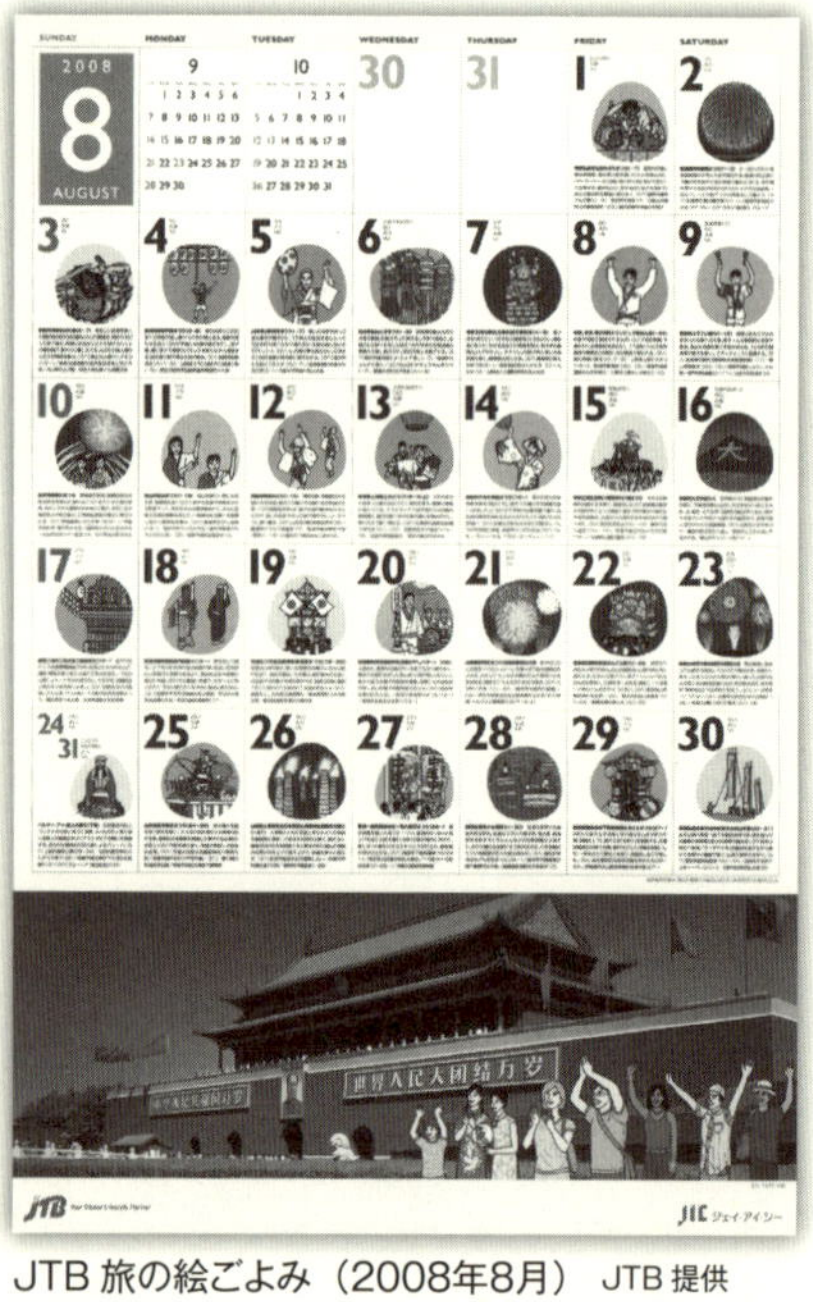

JTB 旅の絵ごよみ（2008年8月） JTB 提供

阪万博などの国家的な大規模なイベントを経験した——多くの日本人はこんな形で祭りやイベントに囲まれながら生活をしてきて、もうなくてはならないものになっている。祭りやイベントと聞くとなぜだか心が躍りだす。

実際に日本には大小おびただしい数の祭・イベントがある。神社にかかわるものだけでも30万になるという（神社本庁による）。神事ではない祭りや季節の行催事、行政や市民、企業が主催する祭・イベントを加えるとその数は倍の数字になると推計される。都市化が進み伝統的な祭りは衰退しつつあるといわれた時期があった。しかし、地域は伝統を継承し、むしろ掘り起こし復活させる努力をしているところもある。また、新しい形のイベントとして創造しているところもある。そういう意味では日本の祭・イベントは少しずつ形を変え、数を増やしながら現代の日本人に溶け込んでいるのだろう。

よく「日本人は祭り好き」といわれるが、本当のように思われる。具体的な他の国との比較は難しいが、日本の祭りの多さに驚く知日家の外国人は多い。

祭・イベントとは

祭りとは、本来日本に古代から伝わる行事であり、神や先祖などを祀《まつ》り感謝、祈願する儀式である。祭礼、あるいは祭祀とも呼ばれる。祭りの目的や意義は、豊作を感謝し五穀豊穣を願う、豊漁や航海の安全を祈願する、厄や穢《けが》れを祓《はら》う、商売繁盛や家内安全、無病息災、健康長寿を祈るといったものが多い。今日の祭りにもその願いや祈り、思いは少なからず継承されているようである。

しかし、近代に入り神事や仏事から離れた民衆、市民を主体とする祭りが多く発生し、さらに行政や企業なども祭りにかかわってくるようになった。今日では季節の行催事、イベント、フェスティバルなども含め広い意味で祭りと称することに違和感はなくなってきた。なぜなら、古の起源を持つものもあるが、昭和に入ってからできた祭りや戦後の祭りは数多く、それらもすでに伝統の祭りの仲間入りしているからである。今日新しく感じる行催事やイベントも多くの人々に受け入れられ、長く続けることによって必ず伝統の祭りになっていくものと思われる。

本書では、このように神事や仏事にこだわらず、「一定の期間、一定の場所に住民を中心に多くの人々が集まり、儀式、山車、神輿、神楽、行列、踊り、歌舞、芸能、装飾、花火、植物、灯火、展示、映画、音楽、スポーツなどに見学、参加、体験しながら日常生活を忘れて楽しむ行為・活動」を祭・イベントと位置付け論じていくことにする。

進化する日本の祭・イベント

日本神話に出てくる天の岩戸の前で行った儀式が日本で最も古い祭りとして知られている。もちろん、それ以前にも人間が集落をつくり、先祖を祀り、豊作を祈願し始めた頃から祭りは存在していたに違いない。時を経て、祭りは神社や寺院をその主体または舞台として行われ、そこにかかわる民衆も参加していった。

そもそも神事としての祭りは、神を迎え、そのお告げを聴き、歓待して送り出す行事である。祭りを行う場所には、その目印として火を焚き、幟《のぼり》を立て、神楽、獅子舞、太鼓、踊りなどの芸能により神を歓迎した。日本はもともと農村が中心で、収穫の村祭りから起こったものが多い。田畑の収穫を感謝し祝い、豊作を祈願した。食物と酒を囲み、踊るようなシンプルな行事が多く行われていたようだ。しかし、祭りは地域性が強く、その目的、意義や開催時期、行事の内容、形態も多種多様なものとなり、地方・地域ごとに大きく異なる形で継承されていった。

庶民が豊かになり、集落や村、町が発達し、神社の力も強くなっていくと、年に1、2回の祭りは徐々に規模が大きく派手になっていくところもでてきた。神輿をはじめとして山車・太鼓台・だんじりなどの屋台が大型化し豪華になり、神を先導する露払いの役目を持って練り歩き、それをもてなす意味で沿道では賑やかな催しが行われるようになる。また、美しい衣装や化粧を施した稚児、巫女、踊り子、祭囃子、行列などにより庶民が参加することも多くなり、その華やかさにより、その地域の住民はもちろん、周辺の人々や商人なども呼び寄せるようになっていった。

田植えや収穫時期だけの祭りだけでなく、日本人は多くの行事を祭り化していった。初詣、節分、雛祭り、花まつり、お花見、端午の節句、七夕、盂蘭盆会《うらぼんえ》、彼岸、お月見、七五三とほとんど毎月1回、季節の祭りをつくってきた。12月だけがないが、ずっと後の話にはなるがクリスマスまでも祭りとし、日本の文化に取り込んでいる。日本人の祭りに対する思いは、並々ならぬものがあるといえよう。

明治を迎え、さら昭和に入ると、日本は近代化、都市化が進み、もともと地域が中心であった祭りは衰退し、淘汰されていったものもあったが、多くの祭りは脈々と継承された。また、神事や仏事から離れた祭・イベントが作られるようになってきたのもこの頃である。

戦後、沈滞した国民の気持ちを高揚させようと、市民が中心となり様々な祭りが復活し、また創作された。国や地域行政、企業も特徴ある祭りやイベントにかかわるようになってきた。祭・イベントに経済的な効果を期待する傾向も出てきた。日本の祭・イベントはまだ進化の過程である。

2 祭・イベントと旅の歴史

祭りと市《いち》が人を集める――中世以前の祭旅

多くの人々を集めた祭・イベントとして記録に残っているもので、もっとも古いものは、752年、奈良の東大寺大仏開眼供養会だといわれている。この開眼供養会は天皇、皇太后の列席のもと、なんと全国から僧侶1万人が参加した大イベントであった。さらに多くの周辺や近在の住民もその様子と大仏殿を遠目に見ていたと考えられている。この世紀のイベントには多くの旅が発生していたと思われる。この開眼供養会は、今日多くの観光客を惹きつける東大寺二月堂のお水取りの起源でもある。

祭りの歴史は人類の歴史までさかのぼってしまうかもしれない。集落で祭りをしていた様子は縄文、弥生の遺跡にはっきりと残っている。奈良時代の8世紀の頃、各地には村ができ農耕を中心に人々は暮らしていた。そこでは豊作を感謝し、祈願する祭りがあった。その祭りが特徴的であり、規模も大きくなると、その村の住民だけでなく、周辺の村からも人を呼んでいただろう。さらに旅をする官吏や僧侶、商人たちにより諸国に伝わり、遠くからの人を旅させていたかもしれない。また市《いち》の歴史はさらに古く各地で存在していた。定期的または不定期で催される市は、まさに祭りといえ、多くの人を集め、周辺の人を旅立たせていたと思われる。

9世紀（平安時代）、葵祭りが勅命により行われる祭祀と制定され、壮麗な祭儀として完成された。祭りの当日は御所から社までの行列を一目拝観したいと都人はいうに及ばず地方から上京してきた人々で京の町は人であふれかえったと記録されている。この頃流行した猿楽、田楽も地方からの観客を意識したイベントであった。室町時代に大成した能楽、安土桃山時代に出現した阿国《おくに》歌舞伎も多くの人を集めた。さらに楽市楽座は市を活性化し祭・イベントとしての集客を果たしていた。

神社参詣の旅は祭りへの旅——近世の祭旅

江戸時代に入ると大名の参勤交代のための五街道をはじめとして、街道や宿場の整備が進み、街道筋には宿屋や旅籠、茶店などができ往来が容易になってきた。この頃まだ一般庶民は移動の自由は認められていなかったが、宗教的な巡礼、神社仏閣などへの参拝を理由に旅をしていた。伊勢参り、金比羅詣で、善光寺参拝、熊野三山参詣などである。江戸中期には年間100万人前後の人々が伊勢参拝をしていたという。この頃の伊勢神宮の様子を見るとまるで毎日が祭りのような賑わいで、もちろん信心からお札を授かるのが目的だが、十返舎一九の『東海道膝栗毛』などをみると、むしろ遠隔地の有名な祭りを見学しに行く感覚に近い、実際に大阪の天神祭りの風景が登場している。そういう意味では、これらの神社仏閣参拝は祭りへの旅とも位置づけられるだろう。

また、このような人々の交流を通して地域の情報を交換し、現在のガイドブックに近いものも誕生していたという。こうして地域の祭りの情報も流され、参詣の途上で祭りを見ることもあった。地元の商人も祭りが人を呼ぶことを意識し始めたのもこの頃で、各地で受け継がれている伝統的な大規模な祭りもこの頃に出来上がっている。もちろん、江戸や京都、大阪の大きな祭りには地方からそれを目的に多くの人がもうすでにやって来ていた。

国のイベントが出現、見せる祭りに――近代の祭旅

明治期になると一般庶民も名実共に自由に旅行ができるようになる。１８７２(明治5)年、に新橋・横浜間の開設を始めとし全国に鉄道網が敷設されていき、旅行は汽車によるものとなった。まだ、神社仏閣への参拝の旅が中心だったが、温泉、自然景観、歴史遺跡や祭りなど、旅に明確な目的を持つようになった。東京遷都で寂れる京都の賑わいを取り戻そうと始まったのが京都三大祭りのひとつ、時代祭りである。各地の伝統的な祭りも観光客による賑わいを期待する形に整えられていった時期である。

沈滞した京都復活のために行われたイベントがもうひとつある。１８７１(明治4)年、に33日間開催された日本初の国内博覧会、京都博覧会である。入場者は1万1千人を超え当時としては大盛況で、このときにアトラクションとして企画されたのが、今日でも多くの観光客を呼ぶ都踊りであった。わが国において観光客を集めることを目的として実施した最初の近代的イベントといえるだろう。その後、国内博覧会は大流行し、名古屋、東京、和歌山、広島、金沢、仙台、大阪など全国各地で開催され人を集めた。１８７７(明治10)年、政府による第1回内国勧業博覧会が東京上野公園で開催された。その入場者数はなんと45万人と驚異的な数字を達成した。その後も数度にわたり内国博覧会は開催される。今日の万博や地方博の原型ともいえる。

大型イベントと祭りツアー――現代の祭旅

戦後の日本では、1960年代の高度経済成長を背景に一般人が旅行に出かけるようになった。祭りやイベントもその対象となっていった。

新しい祭りも市民の力で誕生した。1950(昭和25)年、終戦直後の沈滞ムードを一新しようと始めたのが、さっぽろ雪祭りである。最初はわずか6基の雪像ではじめられ、今日では200万人の観客を呼ぶ道民の誇りのイベントに成長した。仙台の七夕祭りもこの頃規模を大きくして再出発している。博多どんたくもよさこい祭りもこの頃スタートしている。

1964(昭和39)年、東京オリンピックが開催される。この大イベントに向け全国の交通網が整備され、この年東京―新大阪間の東海道新幹線が営業開始し、名神高速道路も開通している。70年代に入るとJTBが国内パッケージツアー「エース」を発売し、以降各旅行会社のパッケージツアーもラインナップされる。この頃から「祇園祭りの旅」、「東北三大祭りツアー」などが売り出され人気を博していく。

1970(昭和45)年、大阪万博が開催。6400万人と万博史上最多の入場者数を記録し国内旅行を活性化させた。その後、沖縄海洋博、つくば科学万博、大阪花の万博、愛知万博と万博を開催しいずれも多くの旅行者を動かした。地方博も1981(昭和56)年、神戸ポートピアの成功以来ブームとなり全国各地で開催された。

1992(平成4)年、北海道の若者たちが始めたYOSAKOIソーラン祭りは、大ヒットするとともに全国に伝播して全国的な観光イベントとなっている。特徴ある映画祭や音楽祭も旅をつくっている。今日、東京ゲームショー、コミックマーケット、コスプレサミットなど新しいカルチャーのイベントも多くの参加者を全国から呼び始めている。

3 祭・イベントの分類

発生起源からの分類

発生起源から分類していく方法があり、次の5つに分類される。

① 神事・仏事が発生起源の祭・イベント
② 民衆・市民が発生起源の祭・イベント
③ 国・政府が発生起源の祭・イベント
④ 地方行政が発生起源の祭・イベント
⑤ 民間企業が発生起源の祭・イベント

日本の伝統的な祭りのほとんどは、神事・仏事から発生したといってもいいだろう。そういう意味では、①の祭・イベントが日本の祭りの原点になる。祇園祭りや三社祭り、天神祭り、青森ねぶた祭りなどの誰でもが知っている大規模な祭りから、どの町や村でも毎年行われる夏祭りや秋祭りもこの分類に入る。狭義の意味の祭りである。

②は民衆・市民の有志がつくり上げた祭・イベントで意外と多い。阿波踊りやおわら風の盆、よさこい祭り、ひろしまフラワーフェスティバルなどがその例だ。近年全国的に展開されているYOSAKOIソーラン祭りも代表的な例となろう。

③の代表例は東京オリンピックだろう。その後の札幌、長野オリンピック、大阪万博をはじめとした万博の開催などが、この分類になる。

④は戦後の不景気対策や近年の地域活性化のための地域おこしなどから発生したものが多い。さっぽろ雪祭りは戦後の沈滞ムードの払拭と観光のオフシーズン対策から市が主体となってはじめたものだ。地方博もこの分類になる。近年は各地で続々成功事例を生み出している。

⑤は今日、企業の販売促進やPR、社会還元のために行われるイベントで、運営主体となったり、共催、協賛の形をとったりとかかわり方は様々である。古くは地元新聞社の主催ではじめられた山形花笠踊りなどが有名である。

運営主体からの分類

運営主体からの分類の方法もある。次の4つに分類される。

①　パブリックイベント・無料行政型
②　パブリックイベント・有料経営型
③　コーポレートイベント・文化公共型
④　コーポレートイベント・販売促進型

①、②はともに運営主体に国や地方自治体がなる祭・イベントで、①は税金や寄付金でまかなう祭・イベント、②は入場料や企業協賛など採算性を導入し有料で行うもの。市町村主催の市民祭りや花火大会などは前者、万博や地方博などは後者となる。③、④は企業や団体が運営主体となるイベントで、③は企業や地域などのPRや地域交流、社会還元などを目的に行う祭・イベント、④は

企業が特定商品を販売促進するためのもの。企業のチャリティーコンサートや商工会議所の盆踊り大会や商店街イベントなどが前者、後者は新商品発表イベントなどである。

また、実際の運営組織体制から次のような分類もある。

① 宗教団体を主体とした運営組織体制
② 地方行政を主体とした運営組織体制
③ 実行委員会を主体とした運営組織体制
④ 民間企業を主体とした運営組織体制

開催形態からの分類

祭・イベントの開催形態から次のように分類することもある。

① 祭り系イベント
② 展示会・博覧会系イベント
③ 会議・集会系イベント
④ 文化・芸能系イベント
⑤ スポーツ系イベント

①は伝統的、創作型など狭義の祭り、②は万博や地方博、見本市、展示会など、③は国際会議、シンポジウム、講演会など、④は音楽、演劇、芸術、映画、科学、芸能などに関するイベント、⑤はスポーツ大会やスポーツフェアなどである。

祭旅調査における分類

歴史、規模、目的、内容、地域、運営組織、参加形態など多種多様、千差万別な祭・イベントを分類することは極めて難しい。しかし、祭・イベントの実態、あるいは旅や地域おこしとのかかわりを検証していくには何十万という祭・イベントの個々について見ていく事は困難で、何らかの指標をもって分類していく必要がある。祭旅の調査においては、大きく3つに分類し、さらに旅行素材、観光資源の観点から次のように小分類した。

①　祭事神事
②　季節催事
③　イベント

①は神事仏事を起源にもつ伝統的な祭り。旅行の観点から地域の祭りとして、東北の夏祭り、江戸の祭り、京都の祭り、大阪の祭りを別扱いとし、後は祭りの内容的な特徴から山車の祭り、神輿の祭り、火や灯《あかり》の祭り、盆踊りの祭り、行列の祭り、神楽・神事芸能、変わった祭りに分類した。

②は神事仏事とは直接かかわりのない市民祭りや季節の催事とし、伝統の市民祭り、新しい市民祭り、雪と氷の祭り、節分・雛祭り・端午の節句祭り、花見の祭り、七夕祭り、花火大会、花の祭り、食の祭り、市・縁日、イルミネーションに分類した。

③は一般的にイベントと呼ばれる現代的な催し物で、博覧会、見本市・展示会、映画祭・音楽祭・芸術祭、スポーツイベントに分けた。

この分類方法ですべての祭・イベントが違和感なく分類されることはないが、本書では以下この分類により調査、分析し論じていく。

第2章

「祭旅」とは何か?

1 旅に祭・イベントを求めているか？

観客100万人以上の祭・イベントが全国に

さっぽろ雪祭り、青森ねぶた祭り、弘前ねぷた祭り、五所川原立佞武多《たちねぷた》、弘前さくら祭り、SENDAI光のページェント、仙台七夕祭り、角館の桜祭り、隅田川花火大会、三社祭り、大道芸ワールドカップin静岡、浜松祭り、名古屋祭り、祇園祭り、天神祭り、神戸ルミナリエ、ひろしまフラワーフェスティバル、阿波踊り、よさこい祭り、博多どんたく港祭り、有田陶器市……

これらの祭・イベントは観客数が100万人を超す全国的に有名な祭・イベントだ。祭・イベントは開催形態や開催期間など様々であり、観客数のカウント、調査の仕方も異なるため正確な数字、順位を出すことはできないが、これらを含め100万人以上という驚異的な動員をする祭・イベントが日本列島にはまだまだ存在する。また、人口が数千人あるいは数万人に対し、何十万という人口の十倍以上もの観客を祭・イベント開催の短期間で集める地方の小さな市町村も数多くある。

本来祭りやイベントはそこに住み、暮らす人たちのためのものであった。今日でもその役割が失われている訳ではないが、徐々に地域住民だけではなく、その周辺の住民を呼び寄せ、さらに遠くの人々を呼び寄せるようになった。それは、祭・イベントには賑やかさや荘厳さ、神々しさ、美しさ、参加する楽しさ、交流する喜び、物語性、希少性、エンターテインメント性など日常生活の中では味わえない要素がぎっしりと詰まっているからだろう。

さらに、見せる工夫がなされ、参加させる仕組みをつくり、旅行者を迎える体制も整備し、観光イベントとしての形を整え、その周辺地域だけではなく、日本全国あるいは海外からの旅行者も惹きつけるようになった祭・イベントも多くできてきた。また、近年は最初から地域の活性化を目的に、旅行者を集めることを前提としてつくられた祭・イベントも多数出現している。

いずれにしても、何万人、何十万人、何百万人を集める祭・イベントの観客、参加者は間違いなくその地域の人々だけではなく、マイカーやバス、鉄道、飛行機などを利用してその祭・イベントを旅行のひとつの目的として来た旅行者なのである。

人気の衰えない祭りツアー

参加者全員が主役！　ＹＯＳＡＫＯＩソーラン祭り３日間、青森ねぶた祭りと巨大立佞武多３日間、にっぽん丸東北夏祭りクルーズ、伝承７００年の秘祭西馬音内《にしもない》盆踊り２日間、新幹線で行く！　渋滞知らず長岡大花火大会２日間、水上スターマイン諏訪湖祭湖上花火大会２日間、胡弓の音色美しい深夜の越中八尾おわら風の盆２日間、富士日本グランプリ観戦ツアー、合掌村五箇山《ごかやま》音楽祭バスツアー、熱狂に胸躍る！　徳島阿波踊り２日間、長崎精霊流しと山鹿灯籠祭り３日間……

これらはこの初夏から夏、秋にかけての祭・イベントの鑑賞や参加を目的として一般の人々を募集している旅行会社の企画するパッケージツアーである。この時期はなんといっても京都の祇園祭りと東北の夏祭りがメインになるが、全国各地で様々な趣向を凝らした夏祭りがあり、大小の盆踊り祭り、花火大会、野外イベントなども開催され、まさに〝日本祭・イベント列島〟となる。それぞれに多くの旅行者が殺到する。短期間の開催に大きな意味を持つ祭・イベントは観客が集中することにより、会場までのバス、鉄道、飛行機などの交通機関やホテル、旅館などの宿泊施設の予約確保が困難となる。祭・イベント会場付近のホテル、旅館などは1年前から当日は満員となっていることが珍しくない。そこで、確実にアクセスや宿泊が確保され、効率よく鑑賞、周遊できる旅行会社の企画するパッケージツアーが人気となる。しかも、パッケージツアーは特別観覧席や桟敷席など祭・イベントを堪能できる場所も用意している場合が多いからだ。しかし、それらのツアーも売り出しとともにすぐに満員になってしまうコースが多数あるという。

旅行者が物見遊山型の旅行から、目的型さらに体験型の旅行を求める傾向が強くなっている今日、祭・イベントはそのテーマのひとつとして定着しているといえるだろう。また、インターネットの普及などで、旅行会社離れが進行する中にあって、旅行会社の企画力や仕入造成力などが生かされる旅行形態ともいえるかもしれない。

四季を通して旅行者を集める祭・イベント

日本列島、北は北海道から南は沖縄まで、東京・大阪の大都会から山奥の村や船でしか渡れない離島にまで、その地域の特徴のある、けっして他の地域とは同じでない祭・イベントが存在する。その地域特有の珍しさ、短期間に爆発する人々の熱気や迫力などが多くの人々を魅了し、通常よりも高額となることの多い旅行費用を使ってまでも集まってくる。

祭・イベントは地域的な広がりとともに、日本特有の四季を通しての開催も特徴といえる。前述したが、旅行会社ＪＴＢのカレンダー「旅の絵ごよみ」の毎日のコマにはすべてに日本全国で開催されている祭・イベントが掲載されているし、同じくJTBのポータルサイト「るるぶ・com」の日本のイベントサーチでは、365日いずれかの日を指定して祭・イベントが検索できるが、開催されるものがゼロの日は一日もなく、すべての日で二桁以上の祭・イベントがヒットする。つまり、日本では365日どこかで祭・イベントが開催され、地元住民やその周辺の住人、さらに旅行者を楽しませているのだ。

夏は前述したように祇園祭りや東北の夏祭りをはじめとし、盆踊り、花火大会、七夕祭り、送り火や野外を利用した音楽祭・芸術祭など様々な種類の祭・イベントがあり、地元の住民に加え帰省した家族、夏休みを利用して旅行する人たちを集めている。〝祭・イベント＝夏〟のイメージがあるが、けっしてそうともいえない。

春にも祭・イベントは多い。春を告げる祭りは各地で行われる。奈良東大寺のお水取り、宮城の帆手祭り、春の高山祭りと続く。各地での雛祭りや花見の祭りも多くの人々を集める。ゴールデンウィークに頂点となり、博多どんたく港祭り、浜松祭り、有田陶器市など各地で驚異的な観客を動員する。秋はもちろん秋祭りのシーズンである。収穫の感謝の祭りを起源とするものも多い。岸和田のだんじり祭りや長崎くんち、灘のけんか祭り、そして京都の時代祭りなどが盛り上がる。

冬は旅行のオフシーズンとなる。それを救ったのが祭・イベントのパワーかもしれない。冬季の活性化を狙ってはじまった、さっぽろ雪祭りがその嚆矢《こうし》となり、本来旅行の敵ともなっていた雪や氷を観光資源とした祭・イベントが人気を博している。また、クリスマスも日本の祭・イベントの仲間入りをした。イルミネーションイベントが全国の冬の街を彩り多くの旅行者を集めた。

旅行者は四季を通して祭・イベントを求めているといってよいようである。

2 祭旅とイベントツーリズム

本当に祭・イベントを目的に旅行をしているのか?

日本には実際に数えられないほど数多くの祭・イベントが全国各地にあり、そして毎日のように開催され、旅行者を含め多くの人々を集めていることは間違いないようである。

祭りやイベントを一度も見たことがない、参加したことがないという日本人はおそらくいないだろうが、本書のテーマである祭・イベントを目的として旅行をしたことがある人、あるいは旅行として祭・イベントを見学、参加、体験した人は果たしてどれだけいるのだろうか。

図表①の調査結果は本書を構成する当「旅の販促研究所」で実施したインターネットによる定量調査の1項目である。サンプル数は2295で調査対象者は一般の生活者ではなく、最近3年以内に国内宿泊旅行と海外旅行に行ったことのある男女である。調査内容など詳しくは後述する。

図表①祭旅経験構成比 (n=2295) (%)

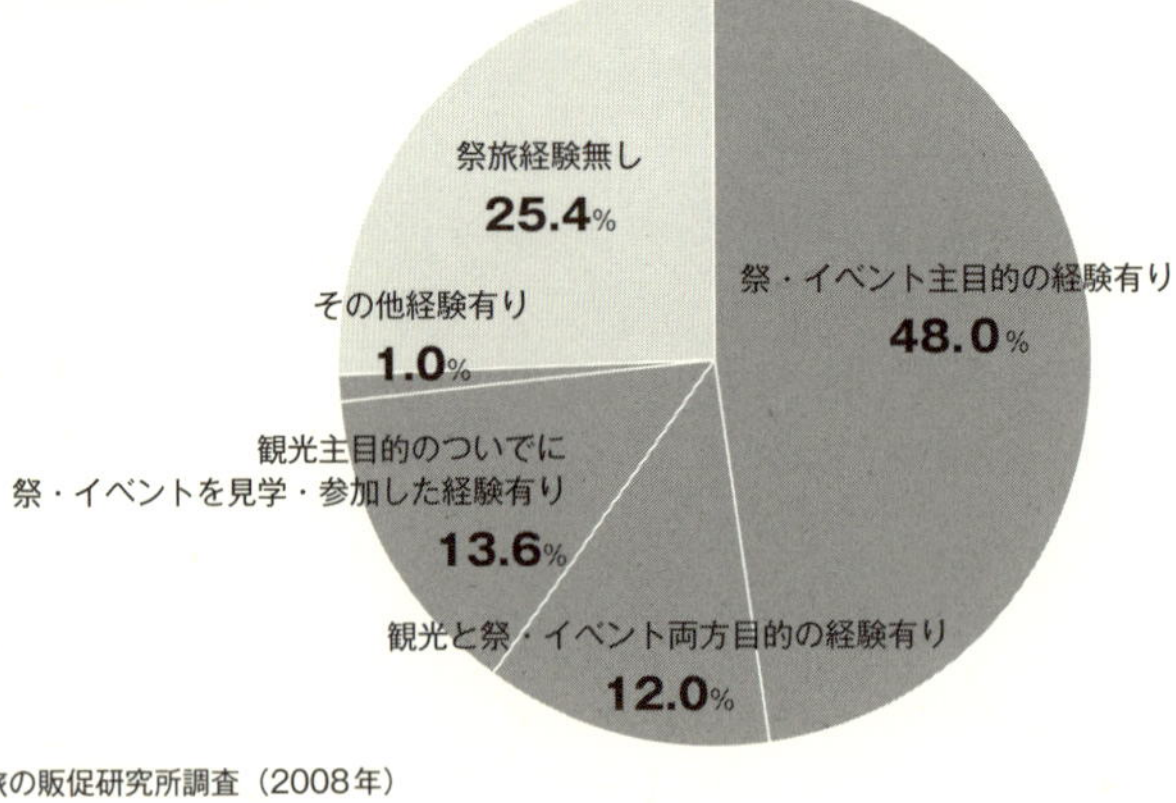

＊旅の販促研究所調査（2008年）

旅行として祭・イベントを見学・体験した人は75%

図表①は「過去5年以内に旅行として祭・イベントの見学、参加、体験したことがあるか」を質問した結果である。「旅行として」という条件をつけ、現在住んでいる市町村で開催される祭・イベントは除くものとした。

その結果、何らかの形で祭・イベントの見学・参加・体験の旅行をした人は74・6%で、4分の3の人が経験していることが確認できた。やはり、祭・イベントが旅行をするインパクトの大きなテーマであるといえよう。さらにその経験者の内訳を見ると、「祭・イベントを主な目的」として旅行を経験した人が48・0%であった。なんと約半分の人は祭りやイベントを見学または参加するということ自体を目的に、積極的に旅行した経験者であった。「観光と祭・イベントの両方を目的」として旅行を経験した人は12・0%だった。せっかくの旅行だから祭・イベントだけではなく、周辺の温泉や名所旧跡、自然景観なども楽しんだという人たちだ。特に鉄道や飛行機などを利用して遠くの祭・イベントに行ったような場合は極めて当然の行動パターンとなるだろう。「観光が目的の旅行中についでに祭・イベントを見学・参加した」人は13・6%だった。旅行中にけっして大規模でも有名でもないイベントに出くわすことはよくあることで、旅行のちょっとしたハプニングとしての喜びがある。そんな経験をした人が意外と多いのかもしれない。あるいは、日本の都市や観光地は偶然に遭遇するほど祭・イベントが多く開催されているともいえるのかもしれない。

この経験構成比から読み取れることは、4分の3というかなりの多くの旅行者が旅先で祭・イベントを見学・参加・体験をしているということと、その経験者の3分の2が祭・イベント自体を目的に旅しているということだろう。祭・イベントには旅行者の心を動かし、旅行をつくり、観光地を活性化させる力を持つ、魅力的な旅行素材であり、観光資源といっていいだろう。

「イベントツーリズム」とは

このような祭・イベントとかかわる旅行や旅行業、観光事業のことを、「イベントツーリズム(Event Tourism)」ということがあるが、あまり一般的には使われていない。したがって、観光業界でも関連の学会でも明確な定義はされていない。

しかし、前述してきた事例のように祭・イベントにかかわる旅行の歴史は古く、わが国の観光の発展の節目には必ず登場してきた旅行の目的であり観光資源であった。たしかに、近代以前においては神社仏閣参拝と療養のための温泉に加え、今日にも残る各地での伝統ある個性的な祭りが旅人をつくっていた。近代、さらに戦後になると、温泉に加え、自然観光、歴史文化観光、グルメ、リゾート、テーマパークなどの強い観光要素が出てくるが、大衆レジャー時代の口火を切ったのは東京オリンピックであり大阪万博であった。その後、地域ではテーマ性のある地方博がブームとなった。並行して伝統ある祭りを磨き、市民が新しい祭りを創造し、行政はコンベンションを誘致した。

今、日本は観光立国を宣言し、人口減少と産業構造の変化を背景に交流人口の増加を急務ととらえはじめている。国内旅行を活性化させ、訪日外国人を増やすために、祭・イベントが極めて重要な要素であることを否定する人はいない。国はほかの先進国に比べて少ない国際会議、コンベンションの誘致に本格的に取組み始め、自立を余儀なくされた地域も地域おこし、地域ブランドづくりの手法として祭・イベントに注目をし始めているし、もうすでに多くの成功事例をつくっている。

このようなイベントツーリズムに対して、旅行や観光、地域振興にとっての位置付けを再認識し、業界や学会で研究を進め、新たなる取組みをはじめなくてはならない時期に来ていると思われる。

「祭旅」の定義

私たちはこのイベントツーリズムの対象となる祭・イベントを、神事や仏事にこだわらず、一定の期間、一定の場所に住民を中心に旅行者を含め多くの人々が集まり、日常生活を忘れて楽しむ行為・活動と幅広くとらえ、具体的には伝統のある祭事神事、市民の祭りや季節催事、様々な形態の近代的なイベントをその対象としてとらえた。また発地からの旅行素材と受地での観光資源としての双方向から視点をもち検証していくこととした。

このような日本のイベントツーリズムを私たちは「祭旅《まつりたび》」と名付け、その実態と展望を調査研究することとした。

「祭旅」は次のように定義する。

- **「祭・イベント」が、行く動機付けとなった旅行、デスティネーションの選択となった旅行、主要な目的となった旅行、旅行中の活動の重要な部分となった旅行およびそれらにかかわる旅行事業**
- **「祭・イベント」を重要な観光資源とするために行う、祭・イベントの保護、育成、創出やアピール活動などの観光事業およびそれにより誘致された旅行**

以下、このような旅行やそれにかかわる事業を「祭旅」として解説していく。祭旅には、なぜだか日本人の心を躍らせる語感が含まれているような気がしている。

3 「祭旅」調査の概要

「祭旅」調査の背景

祭旅に関する調査やアンケートは意外と少ない。そもそも祭・イベントを旅行・観光の立場から評価する最大の指標である観客数、参加人数、経済波及効果など、個々の祭・イベントにおいては必ず調査されているものの、その方法は標準化されておらず、例えば観客数にしても主催者発表、市町村などの自治体発表、警察発表など様々で、クローズドの会場での有料の祭・イベント以外の多くの街全体や野外での祭・イベントでは推計数値である。残念ながら、その基本的なマーケティングデータの部分には今回、関与することはできないが、旅行者の視線から旅行にとっての祭・イベントの経験度、満足度、意向などのデータを通し、その実態に迫ってみたいと考えている。

祭・イベントを伝統のある祭事神事、市民の祭りや季節催事、様々な形態の近代的なイベントなど広くとらえて、検証している事例が少ない。例えば東京ゲームショーを祭りのひとつとしてとらえるのは違和感があるかもしれない、しかし、現実には数多くの人を呼び全国からの旅をつくっている。それは東京モーターショーも同じであり、愛知万博とも同じである。年に一定の短期間しか催されない催事に、それを目的にその会場に訪れるという行動は、博多どんたく港祭りに行くのも、阿波踊りに行き踊りに参加するのも、さっぽろ雪祭りに行き札幌の街を楽しむのも同じ旅行形態といえる。単に祭・イベントの開催内容が変化、あるいは進化しただけのことである。そういう意味では、20年前にはほとんどなかったイルミネーションイベントや新しい市民の祭り、映画祭やスポーツイベントなどが、祭・イベントのなかでどのようなポジショニングになっているのかも知りたい。そのなかで、多様化、個性化した旅行者がどのような意識を持ち、どのように行動しているのだろうか。

これらの実態を把握し理解することにより、新しい旅行づくりや旅行販売、地域おこしのヒントになればとの思いが調査研究のスタートとなっている。

「祭旅」調査の全体概要

当調査は、まず当旅の販促研究所のオリジナルツールである「たびけんアンケートパネル」を利用して、実際に旅行として経験した祭・イベントを確認した。そのアンケートで回答された祭・イベントを分類し例示として提示し、本調査の質問に活用した。また、1年を通し現地取材を試みたが、祭・イベントという短期間開催の性格上残念ながら、十分な現地取材とは行かなかったが、今後継続して調査取材活動をしていきたい。

①祭旅プレアンケート調査

調査対象者：18～69歳男女（全国）旅の販促研究所「たびけんアンケートパネル」利用
調査期間：２００７年10月10日～11月４日
調査方法：インターネット調査
有効回答数：１４８サンプル

主な質問事項：最近10年間に旅行として見学・参加・体験したことのある祭・イベント
今後行ってみたい祭・イベントなど

②祭旅実態調査（本調査）内容は以下詳述

③現地取材　２００７年4月～２００８年6月

札幌・旭川・小樽・青森・五所川原・秋田・角館・仙台・東京・横浜・小布施・越中八尾・名古屋・大津・長浜・京都・大阪・神戸・広島・福岡・長崎・那覇・石垣島など

祭旅実態調査（本調査）の調査設計と分析軸

実態調査は、当旅の販促研究所のオリジナルツールである「旅行者企画パネル」を利用し、全国の最近3年以内に国内宿泊旅行と海外旅行を行ったことのある男女、すなわち〝旅行者〟を対象として実施した。２００８年3月5日～同月13日の期間でインターネット調査により実施し、２２９5サンプルの有効回収を得た。

インターネット調査はオープンアンサー（自由回答）の記入率が高いのが特徴であるが、今回の調査でも、経験した祭・イベントで印象に残っていることや、これから行きたい祭・イベントについて、さらに、宿泊施設や交通機関の手配で困った経験、渋滞や混雑の思い出などについて生の声を集めることができた。必ずしもすべてが肯定的でない祭・イベントに対する旅行者の本音が垣間見られる興味深いコメントも各項で紹介したい。

❖祭旅実態調査の調査設計について

調査対象者：18～69歳男女
過去３年以内の海外旅行および宿泊を伴う国内旅行経験者
旅の販促研究所「旅行者企画パネル」利用
調査期間　：２００８年3月5日～13日
調査方法　：インターネット調査
調査エリア：全国
有効回答数：２２９５サンプル
主な質問項目：
〈日本国内の祭旅経験〉
最近5年間に旅行として見学・参加・体験したことのある祭・イベント／最近5年間で印象に残っている祭・イベント
〈最近5年間で印象に残る祭・イベントの内容〉
旅行目的／出発月／旅行日数／１人当りの費用／利用宿泊施設／利用交通手段／旅行手配方法／満足度／エピソードなど
〈国内祭旅の意向〉
祭・イベントのグループ別旅行意向／行ってみたい祭・イベント名とその理由
〈その他〉
見学・参加・体験した海外の祭・イベント名と開催国／費用についての思い出やエピソード／宿泊施設・交通機関の手配で困った経験など

性×年代別内訳（人）

	全体	男性	女性
全体	2295	1127	1168
10～20代	447	207	240
30代	452	235	217
40代	475	236	239
50代	467	231	236
60代	454	218	236

❖祭旅実態調査の祭・イベントの分類

祭事神事	東北の夏祭り	青森ねぶた祭り（青森）、秋田竿灯祭り（秋田）、仙台七夕祭り（宮城）、山形花笠踊り（山形）、盛岡さんさ祭り（岩手）など
	江戸の祭り	三社祭り、神田祭り、深川八幡祭り、山王祭り、花園神社例大祭など
	京都の祭り	祇園祭り、葵祭り、時代祭り、鞍馬火祭り、大文字送り火など
	大阪の祭り	天神祭り、岸和田だんじり祭り、住吉祭り、愛染祭り、十日戎など
	山車の祭り	高山祭り（岐阜）、博多祇園山笠（福岡）、川越祭り（埼玉）、新庄祭り（山形）、はんだ山車祭り（愛知）など
	神輿の祭り	灘のけんか祭り（兵庫）、帆手祭り（宮城）、伊万里トンテントン祭り（佐賀）、新居浜太鼓祭り（愛媛）、くらやみ祭り（東京）など
	火と灯の祭り	お水取り（奈良）、那智の火祭り（和歌山）、近江八幡左義長祭り（滋賀）、吉田の火祭り（山梨）、山鹿灯籠祭り（熊本）など
	盆踊りの祭り	阿波踊り（徳島）、郡上踊り（岐阜）、西馬音内盆踊り（秋田）、黒石よされ（青森）、おわら風の盆（富山）など
	行列の祭り	日光百物揃千人武者行列（栃木）、面掛行列（神奈川）、島田帯祭り（静岡）、加賀百万石祭り（石川）、信玄公祭り（山梨）など
	神楽・神事芸能	高千穂神楽（宮崎）、石見神楽（島根）、岩戸神楽（福岡）、花祭り（愛知）、母ヶ裏の面浮立（佐賀）など
	奇祭・裸祭り・夜祭りなど変わった祭り	御柱祭り（長野）、なまはげ（秋田）、御木曳（三重）、国府宮はだか祭り（愛知）、秩父夜祭り（埼玉）など
	伝統の市民の祭り	博多どんたく港祭り（福岡）、よさこい祭り（高知）、沖縄全島エイサー祭り（沖縄）、浜松祭り（静岡）、相馬野馬追（福島）など
	新しい市民の祭り	YOSAKOIソーラン（北海道）、ひろしまフラワーフェスティバル（広島）、大道芸ワールドカップin静岡（静岡）、長崎ランタンフェスティバル（長崎）、浅草サンバカーニバル（東京）など

季節催事	雪と氷の祭り	さっぽろ雪祭り（北海道）、十日町雪祭り（新潟）、くしろ氷祭り（北海道）、オホーツク流氷祭り（北海道）、蔵王樹氷祭（山形）など
	節分・雛祭り・端午の節句祭り	成田山節分会（千葉）、用瀬の流しびな（鳥取）、雛のつるし飾り祭り（静岡）、ビッグひな祭り（千葉・徳島）、上下端午の節句祭り（広島）など
	花見の祭り	弘前さくら祭り（青森）、高遠城址公園さくら祭り（長野）、会津藩桜祭り（福島）、角館桜祭り（秋田）、名護さくら祭り（沖縄）など
	七夕祭り	湘南ひらつか七夕祭り（神奈川）、安城七夕祭り（愛知）、高岡戸出七夕祭り（富山）、山口七夕ちょうちん祭り（山口）、三木町いけのべ七夕祭り（香川）など
	花火大会	長岡大花火大会（新潟）、大曲の花火（秋田）、土浦全国花火競技大会（茨城）、関門海峡花火大会（山口・福岡）、諏訪湖祭湖上花火大会（長野）など
	花の祭り	となみチューリップフェア（富山）、熱海梅園梅祭り（静岡）、伊豆大島椿祭り（東京）、潮来あやめ祭り（茨城）、館林つつじ祭り（群馬）など
	食の祭り	フードピア金沢（石川）、日本一の芋煮会フェスティバル（山形）、どろめ祭り（高知）、湯布院牛喰い絶叫大会（大分）、けせんぬまサンマ祭り（宮城）など
	市・縁日	少林山だるま市（群馬）、深大寺だるま市（東京）、大盆栽祭り（埼玉）、有田陶器市（佐賀）、浅草寺ほおずき市（東京）など
	イルミネーション	神戸ルミナリエ（兵庫）、さっぽろホワイトイルミネーション（北海道）、SENDAI光のページェント（宮城）、きらきらフェスティバル（長崎）、NIIGATA光のページェント（新潟）など
イベント	博覧会・地方博	愛知万博（愛知）、浜名湖花博（静岡）、長崎さるく博（長崎）、花フェスタぎふ（岐阜）、全国都市緑化ふなばしフェア（千葉）など
	見本市・展示会	東京モーターショー（千葉）、東京ゲームショー（千葉）、コミックマーケット（東京）、世界コスプレサミット（愛知）、世界らん展（東京）など
	映画祭・音楽祭・芸術祭	東京国際映画祭（東京）、湯布院映画祭（大分）、フジ・ロック・フェスティバル（新潟）、パシフィック・ミュージック・フェスティバル（北海道）、「熱狂の日」音楽祭（東京）など
	スポーツイベント	東京マラソン（東京）、F1日本グランプリ（静岡・三重）、全日本トライアスロン宮古島大会（沖縄）、佐賀インターナショナル・バルーンフェスタ（佐賀）、箱根駅伝（東京・神奈川）など

Column❶

驚くほど沢山ある私のまちの祭・イベント
――首都圏の住宅地千葉県八千代市の例――

季節それぞれに祭りがある

私の住む八千代市は、千葉県北西部にあり、人口約19万人の中堅都市。野菜や梨の栽培など農業も盛ん、工業団地も擁する。5つの住宅団地があり、東葉高速鉄道沿いには新興住宅地が広がっている。観光客はほとんど訪れることはない生活するための街である。

新しい年は、初詣で始まる。八幡神社では、元旦祭として、地元の青年会がお神酒や雑煮を初詣客にふるまう。1月、2月は神事も多い。八千代市の文化財にも指定されているのが、ハツカビシャやカラスビシャというふたつのオビシャ（弓矢で的を射り、ご神体の受け渡しが行われる神事）と、七百餘所神社の神楽と湯立て神事だ。屋内で楽しめる文化的なイベントはこの時期に多い。若手ピアニスト育成のためのやちよ音楽コンクール、大学生中心で運営されるミュージックフェスティバル、八千代市子ども憲章の認知を高めるための八千代ふるさとかるた市民大会などがある。

春になると、八千代市でもさくら祭りをはじめ、様々な花にまつわるイベントが行われる。新川沿いの菜の花畑でのイベントも始まった。暖かくなったこの時期には、イベントも外で楽しむものが増える。自然公園でアトラクションを楽しむビッグ・グリーン・アドベンチャー、ウォークラリー大会などが好例だ。ゆりのき台つつじ祭り、緑ヶ丘ローズハーツふれあいフェスタなどの地域交流のための祭りも行われている。

夏のビッグイベントは、八千代ふるさと親子祭りである。盆踊り、神輿、ステージライブ、よさこいソーランパレード、気球試乗、約5000発の花火大会と様々なものが盛り込まれた祭りで、2007（平成19）年には約20万人が来場した。

秋になると、佐山と勝田で獅子舞が行われる。源右衛門祭も秋に行われる。名前からすると祭礼のひとつかと思うが、これは八千代市を流れる新川の清掃イベントだ。源右衛門鍋という直径２mの鍋がふるまわれるのも名物となっている。10月の八千代どーんと祭りでは、地元産品を楽しむことができる。

冬には、ニューリバーロードレースが行われる。新川沿いの10マイルのロードレースで県外から参加するランナーもいる。コミュニティワールドカップサッカーには、海外チームも参加する。

八千代にも旅がある

八千代市にはこんなに祭・イベントがあったのかと驚かされた。一覧を見ていただきたい。地元の住民だけで楽しむものもあるが、市外から客が集まるものもある。八千代市は観光客の集まる市ではないと冒頭に書いたが、それは誤りかもしれない。小さい旅かもしれないが、これらの祭りは旅を確実に生み出しているようだ。

八千代市の祭・イベント一覧

1月	八幡神社元旦祭、消防出初式、七百餘所神社　湯立神事と神楽、夢いっぱい・ふれあいコンサート、高津比咩神社ハツカビシャ、やちよ音楽コンクール（本選）、八千代市・みんなでつくるミュージカル
2月	高津新田のカラスビシャ、八千代ふるさとかるた市民大会、やちよ新川菜の花フェスティバル
3月	ミュージックフェスティバル、八千代フリーマーケット（5月、10月にも開催）、ふるさとステーション春の感謝祭
4月	自然観察会、大和田機場さくら祭り、八千代市少年少女交歓会　ビッグ・グリーン・アドベンチャー、ゆりのき台つつじ祭り、草田の花見・茶会、勝田台桜まつり、市民体育大会
5月	八千代市ウォークラリー大会、緑が丘ローズハーツふれあいフェスタ、八千代台東口歩行者天国（9月にも開催）、こいのぼり大遊泳、京成バラ園ローズフェスティバル
6月	わんぱく相撲八千代場所、市民写生会
7月	トウモロコシ祭り
8月	八千代ふるさと親子祭り、東葉サマーコンサート、サマーフェスタ IN 勝田台、ふるさとカップ、八千代梨の共進会
9月	親善大使的国際平和展、佐山の獅子舞（熱田神社・妙福寺）、勝田の獅子舞（円福寺・駒形神社）、市民体育大会、市民文化祭
10月	八千代市身体障害者スポーツ大会、八千代どーんと祭り、時平神社祭礼、源右衛門祭、七百余所神社例祭、米本神社祭礼
11月	下総三山の七年祭り、こんにち〝わ〟!ふれあいまつり、やちよジュニアフェスタ、つばさまつり、マイタウン・ふれあい・フェスタ、ふるさとステーション秋の収穫祭
12月	インターナショナルフェスティバル、コミュニティワールドカップサッカー in 八千代、ニューリバーロードレース in 八千代

第3章

「祭旅」の実態

1 行ったことのある祭・イベント

祭旅経験──祭事神事38％・季節催事59％・イベント46％

今回の調査では前章での説明の通り、祭・イベントをまず大きく「祭事神事」、「季節催事」、「イベント」に分類し、さらに、主に見学や参加の対象となるメインのイベント部分や主だった特徴などから祭・イベントのグループ分けを行って、最近5年間に〝旅行として見学・参加・体験〟したことのある祭・イベントのグループを確認した。なお、〝旅行〟としての見学・参加・体験を明確にするために、以下の条件を加えて質問を行った。

・居住する市町村で開催される祭・イベントは除く
・東京居住者は東京23区で開催される祭・イベントは除く

また、それぞれのグループをイメージしてもらうために、各グループについて代表的な祭・イベントを例として提示した。

では、実際にどのくらいの人が祭・イベントの見学・参加・体験のために旅行をしているのだろうか。図表①を見ていただきたい。最近5年間に提示した祭・イベントのいずれかのグループに旅行した経験のある人は全体の74・6％であり、「祭事神事」の経験者は37・8％、「季節催事」は59・3％、「イベント」46・2％となっている。

年配層に支持される伝統的な祭事神事

図表②を見ると、古くからの伝統的な祭りが中心となっている祭事神事全体では、60代男性の半数、50代以上女性の4割以上が最近5年以内に何らかの祭・イベントの見学・参加・体験を目的に旅行をしている。具体的な祭りグループでは、祇園祭り、葵祭りなどの「京都の祭り」の経験者が全体の11・9%と最も多く、天神祭り、住吉祭りなどの「大阪の祭り」が8・8%、青森ねぶた祭り、仙台七夕祭り、秋田竿灯祭りなどを代表とする「東北の夏祭り」が8・4%、阿波踊り、おわら風の盆などの「盆踊りの祭り」が7・4%、高山祭り、博多祇園山笠などの「山車の祭り」が7・1%となっている。60代男性では「京都の祭り」の経験者が19・3%、「東北の夏祭り」が13・8%、60代女性では「盆踊りの祭り」が15・3%と、いずれも全体の経験率を上回っている。

イルミネーションが季節催事のトップに

次に、季節催事であるが、こちらは比較的新しい祭・イベントが中心となっているグループであ

図表①
最近5年間に旅行として見学・参加・体験した祭・イベント
(n=2,295)(%)

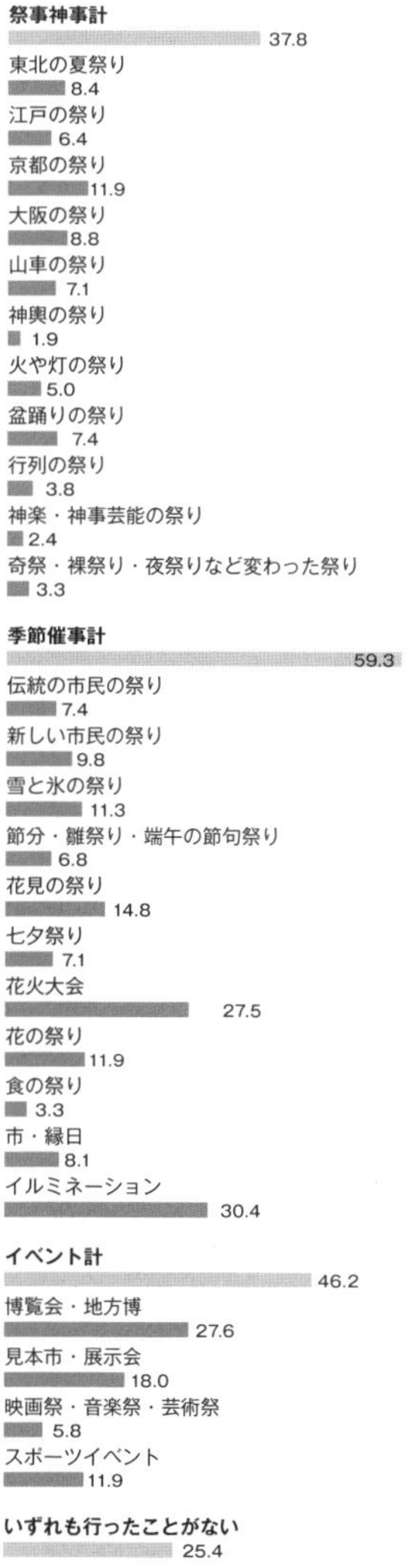

*旅の販促研究所調査（2008年）

図表② 最近5年間に旅行として見学・参加・体験した祭・イベント／属性別傾向（%）

		全体	男性計	10～20代	30代	40代	50代	60代	女性計	10～20代	30代	40代	50代	60代
	n	2295	1127	207	235	236	231	218	1168	240	217	239	236	236
祭事神事	東北の夏祭り	8.4	9.7	8.2	6.4	8.5	11.7	13.8	7.2	3.3	6.5	8.4	9.3	8.5
	江戸の祭り	6.4	7.8	4.3	5.1	8.5	10.0	11.0	5.1	3.8	2.3	4.6	8.9	5.9
	京都の祭り	11.9	12.6	15.0	8.5	8.1	13.0	19.3	11.2	10.8	9.2	8.4	12.7	14.8
	大阪の祭り	8.8	9.8	11.6	5.5	8.9	10.0	13.3	7.9	11.7	7.8	3.8	8.1	8.1
	山車の祭り	7.1	7.0	4.8	5.5	7.6	7.4	9.6	7.3	4.6	7.4	4.2	10.6	9.7
	神輿の祭り	1.9	2.3	2.9	1.7	2.5	1.7	2.8	1.5	2.1	1.8	1.3	0.4	1.7
	火や灯の祭り	5.0	5.0	3.9	3.8	5.9	4.3	6.9	5.0	2.5	3.7	3.8	5.5	9.3
	盆踊りの祭り	7.4	7.5	9.2	5.5	5.1	6.5	11.5	7.3	4.6	6.0	4.2	6.4	15.3
	行列の祭り	3.8	4.5	1.4	4.3	5.5	4.3	6.9	3.1	1.7	3.2	2.9	2.5	5.1
	神楽・神事芸能の祭り	2.4	2.4	1.9	0.9	2.5	2.6	4.1	2.4	0.8	0.5	1.7	2.5	6.4
	奇祭・裸祭り・夜祭りなど変わった祭り	3.3	3.6	2.9	4.3	3.8	2.6	4.6	3.0	3.3	3.7	2.1	3.0	3.0
季節催事	伝統の市民の祭り	7.4	7.0	7.7	5.1	8.9	5.6	7.8	7.8	7.1	6.5	7.1	10.2	8.1
	新しい市民の祭り	9.8	9.7	7.7	7.2	12.3	9.1	11.9	10.0	8.8	11.1	11.3	9.3	9.7
	雪と氷の祭り	11.3	11.3	9.2	8.5	12.7	9.5	16.5	11.4	7.9	12.0	12.1	10.2	14.8
	節分・雛祭り・端午の節句祭り	6.8	5.3	3.4	3.0	5.1	6.9	8.3	8.2	4.2	6.5	5.0	13.1	12.3
	花見の祭り	14.8	14.2	7.2	11.5	11.0	13.9	27.5	15.4	12.9	10.1	12.1	19.1	22.5
	七夕祭り	7.1	7.5	7.7	5.5	9.7	7.4	7.3	6.7	7.5	6.0	6.7	5.1	8.1
	花火大会	27.5	29.4	37.2	30.6	34.7	24.2	20.2	25.8	37.9	26.7	22.2	21.2	20.8
	花の祭り	11.9	10.8	5.8	8.1	11.9	9.1	19.3	13.0	9.2	8.3	7.1	19.5	20.8
	食の祭り	3.3	3.1	1.0	4.3	3.8	2.2	4.1	3.4	3.8	3.2	3.8	4.2	2.1
	市・縁日	8.1	8.6	3.4	7.2	11.4	9.5	11.0	7.6	7.1	6.9	6.3	9.7	8.1
	イルミネーション	30.4	29.4	37.2	24.3	30.1	30.3	25.7	31.4	36.7	29.0	29.7	32.6	28.8
イベント	博覧会・地方博	27.6	25.5	24.2	26.4	29.2	23.4	23.9	29.7	26.7	23.0	36.4	26.3	35.6
	見本市・展示会	18.0	23.9	21.3	17.9	30.5	30.7	18.3	12.2	14.6	15.7	15.9	7.2	8.1
	映画祭・音楽祭・芸術祭	5.8	6.0	7.2	4.3	8.5	8.2	1.8	5.5	9.2	5.5	5.0	3.4	4.2
	スポーツイベント	11.9	15.7	14.5	16.2	20.8	14.3	12.4	8.2	7.1	8.8	8.4	10.2	6.8
いずれも行ったことがない		25.4	24.7	23.2	31.1	18.6	26.0	24.3	26.0	25.8	30.9	26.4	22.9	24.6

※■全体を5%以上上回る値

＊旅の販促研究所調査（2008年）

る。現代の新しい祭りの形として、神戸ルミナリエ、さっぽろホワイトイルミネーションなどの「イルミネーション」もこのグループに加えたが、「イルミネーション」は30・4％で他の季節催事を押さえてトップとなった。諏訪湖祭湖上花火大会、長岡大花火大会などの「花火大会」が27・5％で次いでおり、いずれも10～20代男女の4割弱と多くが経験している。以下、弘前さくら祭り、高遠城址公園さくら祭りなどの「花見の祭り」が14・8％、となみチューリップフェア、熱海梅園梅祭りなどの「花の祭り」が11・9％、さっぽろ雪祭り、オホーツク流氷祭りなどの「雪と氷の祭り」が11・3％となっている。「花見の祭り」は60代男性で27・5％、60代女性で22・5％と多く見られる他、「花の祭り」も60代男性と50代以上の女性で2割程度と比較的多く見られる。

博覧会・地方博を押し上げる愛知万博

イベントでは、2005(平成17)年に開催され、185日間の開催期間中に、当初の目標を上回る2200万人の観客を動員した愛知万博（愛・地球博）が数値を大きく押し上げ「博覧会・地方博」が27・6％でトップとなっている。地方博として2004(平成16)年に実施された浜名湖花博も187日間で540万人を動員しており、今回の調査でも経験者が多く見られた。以下、東京モーターショーなどの「見本市・展示会」が18・0％、箱根駅伝や2007(平成19)年よりスタートした東京マラソン、F1グランプリなどの「スポーツイベント」が11・9％、熱狂の日、サマー・ソニックなどの「映画祭・音楽祭・芸術祭」が5・8％程度となっている。「博覧会・地方博」は40代女性と60代女性で3割以上と比較的多く見られる他、「見本市・展示会」は40～50代の男性でいずれも3割程度と多く見られる。

2 印象に残る祭りランキング

印象に残る祭旅のトップ3は愛知万博・神戸ルミナリエ・さっぽろ雪祭り

次に最近5年間に旅行として何らかの祭・イベントに出かけた対象者、1713人に対し、祭・イベントの中で、印象に残っているものから3件までをあげてもらい、トータルで2376件の具体的な祭・イベント名とその内容に関する回答を得た。

図表③は回答件数の多かった祭・イベントから30位までを示したものである。個別の祭・イベントの特徴など詳細については次章以降に譲るが、30位までの祭りを概観してみたい。

第1位は〝自然の叡智〟をテーマとして2005(平成17)年の3月~9月に開催された愛知万博(愛・地球博)。大阪万博以来2回目の総合的な万国博覧会であり、185日間の開催期間中での観客動員数は2200万人を上回った。博覧会系では地方博の浜名湖花博(しずおか国際園芸博覧会「パシフィックフローラ2004」)が13位となっており、187日間で540万人を動員している。

第2位は神戸ルミナリエ。阪神・淡路大震災のあった1995(平成7)年の12月、〝夢と光〟をテーマに犠牲者の方々の鎮魂と神戸の再生、復興を託して開催され、以降、市民の支援に支えられて今日まで継続されている。2006(平成18)年収支では赤字となり中止も検討されたが、来場者の募金や企業協賛金などにより継続できることになった。12日間での動員数はこの数年は400万人以上となっており、神戸の人々だけではなく訪れる人々に感動と希望を与え続けている。その他、イルミネーションでは24位にさっぽろホワイトイルミネーション、28位には２００６(平成18)年から休止されている東京ミレナリオが入っている。

第3位は２００８(平成20)年2月の開催で58回を迎えたさっぽろ雪祭り。１９５０(昭和25)年に地元の中高生が大通り公園に作った雪像がきっかけとなり、以降、瞬く間に札幌の市民の冬のイベントとして定着したもので、現在では開催期間1週間での観客動員数が２００万人を超える大イベントとなっている。同様に雪・氷系の祭りとして、オホーツク流氷祭りも26位に入っている。こち

図表③ 最近5年間で印象に残っている祭・イベント

順位		回答件数
1	愛知万博（愛知）	359
2	神戸ルミナリエ（兵庫）	124
3	さっぽろ雪祭り（北海道）	111
4	祇園祭り（京都）	84
5	青森ねぶた祭り（青森）	65
6	東京モーターショー（千葉）	48
7	仙台七夕祭り（宮城）	42
7	岸和田だんじり祭り（大阪）	42
9	博多どんたく（福岡）	41
10	三社祭り（東京）	35
10	阿波踊り（徳島）	35
12	高山祭り（岐阜）	29
13	浜名湖花博（静岡）	28
14	天神祭り（大阪）	25
15	大文字送り火（京都）	24
16	お水取り（奈良）	23
17	おわら風の盆（富山）	22
18	秋田竿灯祭り（秋田）	21
18	博多祇園山笠（福岡）	21
18	弘前さくら祭り（青森）	21
18	諏訪湖祭湖上花火大会（長野）	21
22	長崎ランタンフェスティバル（長崎）	19
22	長岡大花火大会（新潟）	19
24	YOSAKOIソーラン（北海道）	18
24	さっぽろホワイトイルミネーション（北海道）	18
26	オホーツク流氷祭り（北海道）	17
26	熱海海上花火大会（静岡）	17
28	よさこい祭り（高知）	16
28	高遠城址公園さくら祭り（長野）	16
28	東京ミレナリオ（東京）	16

*旅の販促研究所調査（2008年）

らも２００８(平成20)年で44回と歴史があり、さっぽろ雪祭りとともに冬の北海道の風物詩として定着しているといえるだろう。冬の北海道は台湾、香港、シンガポールなどの東アジアやオーストラリアからの訪日外国人の人気のデスティネーションとなっており、インバウンドの面からも期待される祭りである。

6位東京モーターショー・東北三大祭りは20位以内

伝統的な祭りの代表ともいえる祇園祭りは4位となった。その他京都の祭りでは15位に大文字五山送り火があげられているが、祇園祭りとともに京都三大祭りである葵祭りは34位、時代祭りは45位となっている。

5位には青森ねぶた祭りが入り、青森ねぶた祭りとともに東北三大夏祭りに数えられる仙台七夕祭りが7位、秋田竿灯祭りが18位となっている。これらは同時期に開催されることから、１９５８(昭和33)年に国鉄が「東北三大祭り」として周遊キャンペーンを行って以来、旅行会社各社でパッケージツアーが企画され現在まで人気商品として続いている。

6位には東京モーターショーが入っている。第1回の開催が１９５４(昭和29)年という歴史のあるイベントであり、現在は幕張メッセで奇数年に開催され17日間での入場者数は１４０万人を超えている。時系列で見てもテーマによる変動はあるものの入場者数は全く衰えていないという。

大阪の祭りでは岸和田だんじり祭りが7位、天神祭りが14位に入っている。それに対し東京は三社祭りが10位に入っているが、交互に隔年で行われる山王祭りと神田祭りや、8月15日に近い金土日と夏休みシーズンに行われる深川八幡祭りは30位までに入っていない。

22位〜30位の祭・イベントはすべて昭和・平成生まれ

９位の博多どんたくは古くからの庶民の祭りとして原型のあったものを、戦後に市民の祭りとして復活させ、１９６２（昭和37）年から博多どんたく港祭りとして市民総参加の祭りとなったもの。28位のよさこい祭りも１９５４（昭和29）年に戦後の復興を目指して高知市の商工会議所が企画したのが始まりであり、いずれも市民の祭りとしてばかりでなく、他地域からの参加者も受入れているのが特色となっている。さらに新しく平成に入って始まった22位の長崎ランタンフェスティバル、24位のＹＯＳＡＫＯＩソーラン祭りも新しい市民の祭りとして定着しているばかりでなく、他地域からも多くの見学者や参加者を集めている。

その他、弘前さくら祭り、高遠城址公園さくら祭りなどの花見の祭り、阿波踊りや、最近人気が沸騰しているおわら風の盆などの盆踊りの祭り、高山祭り、博多祇園山笠などの山車が華やかな祭り、諏訪湖祭湖上花火大会、長岡大花火大会、熱海海上花火大会など大規模な花火大会が上位にあげられている。22位から30位の祭・イベントはすべて昭和・平成生まれだった。

春の高山祭り　高山市商工観光部観光課提供

3 祭旅の動機・目的の実態

祭旅の８割はその祭・イベントを目的とした旅行

前項までは、最近5年間での祭旅の実態を確認した。ただし、それらの祭旅は必ずしも祭・イベントの見学・参加・体験を第一の目的としたものではなく、他の観光要素と一緒に楽しまれているケースも多い。図表④は最近3年間で印象に残っている祭旅の目的について、祭・イベントと他の観光要素との割合を示したものである。各グループについては、個別の名称であげられた祭・イベントをその特徴からグループ分けしたものである。また、「経験者関与度スコア」として、それぞれの祭旅における祭・イベントのウェイトを示すために、「主にその祭・イベントの見学または参加を目的とした旅行」に10点、「他の観光とその祭・イベントの見学、参加の両方を目的とした旅行」に5点、「他の観光目的があって、ついでにその祭りを見学または参加した旅行」に2点と各項目に点数を与えて加重平均値を算出した。このスコアが高い祭・イベントほど、祭・イベントそのものを旅行の目的とするウェイトが高いことを示している。

祭・イベント全体では、「主にその祭・イベントの見学または参加を目的とした旅行」が59・1%、「他の観光とその祭・イベントの見学、参加の両方を目的とした旅行」が20・3%となっており、8割は他の観光の〝ついで〟としてではなく、その祭・イベントの見学や参加を目的とした旅

図表④ 旅行目的／祭・イベントグループ別傾向　（祭旅件数ベース）（%）

		n	主にその祭・イベントの見学または参加を目的とした旅行	他の観光とその祭・イベントの見学、参加の両方を目的とした旅行	他の観光目的があって、ついでにその祭を見学または参加した旅行	経験者関与度スコア
全体		2376	59.1	20.3	20.6	7.34
祭事神事	東北の夏祭り	145	45.5	22.8	31.7	6.32
	江戸の祭り	41	58.5	17.1	24.4	7.20
	京都の祭り	137	43.8	29.9	26.3	6.40
	大阪の祭り	69	59.4	13.0	27.5	7.14
	山車の祭り	89	48.3	25.8	25.8	6.64
	神輿の祭り	6	66.7	-	33.3	7.33
	火や灯の祭り	47	38.3	36.2	25.5	6.15
	盆踊りの祭り	76	53.9	25.0	21.1	7.07
	行列の祭り	11	72.7	9.1	18.2	8.09
	神楽・神事芸能の祭り	12	41.7	41.7	16.7	6.58
	奇祭・裸祭り・夜祭りなど変わった祭り	35	65.7	20.0	14.3	7.86
季節催事	伝統の市民の祭り	73	46.6	23.3	30.1	6.42
	新しい市民の祭り	80	50.0	18.8	31.3	6.56
	雪と氷の祭り	159	40.9	37.7	21.4	6.40
	節分・雛祭り・端午の節句祭り	32	43.8	21.9	34.4	6.16
	花見の祭り	87	41.4	34.5	24.1	6.34
	七夕祭り	26	61.5	11.5	26.9	7.27
	花火大会	246	61.8	17.1	21.1	7.46
	花の祭り	66	45.5	33.3	21.2	6.64
	食の祭り	14	42.9	-	57.1	5.43
	市・縁日	25	56.0	24.0	20.0	7.20
	イルミネーション	214	51.4	21.0	27.6	6.74
イベント	博覧会・地方博	410	82.4	11.5	6.1	8.94
	見本市・展示会	118	85.6	6.8	7.6	9.05
	映画祭・音楽祭・芸術祭	39	71.8	20.5	7.7	8.36
	スポーツイベント	102	74.5	9.8	15.7	8.25

※■全体を10%以上上回る値

＊旅の販促研究所調査（2008年）

行となっている。

経験者関与度スコアは行列の祭り・変わった祭り・神輿の祭りが上位

祭事神事の傾向を見ると、日帰りが6割以上を占める「江戸の祭り」「大阪の祭り」など大都市圏での祭りや、経験者数の少ない「行列の祭り」、「奇祭・裸祭り・夜祭りなど変わった祭り」、「神輿の祭り」、などの経験者関与度スコアが比較的高くなっており、祭りそのものを目的とした旅行が多くなっている。ちなみに、「行列の祭り」では、信玄公祭り、島田帯祭り、「神輿の祭り」ではくらやみ祭り、新居浜太鼓祭り、「奇祭・裸祭り・夜祭りなど変わった祭り」では秩父夜祭り、御柱祭り、国府宮はだか祭りなどがあげられている。逆に、「東北の夏祭り」、「京都の祭り」、「山車の祭り」、「火や灯の祭り」、「神楽・神事芸能の祭り」などの経験者関与度スコアは全体平均を下回っており、特に、「東北の夏祭り」は他の観光の〝ついで〟に見学するケースが3割以上と多く見られる。東北や京都はもちろんのこと、「山車の祭り」の高山（高山祭り）、博多（博多祇園山笠）、「火や灯の祭り」の奈良（お水取り）、「神楽・神事芸能の祭り」の宮崎高千穂（高千穂神楽）など、祭りがなくても観光資源が豊富で魅力のあるエリアばかりであり、当然、他の観光要素と一緒に楽しむケースが多くなるものと思われる。

花火大会・七夕の祭りは高経験者関与度スコアが高い

季節催事の祭・イベントでは、日帰りで訪れる人の多い「花火大会」、「七夕の祭り」、「市・縁日」の経験者関与度スコアが比較的高いが、それ以外はいずれも全体を下回っている。「雪と氷の祭り」、「花見の祭り」、「花の祭り」は他の観光目的と祭りの両方を目的とするケースが比較的多くなっているが、「雪と氷の祭り」は札幌、網走、「花見の祭り」は弘前、高遠、河津、「花の祭り」は砺波、熱海などがあげられており、旅行の計画段階から他の観光と一緒に計画されることが肯ける。

また、「新しい市民の祭り」や「節分・雛祭り・端午の節句祭り」、「食の祭り」は他の観光の〝ついで〟に見学するケースが比較的多くなっている。

なお、イベントについては当然のことながら、そのイベントを主な目的としている人が大半となっている。

調査対象者のコメント（性別年齢・居住地）

「（青森ねぶた）五能線にも乗り、日本海側の景色の印象が強かった」（男性62歳・首都圏）

「（大文字送り火）ほぼ毎年、友人、親戚、家族で観ています。みんなで会うのが楽しみです」（女性38歳・首都圏）

「（高山祭り）高山の自然もよく、また、白川郷まで行き、素晴らしく良かったので、来月ある春の高山祭りに行く予定です」（男性39歳・東海北陸）

「（長崎ランタンフェスティバル）ほかにも観光するところが沢山あって楽しめました。中華街での食事も美味しかった」（女性58歳・九州沖縄）

「（神戸ルミナリエ）阪神・淡路大震災の鎮魂のイベントなので、できるかぎり毎年行っています」（男性60歳・関西圏）

4 祭旅の時期・旅行日数の実態

祭旅のピークは夏休み・ゴールデンウィーク・クリスマス

最近5年間で印象に残った祭旅の旅行時期を図表⑤で見ると、8月が24・0%で最も多く、以下、7月が12・8%、5月が11・4%、12月が10・1%、2月が9・9%となっており、夏・春・冬でピーク月が見られるが、一般的な国内旅行のように秋での盛り上がりが見られない。前述の印象に残った上位30件の祭・イベントの実施時期をもう一度確認してみると、3月~9月開催の愛知万博や、12月のイルミネーション、2月のさっぽろ雪祭り、7月の祇園祭り、8月の東北の夏祭りや花火大会などの旅行経験者が多いことを反映した結果になっているが、

図表⑤ 祭旅実施時期 (n=2376)(祭旅件数ベース)(%)

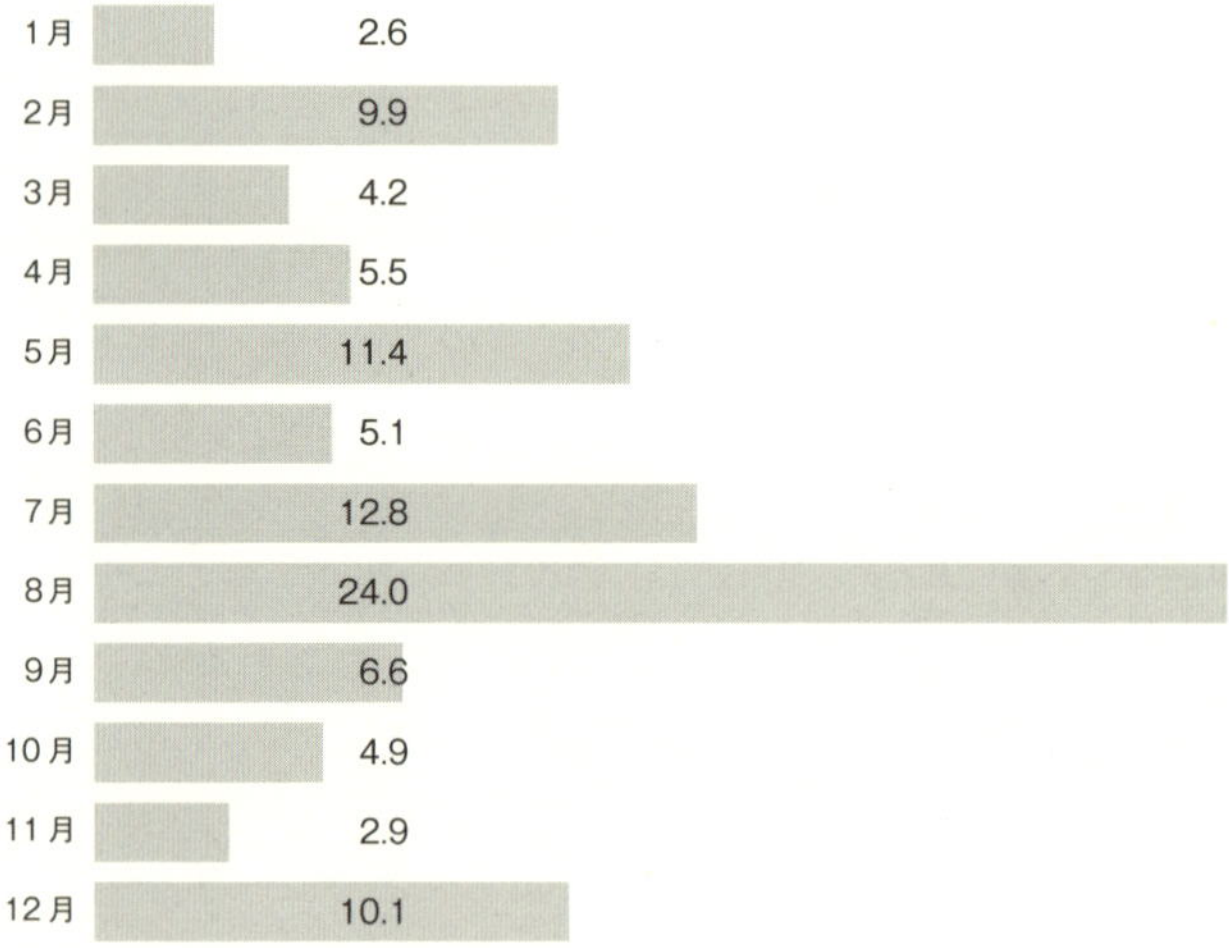

*旅の販促研究所調査(2008年)

9月の岸和田だんじり祭り、おわら風の盆、10月の東京モーターショー、高山祭りなど、秋の祭・イベントもしっかりと上位にあげられている。

祭旅の62％が宿泊旅行、内2泊以上が56％

次に祭旅の旅行日数を見てみよう。祭旅全体では日帰りが38・0％、宿泊が62・0％となっており、1泊旅行が27・5％、2泊が19・3％、3泊以上が15・3％で、平均旅行日数は2・2日となっている。㈶日本交通公社の「旅行者動向２００７」によると、２００６年における国内宿泊旅行の宿泊数は全体平均で1・7泊、1泊が59・7％、2泊が23・3％、3泊以上が14・8％となっているが、宿泊を伴なう祭旅のみで見ると、1泊が44・3％、2泊が31・1％、3泊以上が24・6％となり、国内旅行全般と比べ宿泊を伴う祭旅の旅行日数は比較的長いことがわかる。属性別の傾向を見ると、40代男性

図表⑥ 旅行日数／属性別傾向　=日帰り　=1泊　=2泊　=3泊以上（祭旅件数ベース）（%）

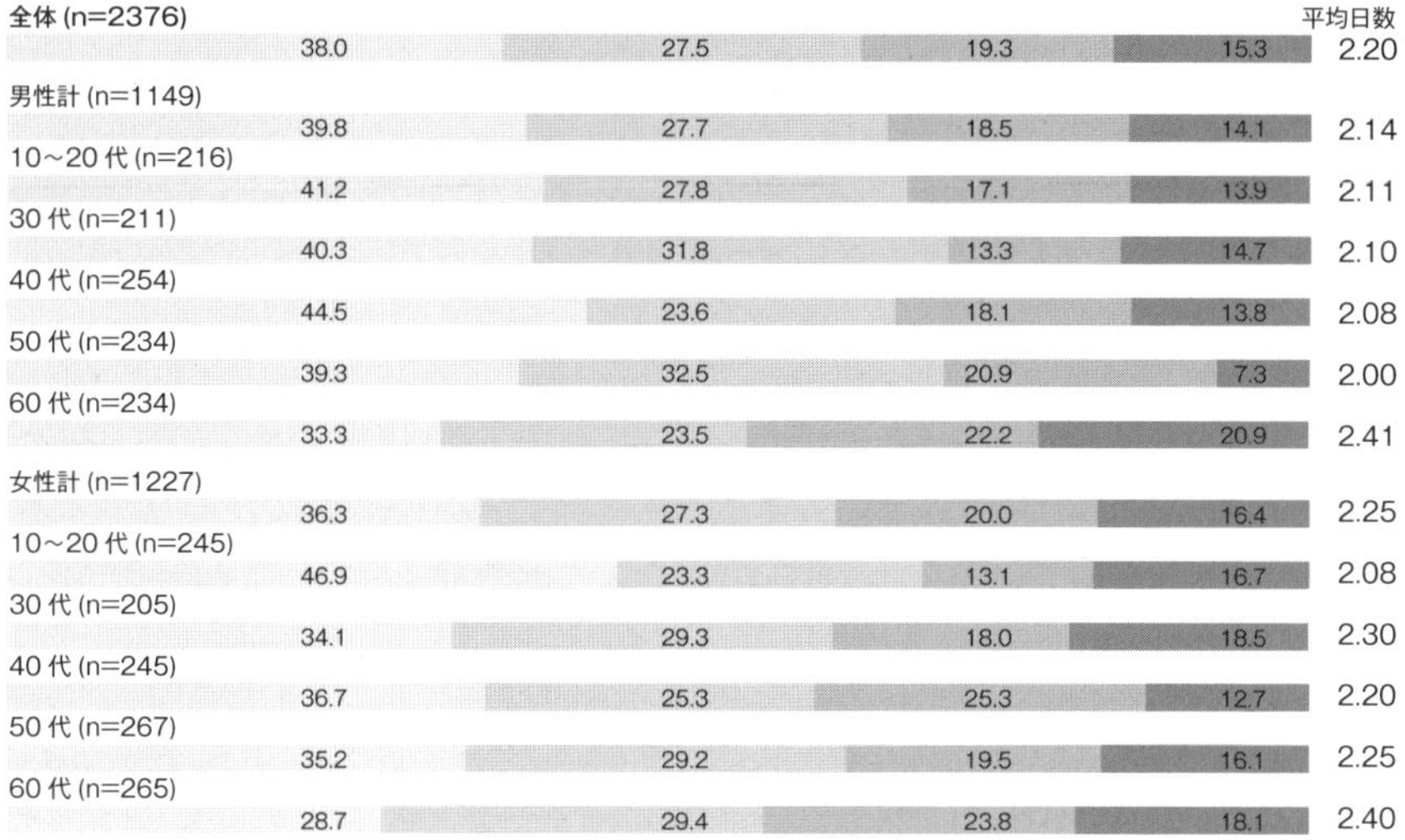

＊旅の販促研究所調査（2008年）

や10〜20代女性では日帰りが多く見られ、逆に男女とも60代では2泊以上の旅行が4割以上を占めている。（図表⑥）

東北の夏祭り・神楽の祭り・雪と氷の祭りが旅行日数3日以上

図表⑦は祭・イベントのグループ別に旅行日数の傾向を示したものである。宿泊率が高い祭・イベントのグループとしては「東北の夏祭り」92・4％、「神楽・神事芸能の祭り」91・7％、「雪と氷の祭り」89・9％などがあげられ、平均の旅行日数はいずれも3日以上となっている。「東北の夏祭り」と北海道が中心となる「雪と氷の祭り」のデスティネーションは他の観光要素も兼ねて旅行する人が多いため、必然的に宿泊率、宿泊数ともに高くなると思われる。また、「神楽・神事芸能の祭り」は高千穂神楽、石見神楽など、ゆっくりと文化を楽しむやや通好みの祭旅であり、祭りそのものの見学が主目的になるものと思われるが、祭りの内容やデスティネーション的に日数は必要だろう。以下、「盆踊りの祭り」82・9％、「山車の祭り」78・7％、「花見の祭り」78・2％の宿泊率が高く、いずれも地方で行われる人気の祭りを含むグループが中心となっている。

ちなみに、旅行会社のパッケージツアー（東京発の場合）を見ると、「東北の夏祭り」については、ひとつの祭りのみの場合は2日、二〜三大祭り見学で3日、長いものでは「六大祭り」として、三大祭りに五所川原立佞武多、盛岡さんさ祭り、山形花笠踊りを加えた6日間のツアーも企画されている。また、最近人気のおわら風の盆は、北陸や信州の観光地巡りがついて3日間が多い。

なお、「江戸の祭り」や「大阪の祭り」など大都市圏の祭りや、「七夕祭り」、「市・縁日」、「見本市・展示会」などの都市型の祭・イベントの宿泊率は低いものとなっている。

図表⑦ 宿泊率・平均旅行日数／祭・イベントグループ別傾向　（祭旅件数ベース）（%／日）

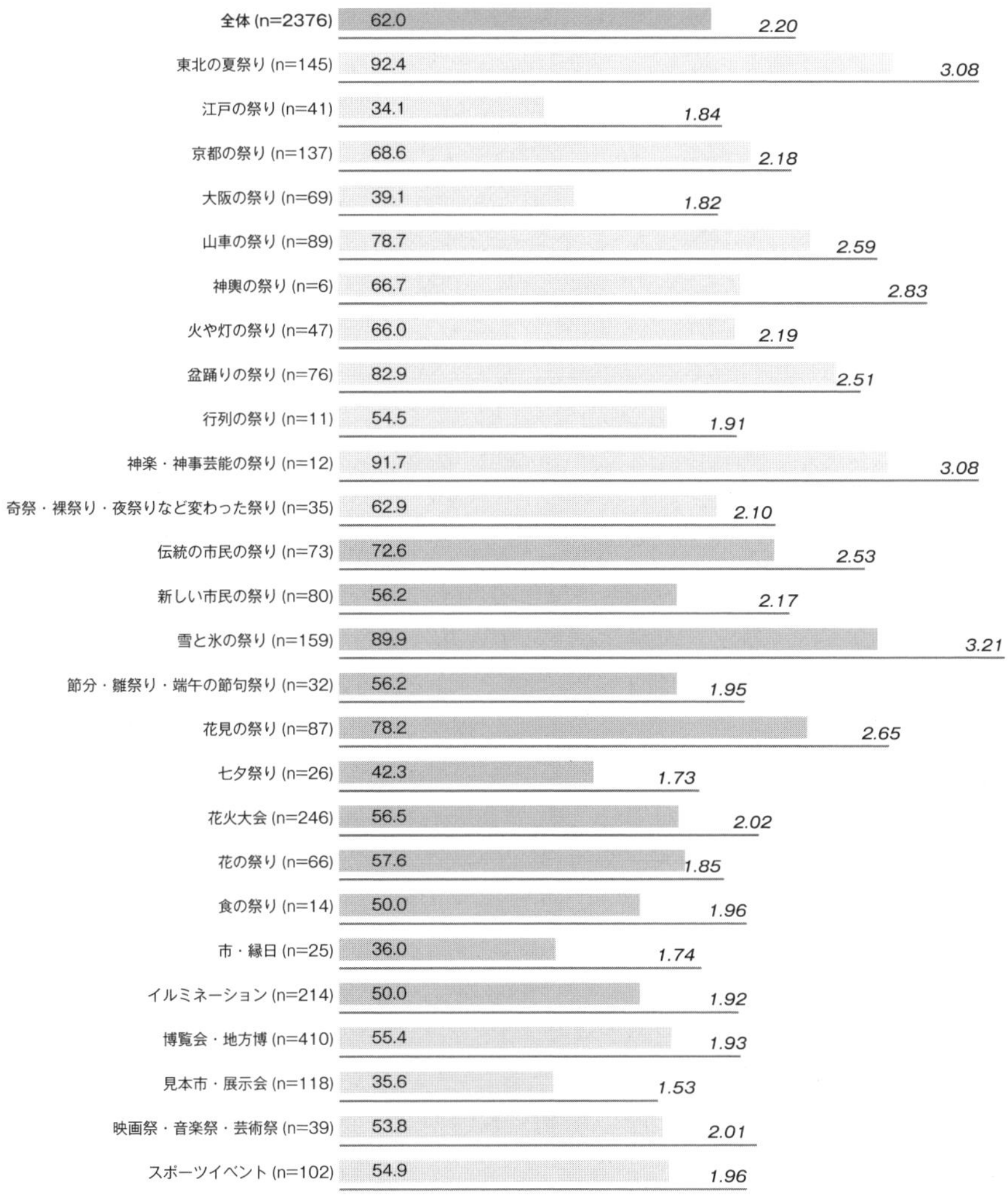
全体 (n=2376) 62.0 2.20
東北の夏祭り (n=145) 92.4 3.08
江戸の祭り (n=41) 34.1 1.84
京都の祭り (n=137) 68.6 2.18
大阪の祭り (n=69) 39.1 1.82
山車の祭り (n=89) 78.7 2.59
神輿の祭り (n=6) 66.7 2.83
火や灯の祭り (n=47) 66.0 2.19
盆踊りの祭り (n=76) 82.9 2.51
行列の祭り (n=11) 54.5 1.91
神楽・神事芸能の祭り (n=12) 91.7 3.08
奇祭・裸祭り・夜祭りなど変わった祭り (n=35) 62.9 2.10
伝統の市民の祭り (n=73) 72.6 2.53
新しい市民の祭り (n=80) 56.2 2.17
雪と氷の祭り (n=159) 89.9 3.21
節分・雛祭り・端午の節句祭り (n=32) 56.2 1.95
花見の祭り (n=87) 78.2 2.65
七夕祭り (n=26) 42.3 1.73
花火大会 (n=246) 56.5 2.02
花の祭り (n=66) 57.6 1.85
食の祭り (n=14) 50.0 1.96
市・縁日 (n=25) 36.0 1.74
イルミネーション (n=214) 50.0 1.92
博覧会・地方博 (n=410) 55.4 1.93
見本市・展示会 (n=118) 35.6 1.53
映画祭・音楽祭・芸術祭 (n=39) 53.8 2.01
スポーツイベント (n=102) 54.9 1.96

＊旅の販促研究所調査（2008年）

5 祭旅の同行者・旅行費用の実態

家族との旅行が中心、年配女性は友人と楽しむ

図表⑧は祭旅の同行者を示したものである。祭旅全体では、「家族・親族」が39・1%、「夫婦」が31・7%と多く見られる。属性別の傾向を見ると30〜40代のファミリー層の祭旅では「家族・親族」、ようするに子供を連れての家族旅行が中心。50〜60代男女では「夫婦」が中心となっているが、50〜60代の女性では「友人・知人」も3割程度と比較的多く見られる。また、10〜20代の祭旅は「友人・知人」や「彼氏・彼女」が多く見られるが、10〜20代の女性では「家族・親族」との祭旅を楽しんでいる人も3割強と意外と多く見られる。

神楽の祭り・食の祭り・花見の祭りは夫婦旅

図表⑨の祭・イベントのグループ別での同行者の傾向を見ると、まず、「家族・親族」での祭旅は、全体での経験者の多いグループでは「東北の夏祭り」、「伝統の市民祭り」、「花火大会」、「博覧会・地方博」などで多く見られる。「伝統の市民祭り」では博多どんたく、よさこい祭りなどが多くあげられており、ゴールデンウィークや夏休みでの旅行が中心となっているようである。次に「夫婦」での祭旅は、「火や灯の祭り」、「花見の祭り」で多く見られる他、経験者は少ないもの

図表⑧ 祭旅同行者／属性別傾向（祭旅件数ベース）（%）

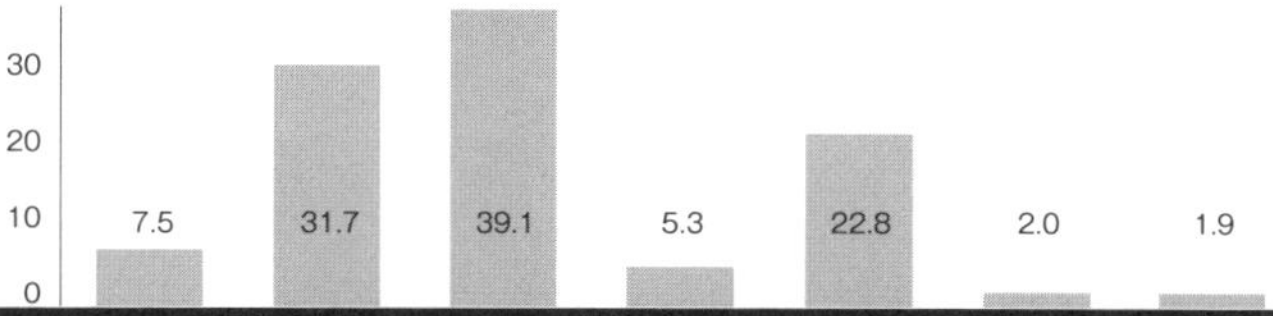

	n	なし／一人	夫婦	家族・親族	彼氏・彼女	友人・知人	趣味などのグループ	その他
全体	2376	7.5	31.7	39.1	5.3	22.8	2.0	1.9
男性計	1149	10.4	33.3	37.2	5.7	17.8	2.4	2.4
10～20代	216	10.6	11.1	17.6	25.0	34.7	3.2	1.9
30代	211	8.1	28.4	58.8	2.8	15.6	0.9	1.9
40代	254	11.0	21.3	56.7	0.4	14.2	2.4	2.4
50代	234	14.5	42.7	32.9	0.4	12.8	1.7	3.4
60代	234	7.7	62.0	18.8	1.7	12.8	3.8	2.6
女性計	1227	4.7	30.2	41.0	4.9	27.5	1.5	1.3
10～20代	245	6.5	11.4	32.7	19.2	35.9	0.8	2.0
30代	205	1.0	25.4	58.0	4.9	21.0	1.5	1.0
40代	245	4.1	24.9	66.9	1.2	15.1	0.8	1.2
50代	267	5.6	41.2	29.6	-	29.6	0.7	1.5
60代	265	5.7	45.3	23.0	-	34.0	3.8	0.8

※■全体を5%以上上回る値

*旅の販促研究所調査（2008年）

図表⑨ 祭旅の同行者／祭・イベントグループ別傾向（祭旅件数ベース）（%）

		n	なし一人	夫婦	家族親族	彼氏彼女	友人知人	趣味などグループ	その他
全体		2376	7.5	31.7	39.1	5.3	22.8	2.0	1.9
祭事神事	東北の夏祭り	145	7.6	34.5	46.2	2.8	16.6	0.7	2.1
	江戸の祭り	41	12.2	29.3	34.1	4.9	24.4	2.4	-
	京都の祭り	137	7.3	35.0	28.5	2.2	33.6	0.7	2.9
	大阪の祭り	69	10.1	29.0	34.8	1.4	24.6	2.9	-
	山車の祭り	89	4.5	36.0	36.0	4.5	24.7	2.2	-
	神輿の祭り	6	33.3	16.7	50.0	-	-	-	-
	火や灯の祭り	47	8.5	44.7	27.7	2.1	29.8	2.1	-
	盆踊りの祭り	76	3.9	32.9	28.9	3.9	36.8	7.9	1.3
	行列の祭り	11	9.1	27.3	45.5	9.1	18.2	-	-
	神楽・神事芸能の祭り	12	8.3	58.3	33.3	-	16.7	-	-
	奇祭・裸祭り・夜祭りなど変わった祭り	35	8.6	37.1	37.1	-	8.6	5.7	2.9
季節催事	伝統の市民の祭り	73	12.3	32.9	46.6	1.4	12.3	-	-
	新しい市民の祭り	80	12.5	36.3	42.5	1.3	15.0	1.3	-
	雪と氷の祭り	159	8.8	38.4	33.3	6.3	21.4	2.5	-
	節分・雛祭り・端午の節句祭り	32	3.1	37.5	28.1	6.3	15.6	6.3	6.3
	花見の祭り	87	-	48.3	31.0	5.7	25.3	-	1.1
	七夕祭り	26	7.7	38.5	38.5	3.8	7.7	7.7	3.8
	花火大会	246	2.0	22.4	45.9	12.6	28.0	0.4	1.2
	花の祭り	66	6.1	34.8	43.9	4.5	13.6	-	1.5
	食の祭り	14	-	50.0	28.6	7.1	28.6	-	-
	市・縁日	25	4.0	36.0	40.0	-	20.0	-	-
	イルミネーション	214	6.1	31.3	39.7	10.3	19.2	0.5	0.5
イベント	博覧会・地方博	410	3.4	30.7	51.0	3.7	21.5	1.5	4.1
	見本市・展示会	118	30.5	15.3	22.9	4.2	25.4	1.7	4.2
	映画祭・音楽祭・芸術祭	39	10.3	23.1	28.2	10.3	30.8	5.1	-
	スポーツイベント	102	12.7	22.5	36.3	4.9	26.5	7.8	2.0

※■全体を5%以上上回る値

*旅の販促研究所調査（2008年）

の「神楽・神事芸能の祭り」や「食の祭り」などでも中心となっている。前述の通り「夫婦」での祭旅は年配層に多く見られ、興味のある祭りを夫婦でゆっくり楽しんでいる人が多いことがうかがえる。また、「京都の祭り」、「火や灯の祭り」、「盆踊りの祭り」、「花火大会」、「食の祭り」、「映画・音楽祭・芸術祭」などは、「友人・知人」との旅行が比較的多く見られる。

意外、国内旅行平均金額より低い宿泊祭旅平均3万8900円

次に、図表⑩の旅行費用を見てみよう。祭旅全体の費用の平均は2万7200円、宿泊を伴なう祭旅では3万8900円となっている。㈶日本交通公社の「旅行者動向2007」によると2006年の国内宿泊旅行の平均金額は4万1000円となっており、宿泊を伴なう祭旅の全体平均はこれを下回っている。

属性別の傾向を見ると、男女とも年代が高い層ほど平均費用も高くなり、60代男性は3万6200円（宿泊を伴なう旅行の平均5万300円）、60代女性は3万5700円（同4万6400円）となっている。

図表⑪の祭・イベント別の傾向を見ると、当然のことながら宿泊率の高い、「東北の夏祭り」、「神楽・神事芸能の祭り」、「雪と氷の

図表⑩ 祭旅費用／属性別傾向　（祭旅件数ベース）（円）

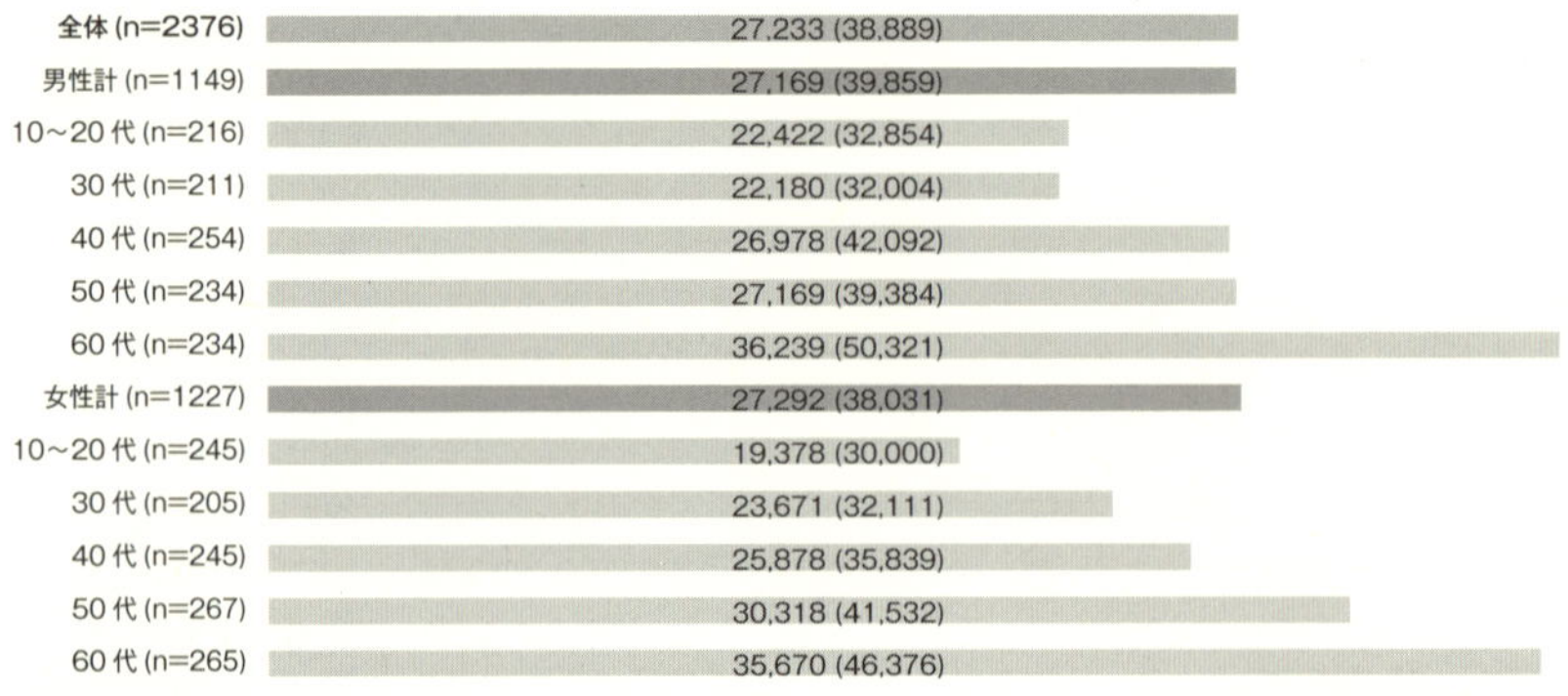

※（宿泊を伴う旅行の平均費用）　＊旅の販促研究所調査（2008年）

祭り」で全体平均を大きく上回っており、宿泊を伴なう旅行だけで見ると、いずれも５万円を上回っている。以下、宿泊率の高い「山車の祭り」、「盆踊りの祭り」、「花見の祭り」も全体の平均を大きく上回っている。また、「江戸の祭り」の平均は２万２２００円となっているが、宿泊者のみで見ると４万８８００円と平均を大きく上回っている。

自由回答による費用についてのコメントを概観すると、祭・イベント開催時には宿泊施設や、関係する諸々の価格が上がるが、宿泊を伴う祭旅の平均金額は一般の国内宿泊旅行の平均金額を若干下回っている。後述する宿泊施設の利用で「家族・親族宅」の利用が多いことなどが要因となっていると思われる。

図表⑪ 祭旅費用／祭・イベントグループ別傾向　（祭旅件数ベース）（円）

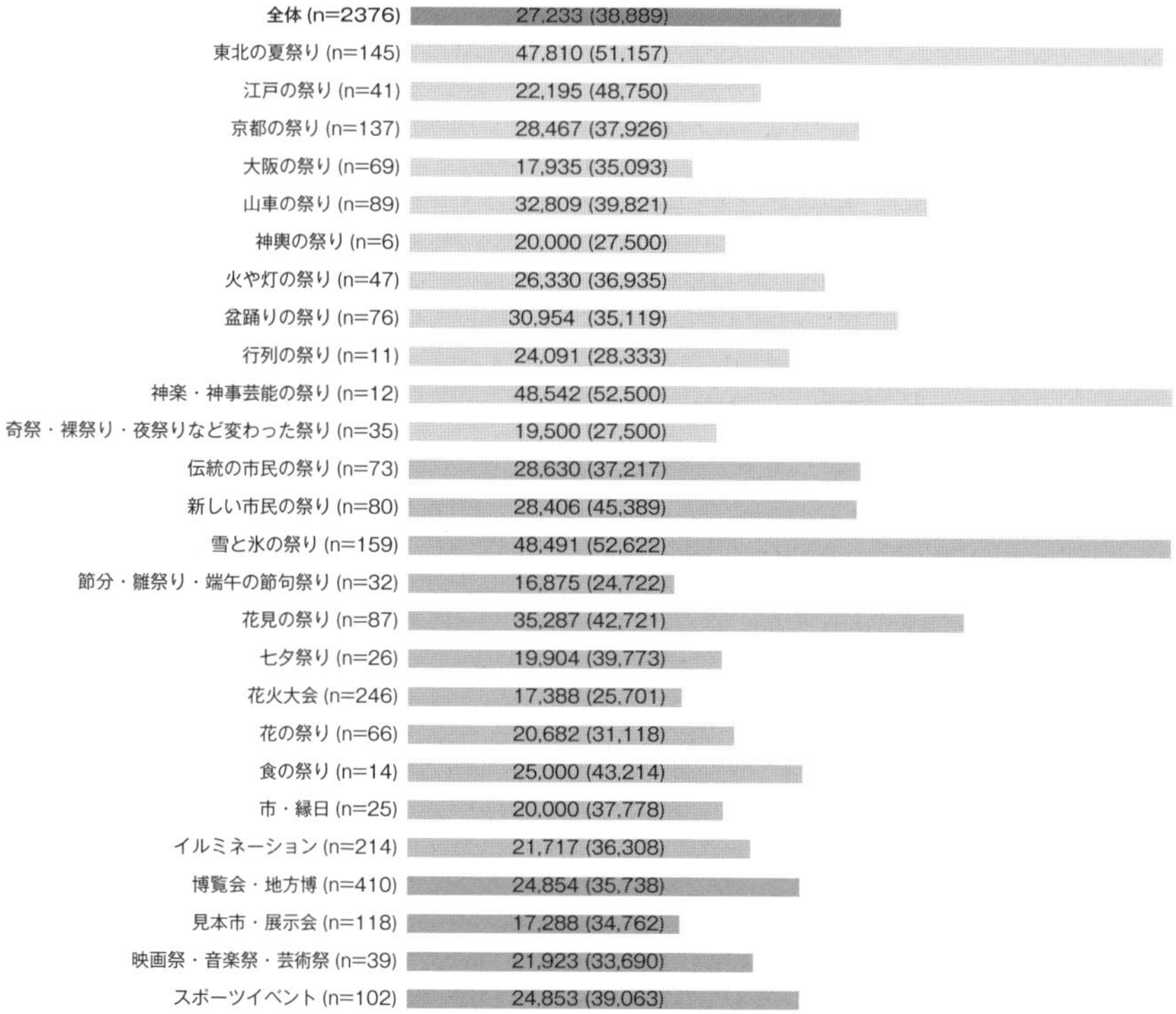

※（宿泊を伴う旅行の平均費用）

＊旅の販促研究所調査（2008年）

6 祭旅の利用宿泊施設・交通機関の実態

「家族・親族宅」の利用が多いのが祭旅の特徴

図表⑫は宿泊を伴なう祭旅での宿泊施設の利用状況である。宿泊を伴なう祭旅では「ホテル」の利用が57・1%と最も多いが、「家族・親族宅」が20・9%で、「旅館」の利用を上回っている。㈶日本交通公社の「旅行者動向2007」によると2006年の国内宿泊旅行では、「ホテル」が39・0%、「旅館」が26・6%となっているが、「旅館」の利用が少なく、「家族・親族宅」の利用が高いことが祭旅の特徴となっている。ゴールデンウィークや夏休みで実家に帰った際にその近くで行われている祭りを見学する人も多いものと思われるが、祭・イベント開催時には宿泊施設がとりにくい上に、宿泊料金が上がることも大きな要因となっているようである。

属性別の傾向を見ると、祭旅での「ホテル」の利用は

図表⑫ 祭旅での利用宿泊施設／属性別傾向 （宿泊祭旅件数ベース）（%）

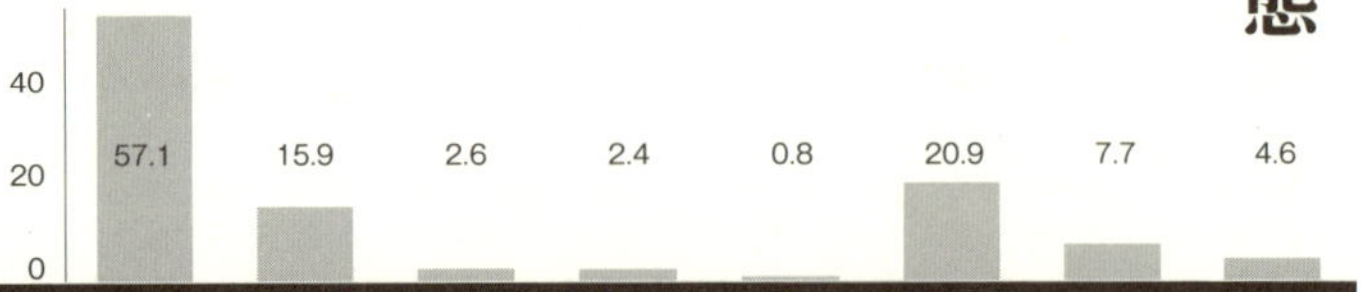

	n	ホテル	旅館	民宿・ペンション	公共の宿	別荘	家族・親族宅	友人・知人宅	その他
全体	1474	57.1	15.9	2.6	2.4	0.8	20.9	7.7	4.6
男性計	692	57.9	16.5	2.7	2.0	0.9	19.1	7.7	4.3
10～20代	127	50.4	10.2	7.1	-	-	18.9	12.6	7.1
30代	126	48.4	14.3	4.0	-	-	28.6	10.3	3.2
40代	141	61.7	14.2	1.4	2.1	-	22.0	4.3	4.3
50代	142	55.6	21.8	0.7	2.1	2.8	14.1	6.3	6.3
60代	156	70.5	20.5	1.3	5.1	1.3	13.5	5.8	1.3
女性計	782	56.3	15.3	2.6	2.7	0.8	22.5	7.8	4.9
10～20代	130	43.8	7.7	6.9	-	0.8	24.6	16.9	5.4
30代	135	50.4	12.6	3.0	0.7	-	28.1	8.9	3.7
40代	155	57.4	12.9	3.2	4.5	-	24.5	6.5	5.2
50代	173	58.4	16.8	0.6	2.9	1.7	22.5	4.6	3.5
60代	189	66.1	23.3	0.5	4.2	1.1	15.3	4.8	6.3

※■全体を5%以上上回る値

＊旅の販促研究所調査（2008年）

60代男性が70・5%、60代女性で66・1%と多く見られる。「旅館」利用は50代男性と60代男女で2割程度と比較的多く見られる。また、「家族・親族宅」については、30代の男女で3割弱と多く見られる。

自由回答であげられた宿泊施設に関するコメントを概観すると、ネガティブなコメントが非常に多いことに驚く。開催中は宿泊料金が高くなることから、前述の通り家族・親族や知人宅、開催地から少し離れた町の宿を利用したり、車中泊などのケースも見られる。また、宿泊料ばかりでなく、クオリティの低い食事やサービスを提供されたことに不満を感じている人も多い。

祭旅では「マイカー」利用が比較的少ない

次に、図表⑬の祭旅で利用される交通機関についてみてみよう。祭旅全体では、「マイカー」が37・4%でトップ。「鉄道（新幹線を除く）」が34・9%で並んでおり、以下、「新幹線」17・8%、「飛行機」14・6%、「観光バス」9・9%、「バス（長距離バスを除く）」8・1%の順となっている。

図表⑬ 祭旅での利用交通手段／属性別傾向（祭旅件数ベース）（%）

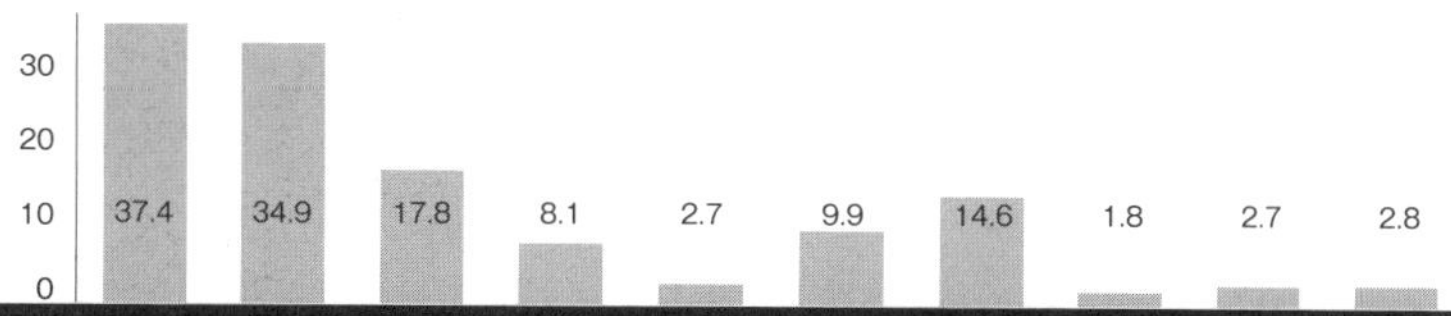

	n	マイカー	鉄道（新幹線を除く）	新幹線	バス（長距離バスを除く）	長距離バス	観光バス	飛行機	フェリー・客船	レンタカー	その他
全体	2376	37.4	34.9	17.8	8.1	2.7	9.9	14.6	1.8	2.7	2.8
男性計	1149	40.7	35.0	16.6	6.4	1.8	6.5	12.7	2.0	3.7	2.1
10～20代	216	40.7	42.6	14.8	5.1	3.7	1.4	8.8	1.9	3.7	1.9
30代	211	54.5	28.4	15.6	5.2	1.4	4.3	7.1	2.8	2.4	1.9
40代	254	42.9	37.4	10.6	5.5	1.6	2.4	13.0	1.6	3.5	1.6
50代	234	37.6	35.0	17.1	6.0	0.4	8.5	16.7	1.7	3.4	1.7
60代	234	29.1	31.2	25.2	9.8	2.1	15.8	17.1	2.1	5.6	3.4
女性計	1227	34.2	34.8	19.0	9.7	3.6	13.0	16.4	1.5	1.8	3.4
10～20代	245	35.1	48.2	16.7	11.0	6.9	2.4	9.0	0.8	1.6	1.2
30代	205	47.3	32.2	15.1	6.3	2.0	6.3	18.0	1.5	4.4	3.4
40代	245	42.0	26.5	19.2	9.8	3.3	9.0	15.5	0.8	2.9	2.0
50代	267	28.8	37.1	19.1	10.9	1.9	16.1	16.9	1.1	0.4	3.7
60代	265	21.5	29.8	23.8	9.8	3.8	28.7	22.3	3.4	0.4	6.4

※■全体を5%以上上回る値

＊旅の販促研究所調査（2008年）

属性別の傾向を見ると、ファミリー層が中心の30～40代の祭旅では男女とも「マイカー」の利用が中心となっている。10～20代では男女とも「鉄道（新幹線を除く）」の利用が「マイカー」を上回っている。また、パッケージツアー利用の多い60代男女では「マイカー」の利用は減り、「新幹線」、「観光バス」、「飛行機」の利用が比較的多く見られる。㈶日本交通公社の「旅行者動向２００７」によると、２００６年の国内宿泊旅行における目的地までの主な交通手段としては、「自家用車」が全体の52・６％を占め、以下、「列車」20・８％、「バス・貸切バス」11・９％、「飛行機」11・６％の順となっている。やはり、渋滞に巻き込まれるケースの多い祭旅では「マイカー」の利用は一般の国内旅行と比べ低く、公共の交通機関の利用が多い傾向が見られる。

「マイカー」利用者に対する主催者の配慮が嬉しい

それでも、子供を連れてのファミリー旅行の場合は「マイカー」を利用せざるをえないという人が多いだろう。自由回答であげられた交通機関に関するコメントを概観すると、マイカーで渋滞に巻き込まれ非常につらい思いを経験している人が多く見られ、そのことで祭旅から離れてしまうケースも多いようであるが、〝徳島の阿波踊りは県外ナンバーの車は優先的にとめることができたり、ずっと手前から駐車場への矢印や立看板があってとても助かった〟、〝となみチューリップフェアは大変な渋滞だったが、パークアイランドが実施されていてよかった〟といったように、祭・イベントの主催者側の配慮を評価するコメントも見られ、マイカーの利用者は渋滞についてはそれなりの覚悟を決めてきているため、このような主催者の配慮が、渋滞のイライラを和らげ、旅行者の満足度を非常に高めるものと思われる。

調査対象者のコメント（性別年齢・居住地）

〈宿泊施設〉

「祭りの際は宿泊料が高くなるのでユースホステルなど低額の所がよい」（男性25歳・中国四国）

「宿泊施設がどこも満室だったり、値段が高騰しているので、周辺地域の宿泊施設を選ぶ」（男性34歳・首都圏）

「こころなしか、イベント開催時の地元の宿泊施設は、対応がぞんざいであるように感じる」（男性54歳・関西圏）

「手配していった青森の宿は悲惨なものでした。チラシと違い旧館に押し込められ、非常に不愉快な一夜をおくった」（男性65歳・首都圏）

〈交通手段〉

「高遠に行った時は、車だと混むと思い電車を利用した。思ったより道路も混んでいなかったが、ローカル電車の楽しかったことを思い出す」（女性51歳・北関東甲信越）

「宿泊施設からイベント会場までの交通手段がよく分からず、けっきょくタクシーを使うことが多い」（女性59歳・首都圏）

「混雑は仕方ないが、誘導方法など前回の蓄積がないのではと思われるところがある」（男性55歳・首都圏）

「歩いていけない場所からは、シャトルバスの運行を是非してもらいたい。近くまで行って駐車場がないのが困る」（男性61歳・九州沖縄）

7 祭旅の旅行手配方法の実態

60代女性は43%が旅行会社利用

図表⑭で祭旅の手配方法を見てみよう。祭旅全体では「JR券・航空券・宿泊施設などを直接個人で手配」が70・4%を占め、「旅行会社が企画したパッケージツアー」の利用は15・7%、「JR券・航空券・宿泊施設などを旅行会社で手配」が5・5%となっており、旅行会社の利用が21・2%となっている。㈶日本交通公社の「旅行者動向2007」によると、2006年の国内宿泊旅行における旅行会社の利用率は29・4%となっているが、祭旅でも宿泊旅行に限定すると28・0%と同レベルとなっている。

属性別の傾向を見ると、60代女性ではパッケージツアーの利用が37・7%と多く見られ、旅行会社の利用は43・4%となる。60代男性や50代女性でも2割程度がパッケージツアーを利用し、旅行会社利用は25%以上となっている。

シーズン中の宿泊施設はかなり早い段階からおさえられてしまっており、個人で手配する場合は非常に難しくなる。仕事を持つ人であれば、休暇の日程もある程度近づかなければわからず、早い時期に手配をするのは難しい人も多いだろう。手配に関する対象者のコメントを見ると、インターネットで直前のキャンセル待ちをするなど、苦労をしている人が多く見られる。

図表⑭ 祭旅の手配方法／属性別傾向　（祭旅件数ベース）（%）

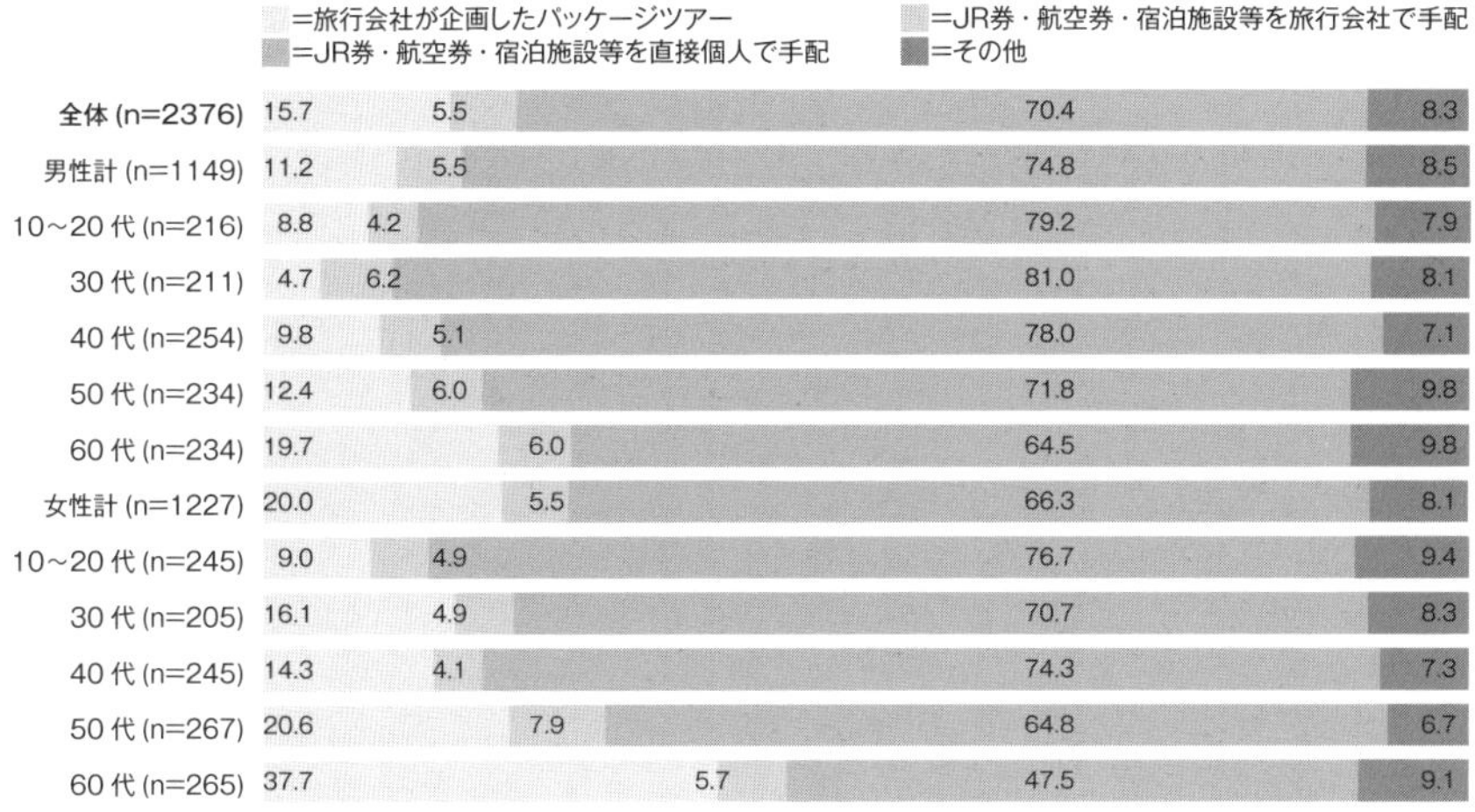

＊旅の販促研究所調査（2008年）

図表⑮ 祭旅の手配方法／祭・イベントグループ別傾向　（祭旅件数ベース）（%）

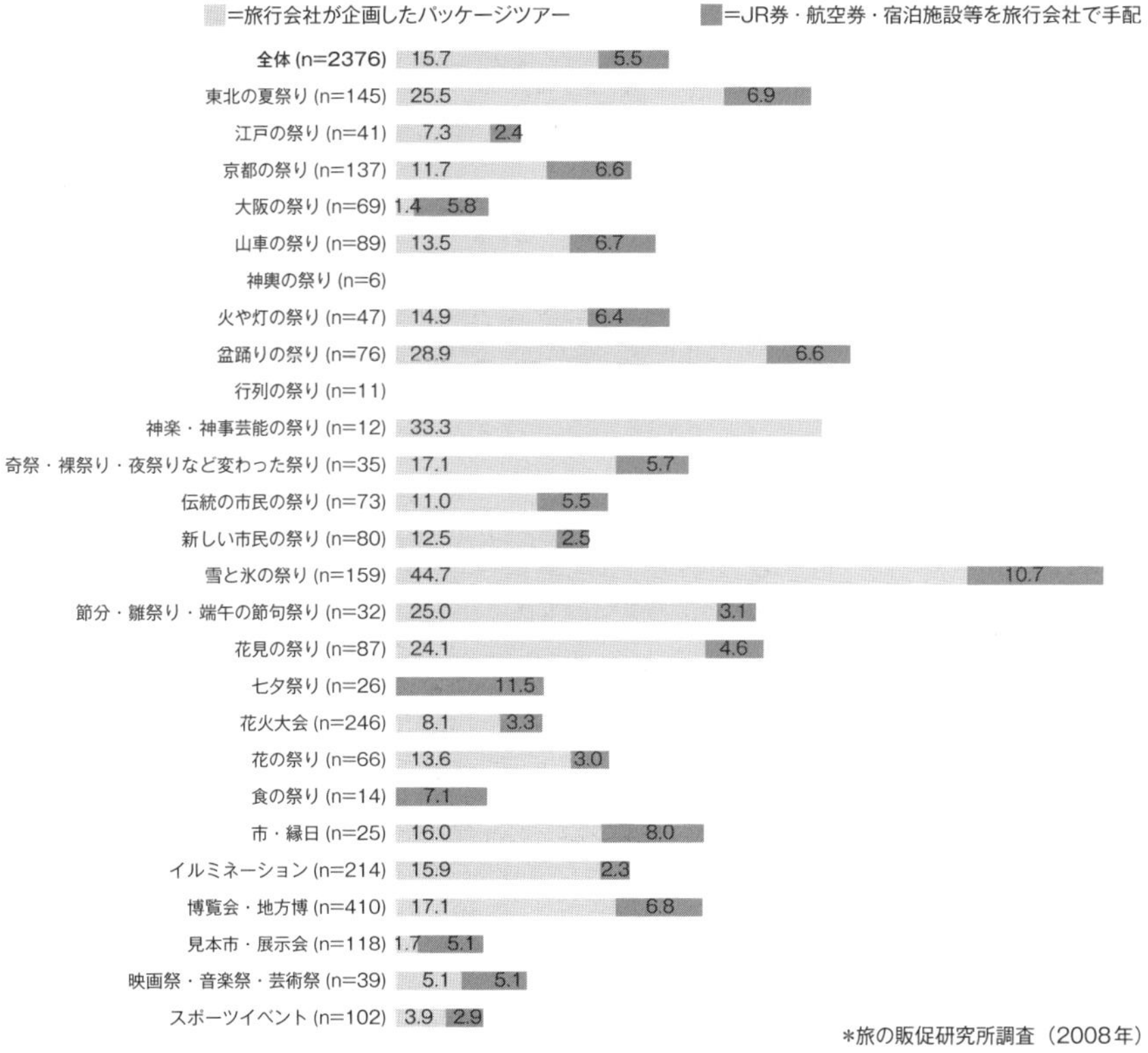

＊旅の販促研究所調査（2008年）

雪と氷の祭りは45%がパッケージツアー利用

図表⑮は旅行会社の利用について、祭・イベント別の傾向を示したものである。パッケージツアーの利用が最も多いのはさっぽろ雪祭り、オホーツク流氷祭りなど北海道が中心となる「雪と氷の祭り」で、44・7%と多くが利用している。その他、「神楽・神事芸能の祭り」（33・3%）、「盆踊りの祭り」（28・9%）、「東北の夏祭り」（25・5%）、「節分・雛祭り・端午の節句祭り」（25・0%）、「花見の祭り」（24・1%）などでパッケージツアーの利用率が高くなっている。

「東北の夏祭り」については、周遊プランなど旅行会社各社がパッケージツアーを販売しており、アクセスや桟敷席での見学などを考えると非常に便利だ。「盆踊りの祭り」で非常に人気のあるおわら風の盆も、各社でツアーが設定されている。あまりの観光客の増加に対応して、9月初旬の本番に先立って8月20日～30日に前夜祭が行われており、この前夜祭を利用したツアーも多い。「節分・雛祭り・端午の節句祭り」で最も経験者の多かった稲取温泉の雛のつるし飾り祭りは、1月20日～3月31日と開催期間が長く、花見の人気スポットである河津桜祭りと時期が重なることから、セットでのツアーが多く企画されている。「花見の祭り」の人気スポットである高遠城址公園さくら祭りも高遠城周辺は交通規制がしかれるため、個人で行くよりもツアーの方が便利であろう。

高千穂神楽、石見神楽など「神楽・神事芸能の祭り」は、シーズン中に本物の神楽を見学するのは、行われる場所や時間的にも個人で計画するのは難しいと思われる。そのため、高千穂町では高千穂神社の神楽殿で毎晩18時から観光夜神楽が、石見（浜田町）でも毎週日曜日の18時から、代表的な神楽を1時間程度見学できる観光神楽を実施しており、パッケージツアーの行程にも組み込まれている。その土地に伝わる文化を伝えるという意味で重要な取組みだと思われる。

調査対象者のコメント（性別年齢・居住地）

「06年鈴鹿のＦ１グランプリは直前に行くことを決め、ネットオークションでチケットを譲り受けた人の車で現地まで行った」（男性27歳・首都圏）

「人気のあるイベントは、旅行会社のパッケージツアー以外では宿泊先を確保するのが困難という印象がある」（男性45歳・東海北陸）

「祭りやイベントに参加するツアーの魅力は、チケットが取りにくいものや、参加する場合の確保が困難なもので、良い条件で見ることができるなどのメリットがあることだと思います」（男性54歳・北関東甲信越）

「新庄祭りに行こうとしたら、宿がぜんぜんとれず、けっきょく新庄から30分以上かかる赤倉温泉に泊まった。パッケージツアーでないとちっとも宿がとれず不便」（女性37歳・北海道東北）

「とにかく個人の時は早め早めに予約しておく。遅くなると高いか不便なところしか残っていない。それか、直前のキャンセル分のパッケージツアーで行く」（女性40歳・九州沖縄）

「旅行はいつも直前に決まるため、インターネットで調べ、ひたすらキャンセル待ちです」（女性45歳・関西）

「例えば高知のよさこい祭りなど、旅行会社のパックツアーでないと桟敷席がとれない」（女性60歳・中国四国）

8 祭旅の満足度

大変な思いを強いられながらも大半が満足と評価

前述の通り、祭旅では宿がとれない、期間中の費用が非常に高くなる、交通渋滞に巻き込まれるなど大変な思いを強いられるケースが多いが、最近5年間に見学、体験した印象に残る祭・イベントに対しては、「やや満足」も含め93・7%と大半が満足しているとしており、半数以上が「満足」と積極的に評価しているのには驚かされる。

図表⑯を見ていただきたい。性・年代によって好みの祭・イベントは大きく異なるが、属性別の満足度に大きな傾向の差は見られない。

満足度の高い神輿の祭り・火と灯の祭り

さらに、図表⑰は祭・イベントのグループ別での満足度を示したものであるが、いずれのグループの満足度も非常に高いものになっている。「満足」という積極的評価のみで見ると、旅行経験者

YOSAKOIソーラン祭り　旅の販促研究所撮影

図表⑯ 祭旅満足度／属性別傾向　（祭旅件数ベース）（%）

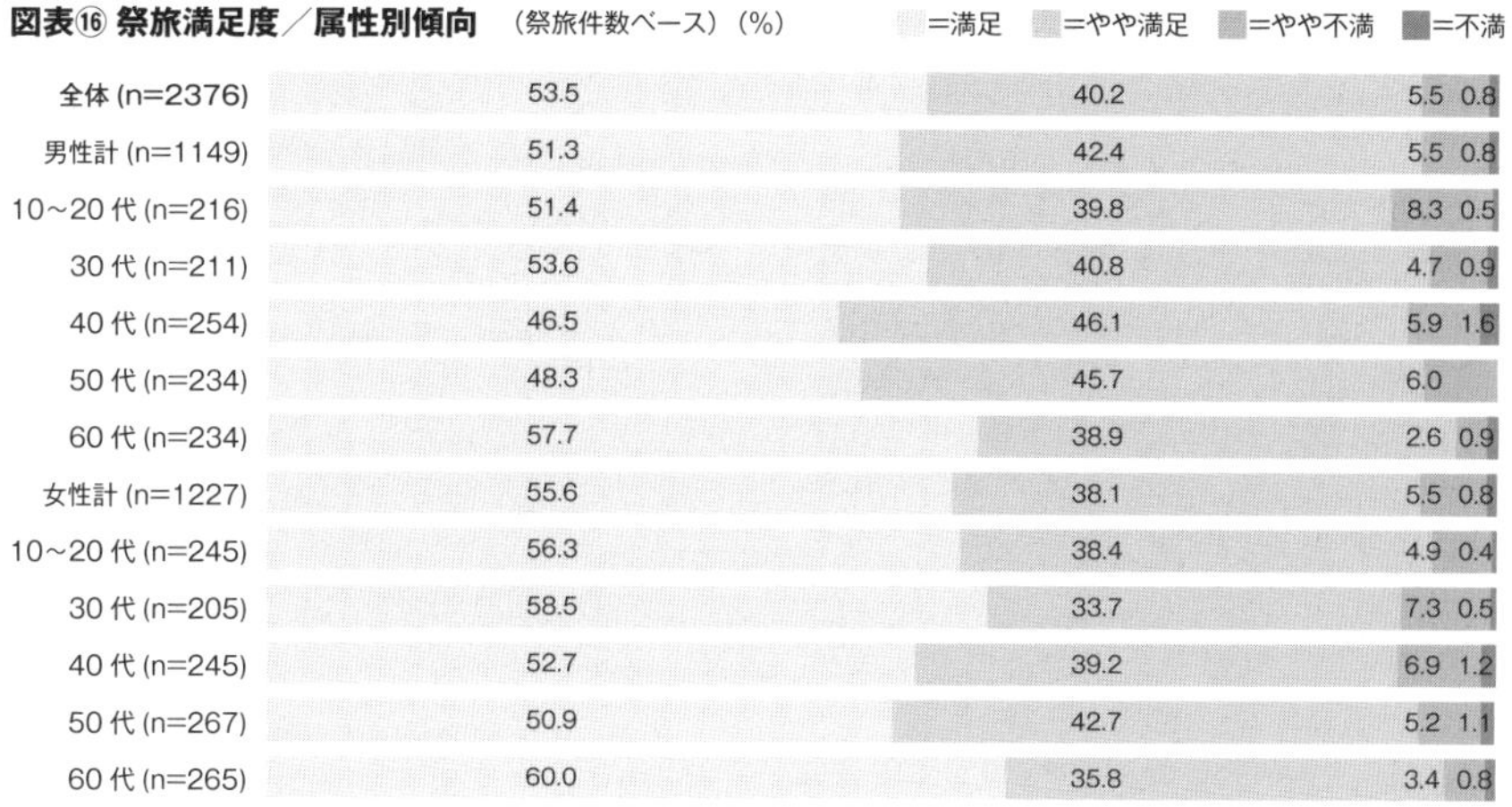

＊旅の販促研究所調査（2008年）

図表⑰ 祭旅満足度／祭・イベントグループ別傾向　（祭旅件数ベース）（%）

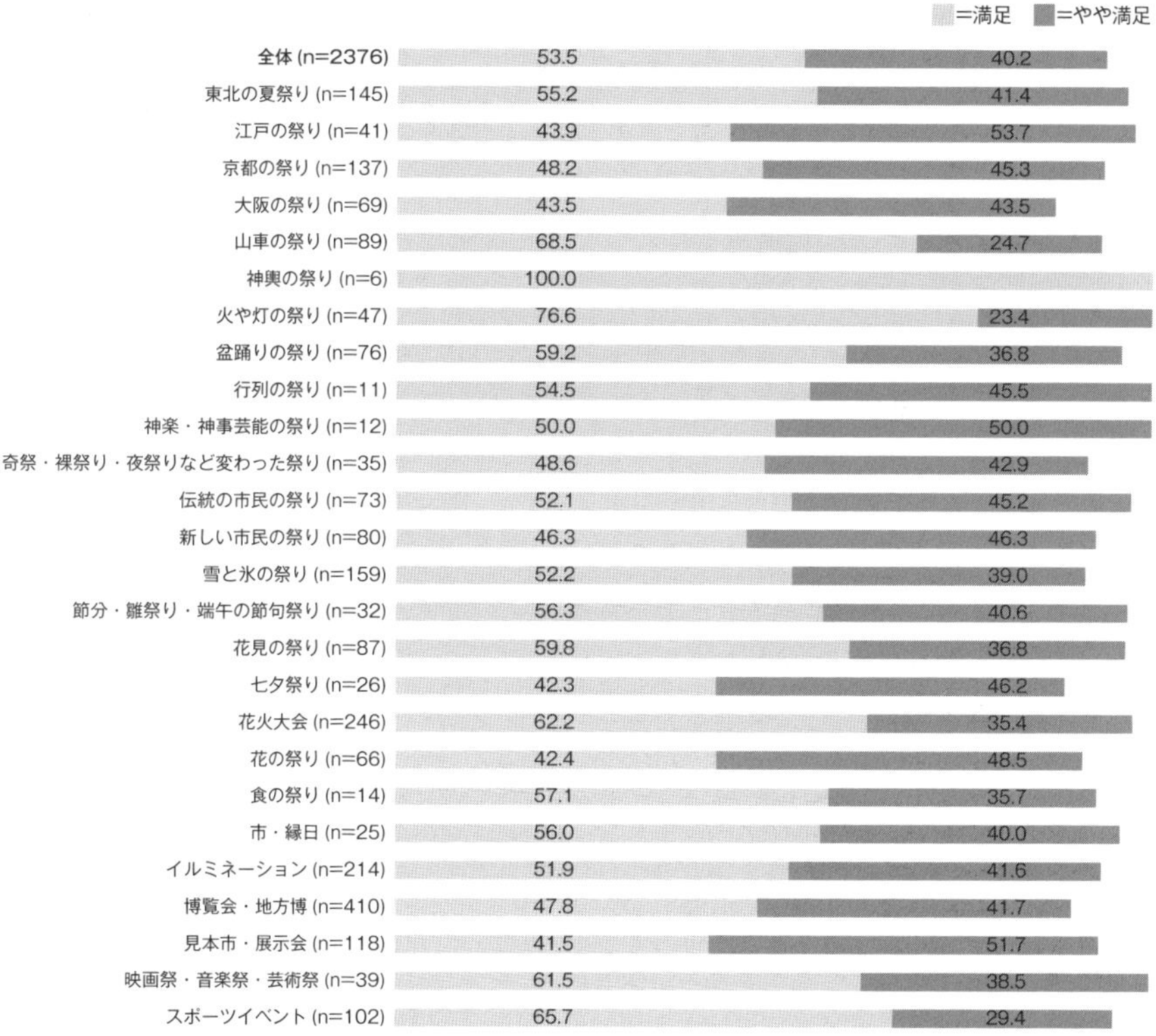

＊旅の販促研究所調査（2008年）

は非常に少ないものの「神輿の祭り」は全員が積極的に評価している他、「火や灯の祭り」76・6％、「山車の祭り」68・5％、「スポーツイベント」65・7％、「花火大会」62・2％、「映画祭・音楽祭・芸術祭」61・5％などの評価が高くなっている。

「神輿の祭り」はくらやみ祭り、新居浜太鼓祭り、「火や灯の祭り」はお水取りが圧倒的に多く、吉田の火祭り、那智の火祭りなど、「スポーツイベント」は箱根マラソン、東京マラソン、F1日本グランプリなど、「花火大会」は長岡大花火大会、大曲の花火など、「映画祭・音楽祭・芸術祭」は熱狂の日音楽祭やサマー・ソニックなどを評価する参加者が多く見られる。一方、「江戸の祭り」、「大阪の祭り」、「七夕の祭り」、「花の祭り」、「見本市・展示会」では積極的評価が全体の結果を大きく下回っている。

調査対象者のコメント（性別年齢・居住地）

「（祇園祭り）日本の伝統的な文化に触れ、感動した。また見たいと思った」（男性35歳・首都圏）

「（天神祭り）大阪らしい祭りだと聞いていたが、商人のまち大阪には異常なくらい明るさと活気があり、元気をもらった」（女性60歳・首都圏）

「（新居浜太鼓祭り）とにかく、その迫力がすごい。2トン以上ある太鼓台を200人以上が担いで、しかも20台もが勢揃い。太鼓の音と担ぎ手の息が合って、その迫力は博多山笠なみか？」（男性61歳・九州）

「（高山祭り）伝統的な祭りで、日本の原点を知ることができ、山車の出来栄えは素晴らしかったです」（男性41歳・東海北陸）

「（高山祭り）子供の獅子舞が町内をまわっていた。観光客目当てではないまちの人たちの祭りという意識が垣間見られて印象に残った」（女性59歳・北海道東北）

「（祇園山笠）追い山が迫力あり現地で直接見るのはやはりすごいと思った」（男性34歳・首都圏）

「（お水取り）火の粉が自分めがけて降り注ぐようで、その迫力に感動した」（女性62歳・首都圏）

「（郡上踊り）一晩中知らない人同士が輪になって生演奏で踊るのがすごくよかった」（女性29歳・東海北陸）

「（YOSAKOIソーラン祭り）街が一体となって盛り上がっていた」（女性35歳・九州沖縄）

「（長岡大花火大会）復興の特別の花火だったみたいで、とても花火がキレイで、素敵なまちとマッチしていました」（男性29際・首都圏）

「（長岡大花火大会）東京では体験できないスケールの大きな花火大会だった。花火がすごく近いので驚いた」（女性27歳・首都圏）

「（大曲の花火）花火が昼前から始まる彩の煙。隙間なく上がる花火と賑わいは想像をはるかに超えていました」（女性63歳・北海道東北）

「（東京マラソン）初めてのフルマラソン完走。東京のまちの真ん中を堂々と走れるのが気持ちよかった」（男性21歳・首都圏）

「（F1グランプリ）F1を一度見たいと思っていて、実現して良かった。テレビで見る以上の迫力に感動した」（男性53歳・首都圏）

「（箱根駅伝）前からずっと生で見たかった。選手たちのスピードに感動した」（男性52歳・首都圏）

Column❷

祭りに食はつきもの

——祭・イベントと食のちょっとした考察——

祭りに欠かせない郷土料理

祭りに欠かせない郷土料理は数多い。2007年に農林水産省が発表した「農山漁村の郷土料理百選」で、「へらへら団子」が選ばれ話題となったのを記憶している人も多いのではないだろうか。

「へらへら団子」とは、その名の通り、薄く伸ばされあんこがからめられた団子である。この団子は、神奈川県佐島で3年に一度行われる船祭りで神棚に供えられ、家族親族そろって食される団子である。

伊豆の下田で有名なさんま寿司はそもそも白浜神社の祭りには欠かせない食べ物だ。天候不順に見舞われた室町時代に、白浜神社の神官が神々に祈ったところ、サンマが大量に押し寄せたという伝承がある。ここから、サンマの炊き込みご飯が秋の例大祭で食べられるようになり、サンマむすびと形を変え、現在のさんま寿司の形になっている。

さんま寿司　下田市観光協会提供

旬の食材をふるまい、ふるまわれる祭り

旬でおいしい食材が祭りというハレの場でふるまわれる。まず思い浮かべられるのは、岸和田だんじり祭りの「ガザミ」だろう。ガザミとは、渡り蟹のこと。だんじり祭り唄にも登場し、祭りとの結びつきの深さが感じられる。だんじり祭りは、9月中旬に行われる。この時期は、大阪湾でガザミがとれる旬の時期と重なる。祭りにくるお客様にごちそうとしてふるまわれるのは自然の成り行きだったのだろう。

次に大阪の天神祭りや京都の祇園祭りなど関西の祭りには欠かせない鱧《はも》料理。祇園祭りは、「鱧祭り」と呼ばれている。鱧の旬は祇園祭りの時期と重なる。また、交通が発達していない時代、海から遠い京都に新鮮なまま運べる魚は生命力の強い鱧ぐらいだった。そのため、鱧は重宝され、祭りでもふるまわれるようになった。祇園祭りの時期の鱧は最高値がつけられることも有名だ。

祭りという伝統を体感しながら、その時期に一番おいしいと大切にされている食材を使った料理を食べる。祭りの旅は、その土地の人々の大切にしている味を存分に楽しませてくれる。

その土地のものを祭・イベントで食べたい

「その土地土地の食文化を堪能できるのも、祭・イベントの魅力だと思う」（男性20代）という声に代表されるように、祭旅では、その場所ならではの料理を食べたいというニーズがある。「登別地獄祭りの露店で食べた蟹の味噌汁が非常においしかった」（男性30代）「さっぽろ雪祭りの屋台でいろいろと食べました。やっぱりイモとかうまかったなー」（男性40代）など、屋台でおいしい地元の料理を食べたことは印象に残る。祭・イベントは、その土地の食文化をPRできる良いチャンスだ。

今回の調査では、祭・イベントの食について高い・まずい・混んでいるというネガティブな印象を抱いている人も少なくなかった。逆に言えば、祭・イベントでの食は、大きな可能性を秘めた分野といえるだろう。

第4章

「祭旅」の意向と分類

1　今後の祭旅意向——属性別

積極的な祭旅意向者は8割

前章では最近5年間での祭旅の経験者に、印象に残った祭りについて具体的な旅行内容を確認したが、祭・イベントがどれほどの人の旅行の動機付けとなっているか、また、交通機関や宿泊施設が確保できない、通常よりも高額と感じる旅行費用、マイカーでの移動中に大渋滞に巻き込まれるなどのネガティブな側面もあるものの、最終的には高い満足を与えるものであることをご理解頂けたと思う。

それでは、今後については、どれくらいの人が祭・イベントを目的とした旅行をしてみたいと考えているのだろうか。図表①をご覧頂きたい。

提示した26の祭・イベントのグループの内、「機会があれば行ってみたい祭・イベントがある」までを含めると96・9%と大半が何らかの祭・イベントに意向を示しており、「具体的に行く予定があり現在計画している祭・イベントがある」人が15・1%、「見学・参加を目的に是非行ってみたい祭・イベントがある」が43・3%、「他の観光と合わせて行ってみたい祭・イベントがある」が18・6%で、なんと、旅行として積極的に見学・参加したいと考えている祭・イベントがあるとする人が全体の8割を占めている。

図表① 性×年代別の祭旅意向　(%)

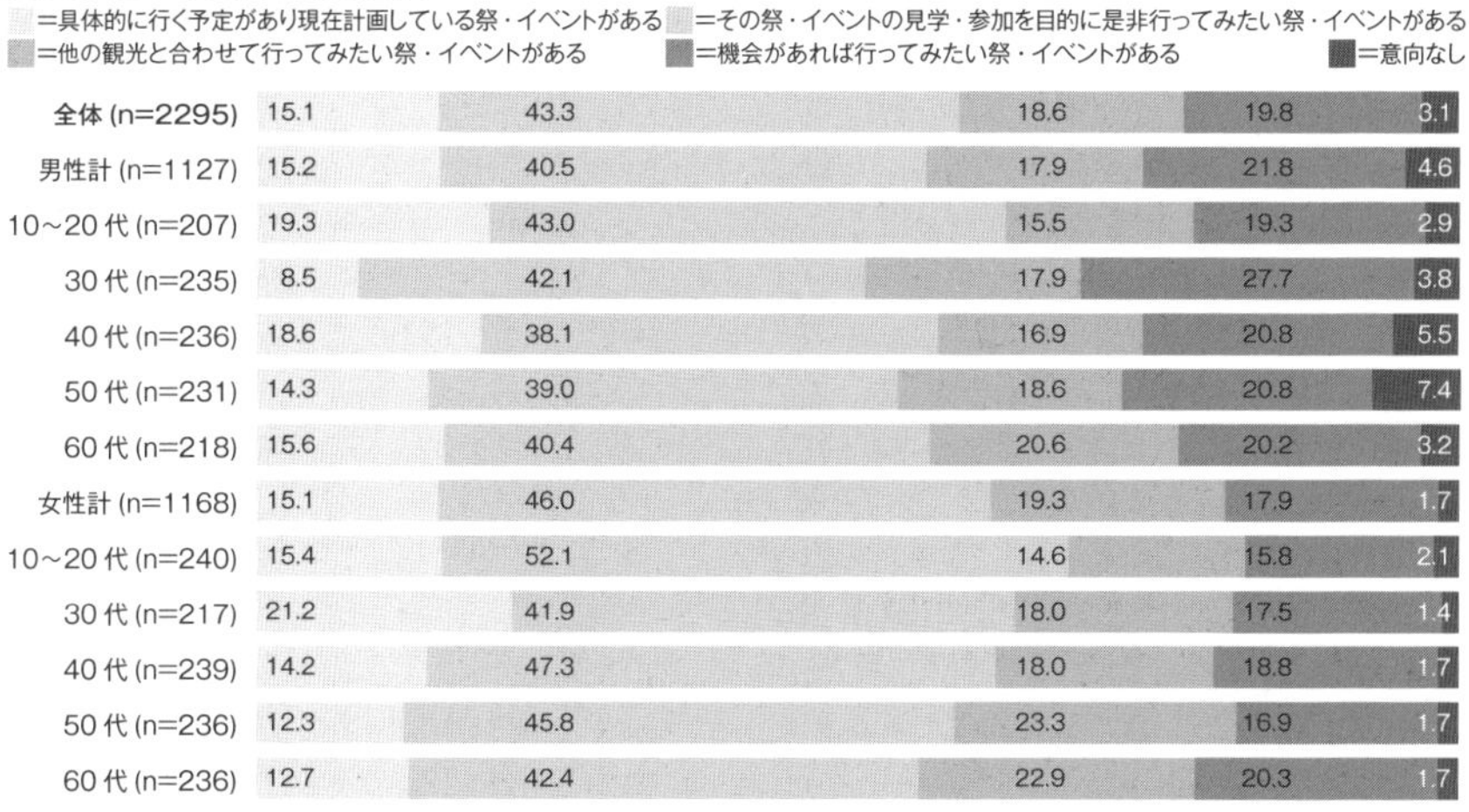

＊旅の販促研究所調査（2008年）

図表② 各属性で意向の高い祭・イベントグループ　(%)

	全体	男性 10～20代	男性 30代	男性 40代	男性 50代	男性 60代	女性 10～20代	女性 30代	女性 40代	女性 50代	女性 60代
n	2295	207	235	236	231	218	240	217	239	236	236
京都の祭り	47.1	47.8	42.6	41.9	41.1	44.4	57.5	55.7	46.8	51.3	42.0
雪と氷の祭り	46.5	46.3	46.8	44.9	40.7	37.6	56.2	59.9	53.2	45.4	33.9
東北の夏祭り	34.7	28.0	30.6	33.9	34.2	37.2	34.6	35.9	40.6	37.8	33.9
花見の祭り	33.6	26.1	26.5	23.3	33.8	38.6	33.0	35.0	38.1	44.5	36.4
花火大会	33.6	39.1	36.1	32.7	26.8	26.2	46.3	41.5	38.1	27.1	21.6
イルミネーション	33.3	35.8	34.1	32.6	25.2	17.0	48.8	45.7	40.2	30.5	22.0
山車の祭り	27.5	22.7	18.7	26.3	32.9	35.3	22.1	22.5	25.0	33.9	35.2
盆踊りの祭り	26.8	24.6	19.6	23.7	23.0	30.7	29.2	30.0	27.2	31.0	28.8
大阪の祭り	21.2	23.6	20.0	21.2	16.9	17.0	28.8	28.6	21.3	17.0	17.8
伝統の市民の祭り	21.2	18.4	19.9	20.7	21.7	18.8	24.2	27.6	23.9	15.7	20.8
花の祭り	19.9	15.0	14.0	14.4	16.9	16.9	20.5	23.9	28.0	25.4	23.7
火や灯の祭り	19.8	16.4	12.8	18.6	16.4	24.7	22.1	17.1	23.4	24.5	22.0
変わった祭り	17.6	22.3	16.2	22.5	14.7	14.7	23.8	19.8	17.5	11.9	13.1
博覧会・地方博	17.1	16.9	17.0	18.2	11.2	11.0	24.6	25.3	21.4	11.5	14.1
江戸の祭り	16.0	16.5	15.4	18.2	15.2	17.4	16.6	14.8	19.7	12.7	14.0
新しい市民の祭り	16.0	14.1	13.6	19.0	13.8	12.3	22.6	18.4	20.1	12.7	12.7
スポーツイベント	15.5	23.6	18.8	24.1	14.7	13.7	16.3	16.2	13.0	9.3	5.9
食の祭り	15.4	18.3	14.9	14.8	12.5	10.6	23.0	21.7	16.7	14.0	6.8
見本市・展示会	15.3	25.2	16.6	25.5	16.4	11.4	18.3	15.7	14.3	5.9	4.2
映画祭・音楽祭・芸術祭	15.3	17.4	12.7	15.3	17.8	9.6	26.7	19.8	15.9	12.3	6.3
七夕祭り	14.4	14.0	12.4	14.4	14.3	11.0	19.2	17.9	15.1	13.9	12.7
神楽・神事芸能の祭り	13.1	12.1	11.1	14.8	12.1	13.8	12.1	13.8	11.7	16.5	13.1
市・縁日	13.1	14.0	7.7	10.6	12.5	10.5	15.4	16.6	18.4	13.9	11.0
節分・雛祭り・端午の節句祭り	12.1	11.1	8.1	10.6	10.4	8.3	14.2	15.2	16.3	11.9	14.4
神輿の祭り	11.5	17.4	9.8	11.4	11.3	10.9	11.7	12.5	9.6	8.5	13.1
行列の祭り	11.5	10.6		8.9	10.4	13.3	12.1	12.9	15.0	11.0	12.3

※■ 全体を5%以上上回る値　□ 全体を5%以上下回る値

＊旅の販促研究所調査（2008年）

属性別の傾向を見ると、10〜20代男性、40代男性、30代女性では2割が「具体的に行く予定があり現在計画している祭・イベントがある」としている他、10〜20代女性では「その祭・イベントの見学・参加を目的に是非行ってみたい」が52・1％と多く見られる。また、女性層では年配層ほど「他の観光と合わせて行ってみたい祭・イベントがある」としている人が多く見られる。年配層ほど祭・イベントとともにその他の観光要素も取り入れて旅行を楽しみたいと考える人が多いことがうかがえる。

逆に、30代男性では積極的に見学・参加したい祭・イベントがあるとする人は他の属性と比べ少ないのが目立ち、「機会があれば行ってみたい祭・イベントがある」程度の意向者が3割弱と多くなっている。

様々な祭・イベントに意向を示す10〜20代女性

図表②は性別・年代別に、その祭・イベントの見学・参加・体験を目的とした旅行意向を示したものである。全体を概観すると、上位にあげられている祭・イベントに関しては女性で意向者が多く見られるものが多くなっている。さらに女性でも10〜20代と30代女性で、全体の意向を大きく上回る祭・イベントが多いのが目立つ。「京都の祭り」、「雪と氷の祭り」はいずれも6割弱と多く見られ、「花火大会」、「イルミネーション」も4割以上と多くが意向を示している。さらに、「大阪の祭り」、「伝統の市民祭り」、「博覧会・地方博」、「食の祭り」や、10〜20代女性では「奇祭・裸祭り・夜祭りなど変わった祭り」、「新しい市民の祭り」、「映画祭・音楽祭・芸術祭」なども全体の意向を大きく上回っている。この層は「イルミネーション」や「花火大会」以外の祭・イベントの経験率はさほど高いものではなかったが、意向を見ると若年女性が様々な祭・イベントに興味を持っていることが確認できる。

逆に、60代女性では「京都の祭り」、「雪と氷の祭り」、「花火大会」、「イルミネーション」等の意向は全体を下回っており、真夏や冬に実施され、大混雑になる大きな祭・イベントは敬遠する人も多いかもしれない。これらの祭・イベントについては50代以上の男性でも同様の傾向が見られる。

京都の祭り・雪と氷の祭りは全層から支持

以下、上位の祭・イベントについて、属性別の傾向を見てみよう。まず、「京都の祭り」、「雪と氷の祭り」はすべての属性で支持されているが、いずれも50代までの女性と若年男性で意向者が多く、「雪と氷の祭り」については年配層ほど意向者が少なくなっている。冬の北海道・東北という季節とデスティネーションを考えると当然ともいえよう。「東北の祭り」もすべての属性で支持されており、特に40代女性で全体を大きく上回っている。「花見の祭り」は50代以上の男性と女性全般、特に60代男性と40～50代女性で意向者が多く見られる。「花火大会」と「イルミネーション」は男女とも40代までで意向者が多く、50代以上になると大きく落ち込んでいるのに対し、「山車の祭り」は50～60代での意向者が多くなっている。「盆踊りの祭り」は60代男性と女性全般で3割程度が意向を示している。「大阪の祭り」は10～30代女性が3割近い意向を示しているのが特徴的だ。「伝統の市民の祭り」は30代女性が高い意向を示し、10～20代、40代女性がそれに次いでいる。

2 今後の祭旅意向――祭・イベントグループ別

行きたい祭旅トップ3は京都の祭り・雪と氷の祭り・東北の夏祭り

図表③は祭・イベントグループ別の意向度を示したものである。ここでは、意向度に加え、祭・イベントが旅行意向にどの程度関与しているかを示すために「意向者関与度スコア」として、「具体的に予定があり現在計画を立てている」・「その祭り・イベントの見学・体験を目的に是非行ってみたい」に10点、「他の観光と合わせて行ってみたい」に5点、「機会があったら行ってみたい」に2点と点数をつけて加重平均値を算出した。

「意向者関与度スコア」が最も高いのは4・7ポイントの「京都の祭り」で、意向者はトータル（「機会があれば行ってみたい」まで）で84・0％、積極的意向者（「他の観光と合わせて行ってみたい」まで）が47・1％。「雪と氷の祭り」が4・4ポイントで次いでおり、意向者トータルは77・7％、積極的意向者は46・5％となっている。

「東北の夏祭り」は意向者トータルでは81・1％と「雪と氷の祭り」を上回っているが、積極的意向者は34・7％と「雪と氷の祭り」を下回り、関与度スコアは3・8ポイントで3位となっている。以下、「花火大会」、「イルミネーション」、「花見の祭り」など、それぞれの季節を彩る祭り・イベントは3ポイント台で、積極的意向者はいずれも30％台、「盆踊りの祭り」、「山車の祭り」が3ポイント弱で、積極的意向者が3割弱で次いでいる。

一度は訪れたい、そしてまた訪れたい祭・イベント

上位の祭グループについて意向者のコメントを概観してみよう。「京都の祭り」については、京都という町自体の魅力とともに、祇園祭り、葵祭り、時代祭り、大文字送り火などの伝統の祭りは、日本の祭りの原点として多くの人にとって、〝一度は見てみたい〟祭りであり、経験者にとっては〝また見に行きたい〟祭りとなっている。

「雪と氷の祭り」の代表であるさっぽろ雪祭りは、毎年シ

図表③ 祭旅意向／祭・イベントグループ別傾向　(n=2295)（%）

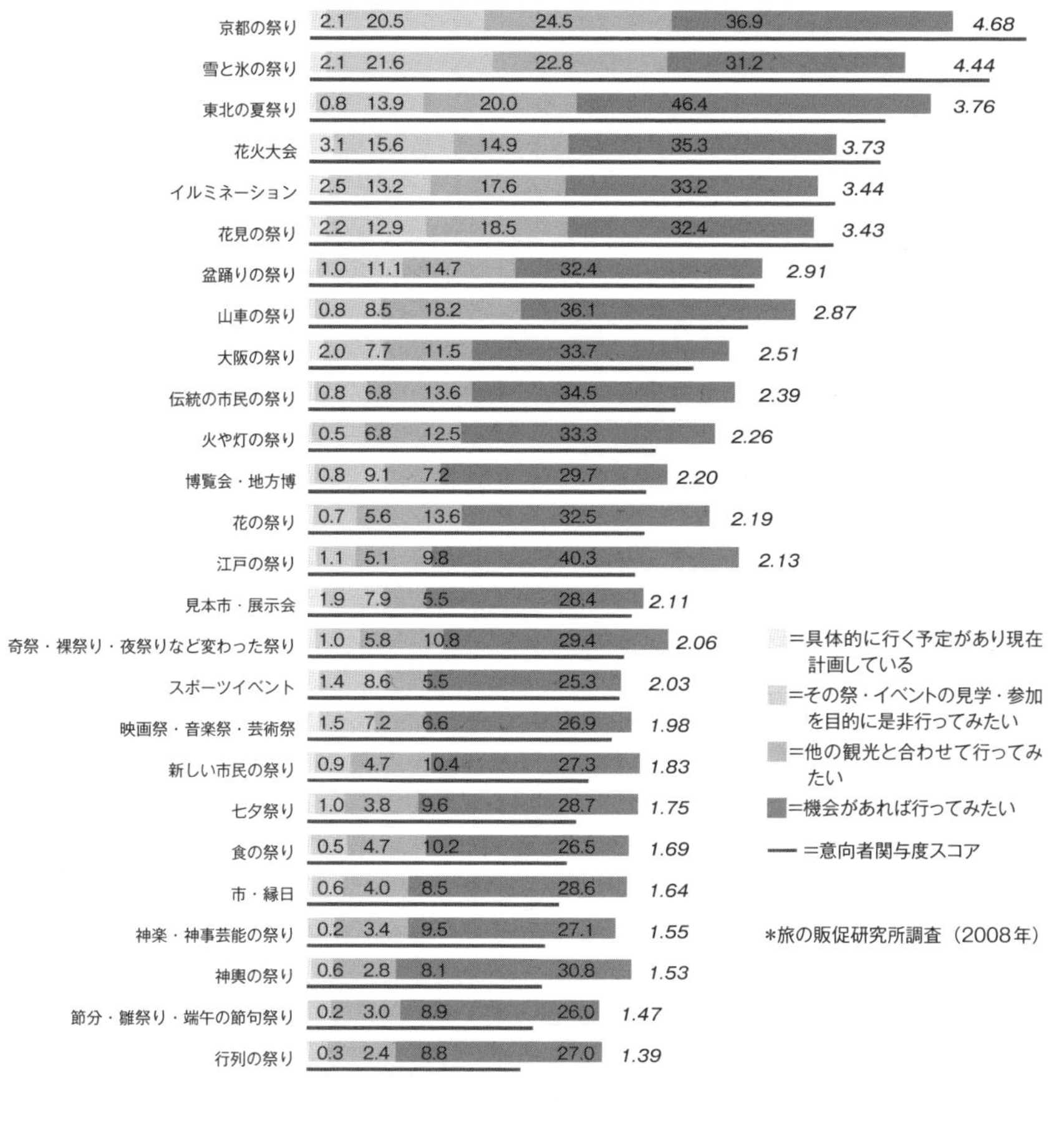

ーズンになると必ずテレビで取り上げられることで意向が喚起されている人が多く、また、その期待を裏切らないイベントであるためリピーターも多い。オホーツク流氷祭り、蔵王樹氷祭りなどの意向者も多く見られ、流氷や樹氷といった自然の造形が大きな魅力となっている。「東北の祭り」では青森ねぶた祭り、秋田竿灯祭り、仙台七夕祭りなど、迫力のある壮観な祭りを一度は体験してみたいと思っている人が多く、同時期に開催されるためツアーで効率よく見学したいという人も多く見られる。

「花火大会」、「イルミネーション」、「花見の祭り」は多くの人が毎年楽しみにしている季節催事で、近隣で楽しんでいる人が多いものと思われるが、テレビや広告で見るメジャーなスポットを訪れてみたいと思っている人も多い。「花火大会」は東日本では大曲の花火、諏訪湖祭湖上花火大会、長岡大花火大会、西日本ではＰＬ花火芸術、関門海峡花火大会など、「イルミネーション」は神戸ルミナリエ、さっぽろホワイトイルミネーション、「花見の祭り」では弘前さくら祭り、高遠城址公園さくら祭り、角館桜祭りなどの意向者が多く見られ、リピート意向者も多い。「盆踊りの祭り」は、地域文化、風情を味わうおわら風の盆と、阿波踊り、郡上踊りなどのエネルギッシュな踊りを求める人に分かれるが、後者は実際に参加して踊ってみたいという人も多い。

調査対象者のコメント（性別年齢・居住地）

「（京都の祭り）祇園・葵・時代祭り、鞍馬の祭りは一度見てみたいものばかりです」（女性43歳・中国四国）

「（京都の祭り）三大祭りをはじめ鞍馬の火祭りなども見ているが何度行ってもいい」（男性62歳・

首都圏）

「（雪と氷の祭り）さっぽろ雪祭りの映像が毎年テレビで放映されているので、実際自分の目で確かめたい」（女性54才・関西圏）

「（雪と氷の祭り）山形の蔵王樹氷祭りに行きたい。雪像や氷像はいろんなところで見られるが、樹氷はここでしか見られない」（男性36歳・首都圏）

「（東北夏祭り）東北三大祭りは真夏の日本の風物詩なので、是非一度体験してみたい」（男性46歳・首都圏）

「（東北夏祭り）すべての祭りをツアーで周ってみたい。迫力あるだろうな〜と思います」（女性28歳・東海北陸）

「（花火大会）大曲花火大会は、花火師たちがその腕を競い合う花火大会と聞いたことがあるので、是非その迫力を体験したい」（男性24歳・首都圏）

「（花火大会）大きな花火が打ちあがった後に、空気がドーンと押し寄せてくるのを感じられるのは、やっぱり生だけ。いつでも、何回見ても感動する」（女性29歳・首都圏）

「（イルミネーション）鎮魂の意味をこめて毎年ルミナリエには行っているので、今年も行くと思います」（男性25歳・中国四国）

「（花見の祭り）高遠城址公園さくら祭りは2、3回行っているが見ごたえがあるので、何度でも行きたい」（男性61歳・東海北陸）

「（盆踊りの祭り）おわら風の盆に行きたい。一度行ったことがあるが、胡弓、三味線とともにうたう歌に何ともいえない哀調を感じ、惹かれるものがある」（男性65歳・首都圏）

3 祭旅マトリクス

祭旅マトリクスによる8つの分類

図表④祭旅マトリクスをご覧いただきたい。横軸には意向者関与度スコアをとり、縦軸には各祭・イベントグループの旅行経験者の平均旅行日数をとって、それぞれのグループをプロットしてみたものである。図表の右にプロットされている祭・イベントグループほど、その祭・イベント自体の見学・参加・体験を目的に旅行したい人が多いものとなり、多くの人の旅行意向を喚起していることを示している。また、縦軸については旅行日数が多い旅行ほど、より遠方のデスティネーションの祭・イベントに旅行として訪れる、すなわち交通手段や宿泊施設などの手配が必要となる〝旅行〟として成立していることを示している。また、各祭・イベントの●の大きさは前章で説明した経験度を示している。

このマトリクスで確認できたA～Hの8つのグループの特徴について簡単に整理する。祭旅としての現状やポテンシャルなどの詳細については次章以降で考察する。

図表④ 祭旅マトリクス

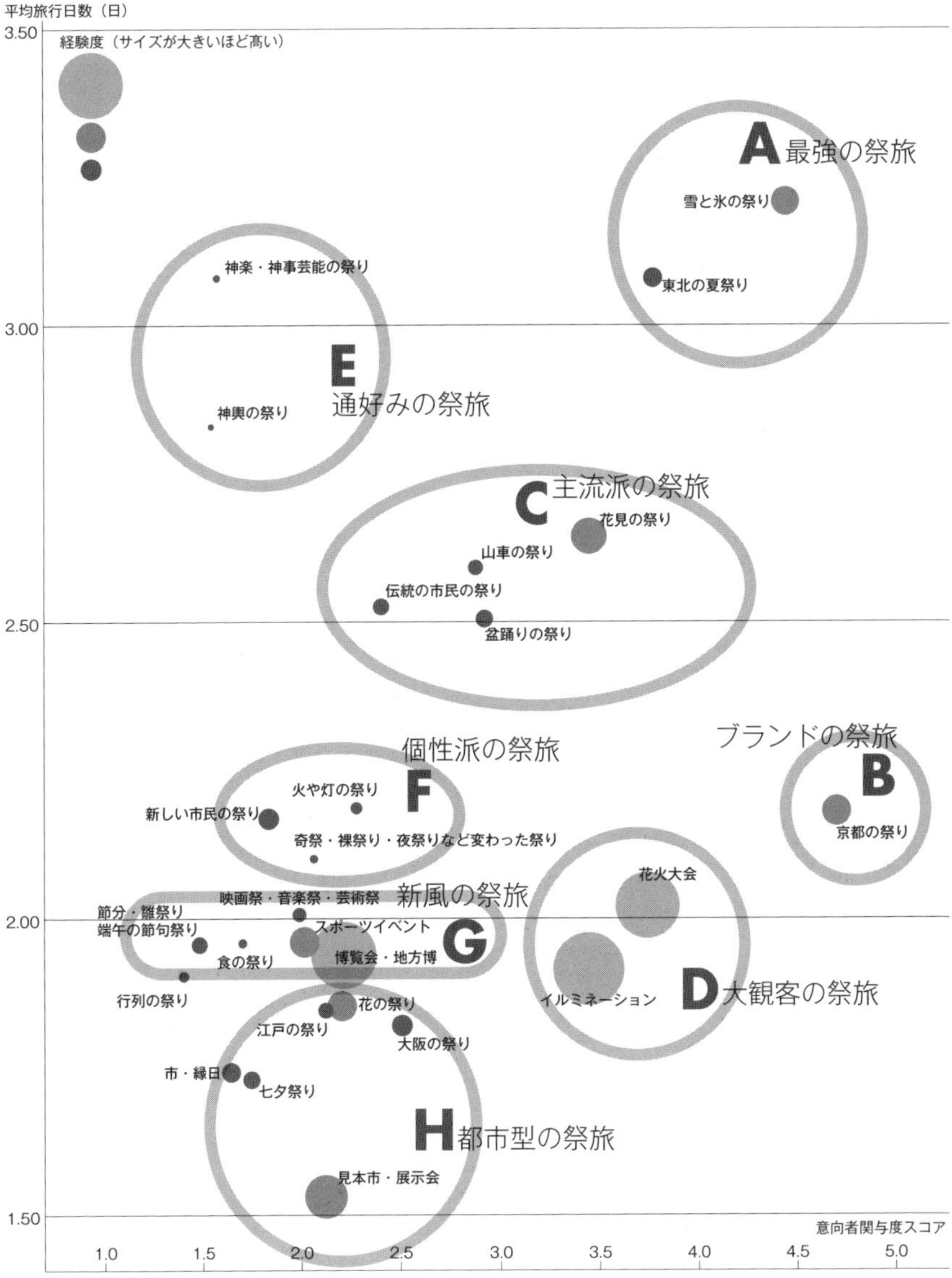
平均旅行日数（日）
3.50
3.00
2.50
2.00
1.50
経験度（サイズが大きいほど高い）
A 最強の祭旅
雪と氷の祭り
東北の夏祭り
E 通好みの祭旅
神楽・神事芸能の祭り
神輿の祭り
C 主流派の祭旅
花見の祭り
山車の祭り
伝統の市民の祭り
盆踊りの祭り
ブランドの祭旅 B
京都の祭り
個性派の祭旅 F
火や灯の祭り
新しい市民の祭り
奇祭・裸祭り・夜祭りなど変わった祭り
新風の祭旅 G
映画祭・音楽祭・芸術祭
節分・雛祭り
端午の節句祭り
スポーツイベント
食の祭り
博覧会・地方博
行列の祭り
D 大観客の祭旅
花火大会
イルミネーション
花の祭り
江戸の祭り
大阪の祭り
市・縁日
七夕祭り
H 都市型の祭旅
見本市・展示会
意向者関与度スコア
1.0
1.5
2.0
2.5
3.0
3.5
4.0
4.5
5.0

＊旅の販促研究所調査（2008年）

❖Aグループ　最強の祭旅　―旅行として完成された祭旅グループ―

さっぽろ雪祭りに代表される「雪と氷の祭り」、東北三大祭りを中心に周辺の夏祭りを含めた「東北の夏祭り」は、北海道・東北というデスティネーションから、旅行会社のツアーの歴史も長く祭旅として完成しているグループといえる。今後の意向でも2位、3位と高く、特に若年層での意向が高い。今後も人気は衰えないものと思われる。

❖Bグループ　ブランドの祭旅　―日本人なら一度は行きたい祭旅―

祇園祭り、葵祭り、時代祭り、大文字五山送り火など「京都の祭り」は、最も意向者が多く、若年層から年配まですべての年代で支持されている。京都という町自体の魅力とともに日本の文化を満喫できる、日本の祭りの原点として、確立されたブランドになっているといえる。アクセスがよいことから、平均旅行日数ではA・Cグループを下回る。

❖Cグループ　主流派の祭旅　―華やかさ・風情・活気の祭旅グループ―

弘前さくら祭りなどの「花見の祭り」、高山祭りを代表とする「山車の祭り」、阿波踊りなどの「盆踊りの祭り」、博多どんたくなどの「伝統の市民祭り」などで、意向者関与度スコアはやや差が見られるが、旅行日数が比較的長いグループ。年配層で意向の高い祭りが多く、旅行会社のツアーも数多く造成されている現在の祭旅の主流となっているグループである。

❖Dグループ　大観客の祭旅　―多くの人を魅了する夏・冬のメインイベント―

夏・冬のイベントの定番となっている「花火大会」と「イルミネーション」は、周辺エリアから訪れる人が多いことから平均旅行日数では低い位置にあるが、毎年楽しみにしている人が多い。テレビや広告で接触する機会も多く、一度訪れてみたい祭・イベントである。ともに旅行会社がツアーを企画しており、大きな観光資源となっている。

❖Eグループ　通好みの祭旅　―文化と伝統を味わう祭旅グループ―

意向者は少ないものの、高千穂神楽、石見神楽などの「神楽・神事芸能の祭り」、新居浜太鼓祭りなどの「神輿の祭り」は、地域の人々の努力で伝統が守られ、地域や日本の文化をじっくり味わうことのできる祭りである。デスティネーションを考えるとゆっくりと旅行を兼ねて見学を楽しむ祭旅グループといえる。

❖Fグループ　個性派の祭旅　―これから伸びそうな新たな祭旅グループ―

「火や灯の祭り」、「新しい市民祭り」、「奇祭・裸祭り・夜祭りなど変わった祭り」のグループ。お水取り、ＹＯＳＡＫＯＩソーラン祭り、秩父夜祭りなど、いずれもすでに多くの観客・参加者を動員している。若年女性での意向も比較的高く、今後の伸びが期待できる祭旅と位置づけられるグループ。

❖Gグループ　新風の祭旅　――仕掛けが新しい祭・イベントグループ――

「映画祭・音楽祭・芸術祭」、「食の祭り」、「スポーツイベント」、「博覧会・地方博」等、新しい仕掛けの祭・イベントが中心のグループ。「節分・雛祭り・端午の節句祭り」、「行列の祭り」などは伝統的な祭りではあるが、新しい交流の形として興味深い企画が行われているものも多い。ニューウェーブの祭旅グループ。

❖Hグループ　都市型の祭旅　――近隣エリアの見学者に支えられた祭・イベントグループ――

旅行日数が少なく、意向者も少ないグループとなっているが、「江戸の祭り」、「大阪の祭り」はその規模の大きさを考えると旅行として見学・参加するというよりも、近隣エリアの居住者が日帰りで見学にきているケースが多いものといえる。「市・縁日」や「七夕祭り」、「見本市・展示会」なども同じ都市型の祭・イベントと分類できるだろう。

第５章・第６章・第７章のチャートの解説

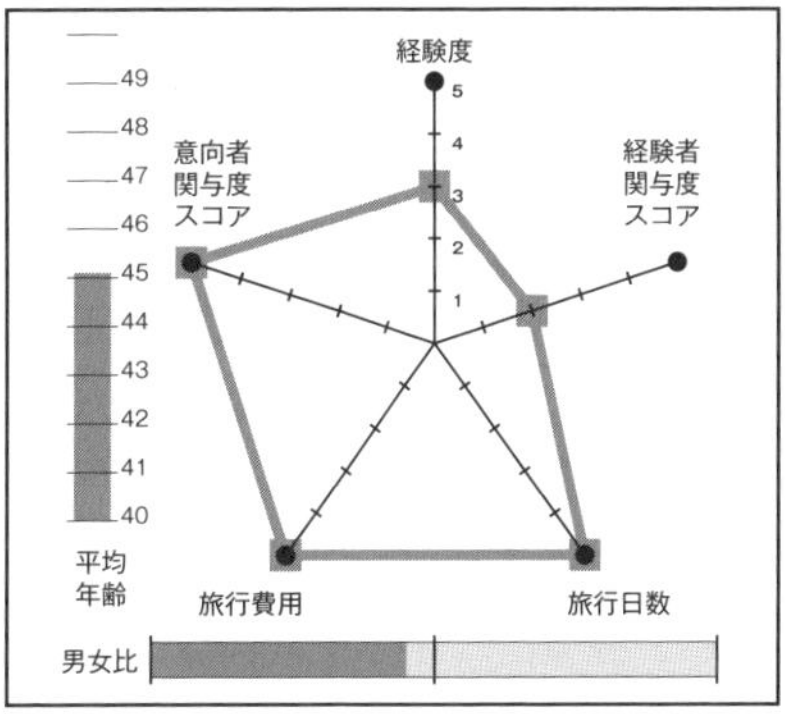

経験度：グループにある祭・イベントへ、旅行として行った経験がある人の比率、外側ほど経験率が高い祭旅

1：5%未満
2：5%以上～ 10%未満
3：10%以上～ 15%未満
4：15%以上～ 20%未満
5：20%以上

経験者関与度スコア：グループにある祭・イベントへ、それ自体の見学参加を目的に旅行したかどうかの割合。祭・イベントを主目的として旅行をした場合を 10 ポイント、他の観光と祭・イベントを目的とした場合を5ポイント、他の観光目的がありついでに祭・イベントを見学・参加した場合を2ポイントとして経験者総数で割ったもの、外側ほど祭・イベントの関与度の高い祭旅

1：6未満
2：6以上～7未満
3：7以上～8未満
4：8以上～9未満
5：9以上

旅行日数（平均旅行日数）**：**グループにある祭・イベントへ、旅行として行った経験者の平均旅行日数、外側ほど長期間の祭旅

1：1. 8日未満
2：1. 8日以上～2. 1日未満
3：2. 1日以上～2. 4日未満
4：2. 4日以上～2. 7日未満
5：2. 7日以上

旅行費用（平均旅行費用）**：**グループにある祭・イベントへ、旅行として行った経験者の1人当たりの平均旅行費用、外側ほど使った旅行費用の高い祭旅

1：20000円未満
2：20000円以上～25000円未満
3：25000円以上～30000円未満
4：30000円以上～35000円未満
5：35000円以上

意向者関与度スコア：グループにある祭・イベントへ、それ自体の見学参加を目的に旅行したいかどうかの度合。行く予定がある場合とその祭り・イベントを主目的として是非旅行をしたい場合を 10 ポイント、他の観光と合わせて行ってみたい場合を5ポイント、機会があれば行ってみたい場合を2ポイントとして、意向者総数で割ったもの、外側ほど意向の強い祭旅

1：1. 5未満
2：1. 5以上～2未満
3：2以上～2. 5未満
4：2. 5以上～3未満
5：3以上

男女比（意向者男女比）**：**グループにある祭・イベントへ行きたいという意向を持った人の男女比率を表したもの、例図は女性の意向者が多い祭旅

右が多い：女性の方が多い
左が多い：男性の方が多い

平均年齢（意向者平均年齢）**：**グループにある祭・イベントへ行きたいという意向を持った人の平均年齢（表中右の数字）、棒グラフが長いほど高年齢の意向者が多い祭旅

Column❸

美しいまち並みと栗と花のまち小布施の奇跡

――年間120万人の旅行者をもてなす暮らしの中の祭・イベント――

地域おこしの優等生、小布施の地域ブランドづくり

人口の減少、産業構造の変化などを背景に、地域の自立が求められる中、日本全国の各地で地域振興、地域おこしの取組みが行われている。その成功事例として必ず登場するのが、北信濃の小さなまち小布施である。人口1万2000人のまちにその100倍の120万人以上の来訪者が1年間にある。

小布施のまちづくりの取組みは、1976(昭和51)年の「北斎館」、1982(昭和57)年の「高井鴻山記念館」の建設を契機として、町がまちなみ修景事業に取り組んだ1980年代に始まった。栗菓子の老舗小布施堂が中心となり、町及び他の地権者と協定を結び、土地の交換等を通じて約16000㎡の地区全体を小布施の顔として景観整備事業を行い、歴史的建造物を生き返らせ、リアリティのあるまち空間を巧みに演出することに成功し、多くの旅行者を惹きつけるのみならず、地元住民のまちづくりへの参加意識を大いに高め、〝うるおいのあるまちづくり〟を軌道にのせた。

「暮らす人にとって楽しいまち」こそが、一度訪れると何度でも来たくなるまちである、と言う信念のもと、1994(平成6)年第3セクター方式で「株式会社ア・ラ小布施」設立。あくまで民間主導のまちづくりを目指す会社としてスタート、出資者への配当は行わず、まちの発展が出資の見返りというユニークなコンセプトを持って事業を進め、これまで数多くの企画を成功させ、地元住民と一体となったまちおこしの活動を続けている。

伝統の栗菓子も特産品としてのブランドが定着し、つぎつぎにできた美術館、博物館もまちのコンセプトと一致し旅行者を楽しましている。さらに「フローラルガーデンおぶせ」の開園を機に、空地

や一般家庭、商店、学校、沿道などに花壇、花飾りがつくられ、花のまちとしても有名になった。

ブランドを守り続ける365日の祭・イベント

一度完成された地域ブランドを守ることは、創り上げる以上に難しいといわれる。小布施では「ア・ラ小布施」がその運動の中心となり民間主導型で、栗どっこ市や小布施映画祭、国際音楽祭、北信濃小布施演劇フェスティバル、小布施見にマラソン等、様々な企画イベントや事業を成功させ小布施の名をさらに高めた。また、それらの大きな祭・イベントだけではなく、地域に点在する美術館や博物館などでのコンサートや企画展などスケジュール表の通り、ほぼ365日毎日何かしらの祭・イベントを実施し、来訪者をもてなしている。

大規模で一気に多くの人々を呼ぶことだけが祭・イベントのあり方ではない。小布施のようにまちの暮らしに溶け込んだ小さな祭・イベントがまちのブランドを守っていくパワーとなっているケースもある。「まず自分たちが交流を楽しむことこそが、いいまちづくりにつながる」という住民の思いがそこにはある。

小布施イベントスケジュール（2007年）

1月／新春洋ラン展㋫／安市（皇大神社、商工会周辺）

2月／「東京芸大ShinPA!展」㋔／早春山野草展㋠／北信濃小布施演劇フェスティバル㋭

3月／ぶらり北信濃ひな巡り／「きらめきの野鳥展」㋠／クリスマスローズの世界展㋫／おもと・春ラン展㋫

4月／「境内アート選抜作家展」㋠／苗市と境内アート（玄照寺）／おぶせ春のイベント（町内）／「山水画展」㋟／「昔体験を通して～歴史再発見」㋹／千曲川ふれあい公園花まつり／さくら祭り（岩松院）／春うららフラワーウオーキング／「おぶせオープンガーデン」の公開（約70軒）

5月／子供祝みこし㋙／「版画の魅力展」㋠／北信濃アートウオーク㋙／斑入り山野草展㋠／春の山野草展㋫／「信州の日本画作家たち展」㋔／ジャズライブ㋔／ミニコンサート「林柳波を唄う」㋹

6月／夏の洋ラン展&サツキ展㋫／演劇「民話の世界」㋠／映画「日本の青空」上映㋭／「五感と空間」㋠／特別講演会「美術館へいざないの道」㋭／「花鳥風景展・富嶽三十六景展」㋭

7月／郷土料理研究フォーラム㋭／ジョイント・リサイタル㋭／富貴蘭展㋫／昭和を代表する日本の映画名場面鑑賞会㋭／小布施音楽祭㋭／小布施見にマラソン（町内）／「動物に魅せられた作家たち」㋠／サンセットジャズライブ㋠／くりんこ祭り（駅前神宮通り・皇大神社）

8月／「中島千波・新コレクション展I」㋔／アンデスの調べミュージアムコンサート㋠／夕涼み寄席（玄照寺）／お花市&中町ギヤマン祭り（観音通り）／花とハワイアンの調べ㋫

9月／ハワイアンバンド&フラフェスティバル㋙／「アートと素材展」㋠／「ジュニアの栄養管理」講演会㋭／「敬老会ふれあい寄席」㋭／小布施町東町きつね祭り（東町駐車場）／おぶせ秋のイベント（町内）／「スケッチ展」㋟／「中島千波・新コレクション展II」㋔／「歴史再発見～昔体験を通して」㋹／「美人風俗画・花鳥山水画展」㋭

10月／おぶせTシャツデザイン展（六川の畑）／開園15周年の大感謝祭㋫／町民運動会／「memories」㋠／健康づくりセミナー（小布施総合公園）／千年樹の里まつり（健康福祉センター周辺）／写生大会㋫／中島画伯サイン会㋔／秋の山野草展㋫／小布施アート&クラフトフェアー㋙／秋の味覚祭（6次産業センター）／文化祭・作品展（公民館など）／高井鴻山席書大会（鳳凰アリーナ）／ソプラノコンサート㋔／ミニコンサート㋹／秋の洋ラン展㋫

11月／菊花展（皇大神社境内）／名菊・北斎巴錦展㋟／鴻山まつり㋟／芸能祭㋭／カントリーウオーク（田舎歩き）／秋桜ぶらりコンサート「彩音感」㋔／小布施町ロードレース大会㋙／緑のかけ橋まつり㋙／「サチア」のコンサート㋔／北信濃小布施映画祭前夜祭／北信濃小布施映画祭

12月／「おぶせ昭和の文化人顕彰展」㋔／わらしべ市（6次産業センター）

㋫：フローラルガーデン　㋔：おぶせミュージアム・中島千波館　㋭：北斎館・北斎ホール　㋟：高井鴻山記念館
㋠：千曲川ハイウェイミュージアム　㋹：歴史民俗資料館　㋙：小布施総合公園

第5章

祭旅パワーのある祭・イベント

Aグループ　最強の祭旅　旅行として完成された祭旅グループ

1 雪と氷の祭り

――季節催事の王様、ここならではの冬の祭り――

・例示した祭り：さっぽろ雪祭り（北海道）、十日町雪祭り（新潟）、くしろ氷祭り（北海道）、オホーツク流氷祭り（北海道）、蔵王樹氷祭り（山形）

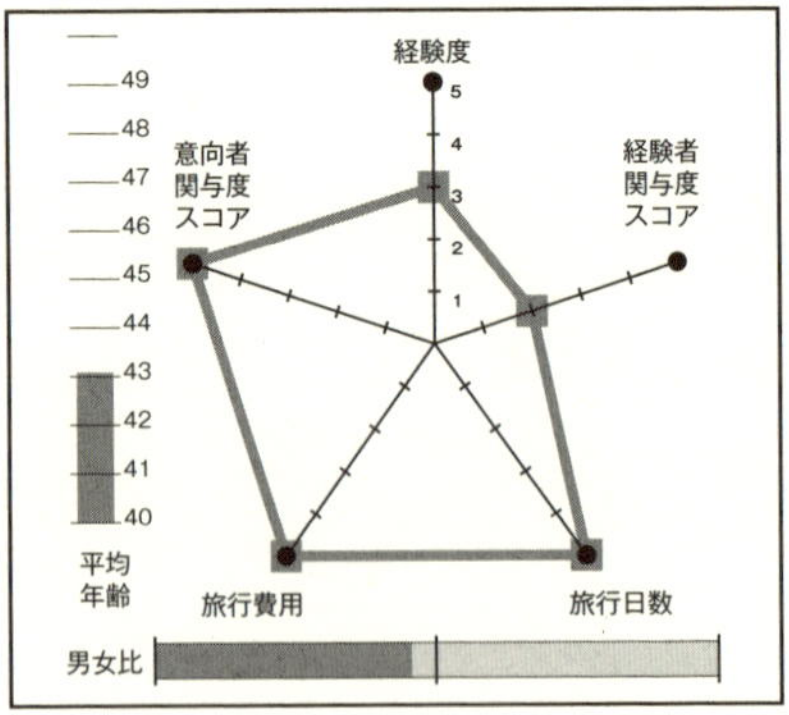

パッケージツアーの多い観光型イベント

雪と氷の祭りは、冬季に観光客が少なくなる北海道、東北などの降雪地帯で、地域おこしイベントとして多くの人を集めるものである。

経験では、60代の男女で経験度がやや高くなっている。平均旅行日数が3・2日で26の祭・イベントグループで最も長い。平均旅行費用も4万8500円と二番目である。利用交通機関は北海道が多いため飛行機が圧倒的に多いが、観光バスも他と比べると多くなっている。同行者は、夫婦・家族親族・友人知人とバランスよく構成されている。旅行会社が企画したパッケージツアーで行くが4割以上でトップだ。宿泊先はホテルが7割以上と非常に多い。満足度（満足＋やや満足・以下同じ）

は91・2％だが、寒いなどの理由で不満足も8・8％ある。

意向においても二番目である。まだ経験していない10代から40代の女性で意向度が高い。冬の北海道は、観光では旭山動物園、食ではカニや寿司などの魅力もあり、これらが組み合わさり総合的な強さになっている。

冬のマイナス面を新たな魅力に変える祭りのすごさ

さっぽろ雪祭りは、1950(昭和25)年に地元の中高生が6つの雪像を大通公園に設置したことをきっかけに始まった。自衛隊の参加により大規模化され、第10回開催時には2500人が動員された。新聞やテレビでも紹介されるようになり、観光客がこれを目的に訪れるようになった。現在では、毎年2月初めに7日間開催され、札幌市内の大通公園、すすきの、サッポロさとらんどの3つの会場で開催され、300もの雪像が作られる。高さが15メートルにもなる雪像や札幌とつながりの深い外国の有名な建築物、長さ100メートルの雪の滑り台なども人気だ。夜はライトアップされ、とても幻想的な雰囲気となる。ホテルが隣接しているため、夜でも気軽に楽しめ、国内外から200万人もの観光客を集めている。

山形県の蔵王樹氷祭りは、山形蔵王が誇る樹氷の見頃を伝えるためのイベント。1月下旬から2月上旬に雪上花火やスキースクールインストラクターによる華麗なパフォーマンス、温泉街にアイス&スノーキャンドルが幻想的な灯りをともす〝雪と炎の饗宴〟などが行われる。新潟の十日町雪祭りは、1950(昭和25)年日本で最初に開催された雪祭りで2月の中旬の週末に開催される。ギネスブックにも掲載された巨大な雪の建造物が作られるほか、ステージショーなども行われる。

この他には、オホーツク流氷祭りと層雲峡氷爆祭り、千歳・支笏湖氷爆祭りがあがった。オホーツク流氷祭りは、さっぽろ雪祭りとともに冬の北海道の風物詩としてすっかり定着している。層雲峡氷爆祭りは1976(昭和51)年から始まり、1月下旬から3月にかけて開催される。氷でできた建造物や氷の展望台が建てられ、夜はライトアップされる。千歳・支笏湖氷爆祭りは、冬でも観光客を呼んで地域を活性化しようと1979(昭和54)年に始まった。1月下旬から2月中旬にかけて開催され30万人の人出となる。

海外からの旅行者誘致に成功した雪祭り

2007(平成19)年の訪日外国人数は835万人(前年比13・8%増)と過去最高を記録した。さっぽろ雪祭りの会場でも台湾や香港などアジアからの観光客やオーストラリアなどのスキー客をよく見かける。訪日外国人に人気の都市を聞くと、東京や京都があがるが、台湾や香港では北海道が人気になっている。季節の冬がない地域のため雪が観光の目玉にもなる。冬の北海道は、彼らにとっては一度見てみたい観光地なのだ。特に旧正月のまとまった休みのある2月上旬はまさにオン期となる。雪祭りの会場でも中国語の案内やパンフレットが整備され、受け入れ体制が整えられているのも魅力だ。

さっぽろ雪祭りが海外で注目されたのは、1972(昭和47)年の冬季オリンピックが開催され

十日町雪まつり　十日町雪まつり実行委員会提供

〝ようこそ札幌へ〟のテーマで世界に知られるようになってからである。１９７４(昭和49)年からは国際雪像コンクールもスタートした。東北地域や北信越地域も雪が多いが、スノーツーリズムの新しい可能性はまだまだ広がっていくのではないだろうか。

調査対象者のコメント（性別年齢・居住地）

「(さっぽろ雪祭り) 名古屋ではあんなに沢山の雪が降らないので、雪の量に感動したことと、ライトアップが印象的でした」(男性41歳・東海北陸)

「(さっぽろ雪祭り) 日本人以外が多かった。中国や韓国の人だと思う」(女性56歳・首都圏)

「(さっぽろ雪祭り) 公園の横のホテルだったので、部屋から雪祭りが見られてよかった」(男性19歳・関西圏)

「(さっぽろ雪祭り) カニやジンギスカンが食べられてよかった」(女性28歳・首都圏)

「(十日町雪祭り) 豪雪地帯の苦労も知ることができ子供にとって良い経験になった」(女性36歳・北関東甲信越)

「(オホーツク流氷祭り) 大自然を身近に感じた」(男性54歳・東海北陸)

「(オホーツク流氷祭り) たいしたことないと思っていたが、結構きれいでよかった」(女性64歳・関西圏)

「(蔵王樹氷祭り) 天候に左右されるのでライトアップは見られないこともあるが、見られて感動した。よく行くが何回行っても飽きない」(女性30歳・北関東甲信越)

2 東北の夏祭り

――一度は生で見てみたい日本の夏の風物詩――

・**例示した祭り**：青森ねぶた祭り（青森）、秋田竿灯祭り（秋田）、仙台七夕祭り（宮城）、花笠踊り（山形）、盛岡さんさ祭り（岩手）

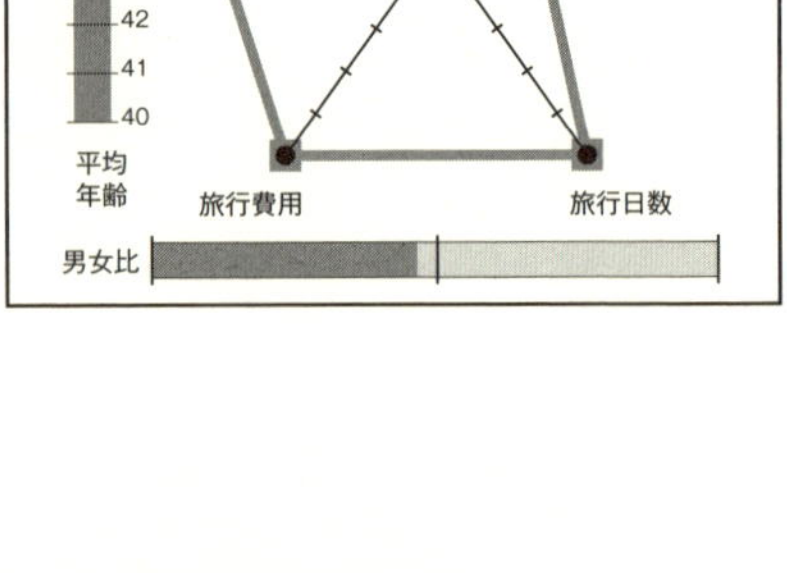

旅行日数・旅行費用が高い東北の夏祭り

東北の夏祭りは、経験者の平均旅行日数、平均旅行費用、意向者関与度スコアが高くなっている。平均旅行日数と平均旅行費用は、ほぼパラレルの関係であり、関東圏、関西圏から距離のある東北という目的地のため、また、例示された祭りは宿泊数を増やせば複数を一度で体験することが可能であるため、平均旅行日数は26のグループで２番目の３・１日、平均旅行費用も４万７８００円といずれも平均を大きく上まわっている。

意向者関与度スコアも高く、行ったことはないものの、一度はこれらの祭りを見に行ってみたいという希望は強い。どちらかというと女性の方がその思いは強いようである。メディアにおいて紹介される機会も多くあり、日本の夏の一種の季語として認識されているものといっても過言ではない。

伝統の祭りだけではなく、観光イベントとして始まったものもある

青森のねぶた祭りは、8月2日から7日まで開催されるもので、ねぶた本体と勇壮な「ねぶたばやし」、かけ声に合わせ踊り飛び跳ねる「ハネト」が一体となる、光と音を感じる祭りである。現在のようにねぶた本体が大型化したのは、戦後に入ってからとのことである。歌舞伎に題材を求めたねぶたもあり、基本的に夜の祭りで、その場面を写真に切り取っても、見栄えがとても良いため、旅行会社の夏祭り企画のパンフレットの表紙として使われることが多い。

秋田の竿灯祭りは、8月3日から6日まで開催されるもので、江戸時代に真夏の病魔や邪気を払う、ねぶり流しが起源といわれ、ろうそくの普及、お盆に門前に掲げた高灯籠などが組み合わされて独自の行事に発展したものだという。竿灯の最も大きなものは、長さ12メートル、重さ50キロ、46個の提灯がついている。その竿灯を自在に操る技を見せるのも祭りの魅力のひとつであり、期間中の日中には「妙技大会」も開催される。

仙台七夕祭りは、仙台藩祖伊達政宗が江戸風の七夕を取り入れて奨励していたことが知られている。今日あるような豪華な七夕祭りは、戦後の1947(昭和22)年、昭和天皇が巡幸された際、巡幸沿道に5000本の竹飾りで七色のアーチをつくり迎えたことが契機となっている。その後の七夕は、もともとの目的であった商店街振興から観光イベントへと変貌してきている。開催は8月6日から8日で、趣向を凝らした吹き流しが数多く並び、それを鑑賞し、静かに美しさを堪能する祭りとなっている。

山形の花笠踊りは、8月5日から7日まで開催されるもので、もともとは1963(昭和38)年、蔵王の観光開発とPRを目的に、「蔵王夏まつり」が開催されたプログラムの一部の「山形花笠

踊り」が、翌64年から単独として行う現在の形となったものである。盛岡さんさ祭りは、盛岡市近郊で伝統として行っていた「さんさ」を統合して1978（昭和53）年に観光イベントして開催されたものである。毎年8月1日から4日まで開催される。

この他、東北の夏祭りとしてあがったものは弘前のねぷた祭りや五所川原市の立佞武多《たちねぷた》などがあった。弘前のねぷた祭りは8月1日から7日に開催され、趣向を凝らした伝統ある豪華絢爛なねぷたが市民らの手によって運行されるもので、青森のねぶたを動とすれば、弘前のねぷたは静ともいわれているものである。五所川原市の立佞武多祭りは1993（平成5）年に約80年ぶりに復活した夏祭りで、毎年8月4～8日に開催される。立佞武多と呼ばれる巨大な山車が市街地を練り歩き観客を楽しませる。

青森ねぶた祭り　㈳青森観光コンベンション協会提供

旅行ポテンシャルは非常に高い東北の夏祭り

東北の夏祭りは、8月上旬に集中して開催される。このことは、旅行者の立場として考えると複数を組み合わせて鑑賞することが可能であり、周遊型の旅行にはうってつけの素材となっている。実際、旅行会社各社も東北○大祭り鑑賞といったツアーを数多く企画している。また、夏であるのでファミリー旅行として行くことも可能であり、子供たちに日本の伝統としての祭りを体験させるといった訴求の仕方も可能だといえる。

祭りは地域おこしとしての効果も高い。五所川原市は立佞武多を復活させ、東北四大祭りに並ぶ約170万人を呼び、まちを生き返らせた。

一方、東北において、祭り以外の観光要素は、十和田湖、八幡平、陸中海岸、出羽三山、蔵王と数多くある。また、世界遺産に認定された白神山地や世界遺産候補にもなった平泉中尊寺もある。もちろん、良質な温泉も大鰐、浅虫、鳴子、花巻、秋保と数多い。こうした観光要素に結びつけることで、旅行のポテンシャルはより高まるはずである。

調査対象者のコメント（性別年齢・居住地域）

「（青森ねぶた）ハネトとしてグループに参加させてもらい、狂喜乱舞だった」（男性46歳・首都圏）

「（青森ねぶた）思っていたよりスケールの大きさに驚いた」（女性65歳・首都圏）

「（仙台七夕祭り）七夕の飾りをかき分けながら歩くのがいい」（男性62歳・関西圏）

「（秋田竿灯）提灯の明かりが闇に浮かび上がるのが幻想的だった。稲の豊穣を祈るような明かりが神秘的だった」（男性28歳・首都圏）

「（秋田竿灯）人間業とは思えない技に圧倒されました！　あの祭は本当に凄い」（女性33歳・東海北陸）

「（盛岡さんさ祭り）想像をはるかに超えた規模のお祭りで熱気が伝わって良かった」（男性29歳・北海道東北）

Bグループ　ブランドの祭旅　日本人なら一度は行きたい祭旅

1 京都の祭り

——祭りも日本を代表する京都の祭り——

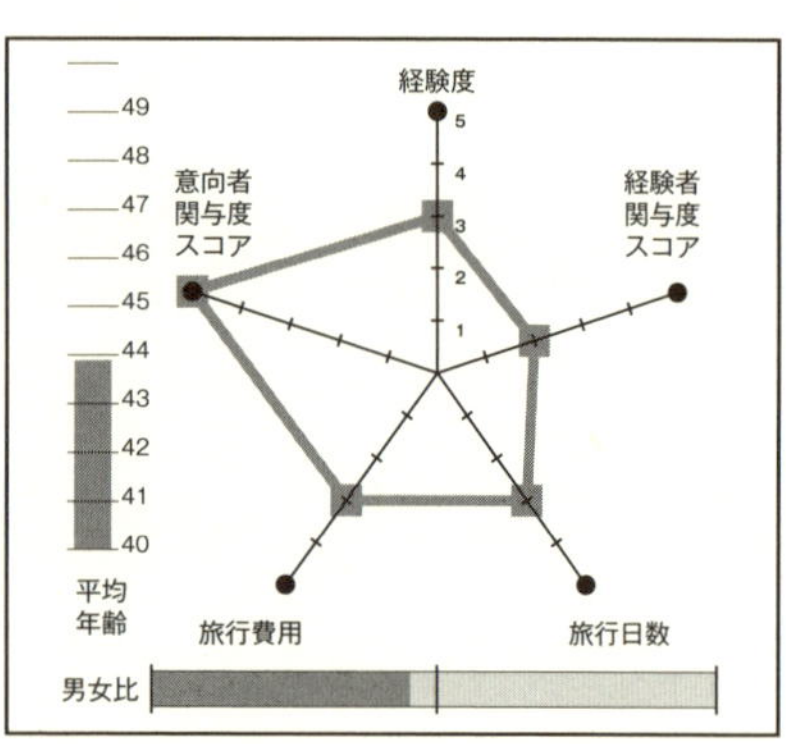

・**例示した祭り**：祇園祭り、葵祭り、時代祭り、鞍馬火祭り、大文字送り火

祭りは京都旅行の目的になる可能性が高い

旅行として楽しむために京都の祭りを訪れる人の平均旅行日数は2・2日、平均旅行費用は2万8500円と26のグループにおいては平均的な値となっている。宿泊施設は京都という土地柄を反映してホテル利用が多い。経験度の性年代別の傾向を見ると、60代の男性が19・3％と他のグループより多くなっている。京都は東海道新幹線の主要駅に位置しているので、交通手段は新幹線の利用が東北の夏祭りに次いで35・8％と多くなっている。

歴史と雅が感じられる京都の祭り

祇園祭りは八坂神社の例大祭で、古くは祇園御霊会と呼ばれた。9世紀末に祇園牛頭天王の祟りとされる疫病が日本各地で猛威をふるった際、それを鎮めるため、祇園の神を祀り、悪疫を封じ込める御霊会を行ったことが起源とされる１１００年以上の伝統がある祭りである。祭りは7月1日から31日まで1ヶ月間行われるが、ハイライトは17日に行われる山鉾巡行で、32基の山鉾が市内メインストリートを巡行する様は日本の夏祭りを代表するものとして毎年多くのメディアで紹介されている。

葵祭りの起源は、約１４００年前の6世紀中ごろ、五穀が実らず賀茂の大神の崇敬者若日子《わかひこ》に占わせたところ、賀茂の神々の祟りであるということであった。若日子は勅命により4月の吉日に祭礼を行ったところ、五穀は豊かに実って国民も安泰になったということによる。9世紀には、朝廷の律令制度として、最も重要な恒例祭祀に準じて行うという、国家的行事になった。祭儀は、宮中の儀、路頭の儀、社頭の儀の三つからなるが、現在は路頭の儀と社頭の儀が行われている。祭りの見どころは路頭の儀（行列）で5月15日に行われ、勅使をはじめ検非違使、内蔵使、山城使、牛車、風流傘、斎王代など、平安貴族そのままの姿で列をつくり、京都御所を出発する。総勢５００名あまり、馬や牛、牛車、輿などで構成される風雅な王朝行列が下鴨神社へ、さらに上賀茂神社へ向かう。その道のりは8キロほどにも及ぶ。

明治に入り、東京遷都や廃仏毀釈の影響で寺院も打撃を受け、京都の町は活力を失っていた。活力を取り戻そうと平安遷都１１００年を記念して平安神宮が創建された時、平安神宮の大祭、建造物、神苑の保存のため、市民により平安講社が組織され、記念事業として時代祭りが始まった。祭りが行われる10月22日は、桓武天皇が長岡京から平安京に都を移されたといわれる日である。この祭りの特色は、明治維新から延暦時代へさかのぼって、時代風俗行列が行われることで、現在は18

列、2000人に達し、行列の長さは2キロに及ぶ。京都御所建礼門前を出発し平安神宮まで4・5キロ間にわたり一大時代絵巻が展開されるものである。

10世紀中ごろ、世の中の平安を願って、朱雀天皇の詔で御所に祀っていた由岐明神を北方の鞍馬に移すことで、北の鎮めとした。その際、松明、神道具などを携えた行列は、約1キロに及んだとされる。この行列に感激した鞍馬の住民が始めたのが鞍馬の火祭りである。祭りは毎年10月22日に行われ、午後6時「神事にまいらっしゃれ」の合図で、各戸にかがり火が灯される。松明を手にした子供たちと、大松明を担いだ若者らが鞍馬太鼓が打ち鳴らされる中、街道を練り歩く夜の祭りである。

大文字火祭りは、五山送り火とも呼ばれる。毎年8月16日に如意ヶ岳など京都市内の5つの山にたかれるかがり火で、仏教的行事である。送り火は、再び冥府に帰る精霊を送るという意味をもつ盆行事の一形態である。かつては十山あったとされ、5つになったのは第2次世界大戦後である。

時代祭り　旅の販促研究所撮影

祭りを鑑賞、一味違う京都の旅に

京都は日本における最も高いポテンシャルを持った観光都市である。その京都においての祭りはすでに観光素材として知られるものが多い。葵祭り、祇園祭りの名前は日本人であれば一度は耳にしたことがあるはずだ。また、夏の夜空を彩る五山の送り火も必ず、メディアで紹介される。京の三大祭りと呼ばれる祇園祭り、葵祭り、時代祭りには、有料観覧席があり販売されている。日本の古都である京都の観光素材に祭りは一味を加えるものとしての魅力は大きい。

調査の意向の項目には、その結果も表れており、京都の祭りを旅行目的としたい人の数は多い。京都の祭りは参加するよりも、鑑賞し雰囲気を味わうものが多い。古都を散策し古に思いをはせ、加えて祭りを鑑賞することでその思いを深く味わうことができる。それは、一味違う京都旅行となるはずである。

調査対象者のコメント（性別年齢・居住地域）

「（祇園祭り）テレビではない迫力を感じることができた」（女性32歳・関西圏）

「（祇園祭り）ビルの谷間を山鉾が巡行する様は、歴史の重みを感じた」（女性36歳・中国四国）

「（祇園祭り）日本の伝統を守る京都人の意思を感じた」（男性48歳・関西圏）

「（葵祭り）大人の修学旅行みたいで楽しかったことと、京都は歴史的に価値があると感じた」（女性51歳・北海道東北）

「（大文字送り火）はじめて大文字送り火を見てよかった。やはり生を経験しないとテレビのイメージの印象とは違う」（女性61歳・首都圏）

「（大文字送り火）壮大で神秘的だったので、機会があれば是非、また来てみたいと思った」（女性45歳・東海北陸）

「やはり日本の伝統は京の雅から。これを観ずして日本人を語ることなかれ」（男性46歳・首都圏）

Cグループ　主流派の祭旅　華やかさ・風情・活気の祭旅グループ

1　花見の祭り

――桜にかける日本人の強い情熱――

・**例示した祭り**：弘前さくら祭り（青森）、高遠《たかとお》城址公園さくら祭り（長野）、会津藩桜祭り（福島）、角館《かくのだて》桜祭り（秋田）、名護《なご》さくら祭り（沖縄）

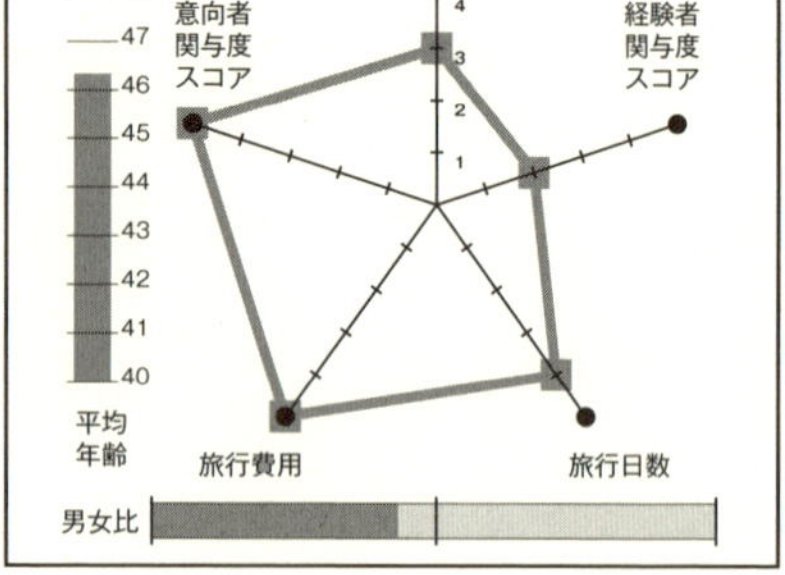

花見の祭りは夫婦で見たい

花見の祭りは、桜の花見に限定し、会場内で観光客を楽しませる併催イベントを実施する祭りとした。日本各地で開催されている春の風物詩だ。

経験度は60代の男女で高く、男女でさほどの差は見られない。平均旅行日数は2・7日とやや長い。東北や信州の桜の名所を周遊する旅も多いからだろう。宿泊先は、ホテルが40・2％だが、旅館も23・0％と多くなっている。利用交通機関ではマイカーが49・4％でレンタカーも13・8％と他の祭・イベントに比べて多い。同行者は夫婦が多く、旅行会社でパッケージツアーを利用した人は24・1％となった。満足度は96・6％とかなり高い。

意向は、高い数値となった。それだけ、桜に強い旅行素材としての力があるからだろう。咲いている期間が短い桜の貴重性も影響している。50代以上の男性と女性全般が高く、特に50代女性で顕著に高くなっている。

南から北へ、季節を追って人が動く桜祭り

青森県の弘前さくら祭りは、毎年4月23日から5月5日に国指定史跡である弘前城跡の弘前公園で開催されている。後半がゴールデンウィークにあたるため、博多どんたくなどとともに観光客数で上位を占めてきた。１７１５年に津軽藩士が25本のカスミザクラを京都から取り寄せて、城内に植えたのが始まりとされている。その後、１８８２(明治15)年にソメイヨシノ１０００本を植樹。日本最古のソメイヨシノといわれている。その後も植栽が進み、大正期に入ると観桜会が開かれるようになった。現在、期間中の観客は２００万人を超えている。

長野県伊那市の高遠城址公園さくら祭りは、4月上旬から下旬にかけて開催される。ここの桜はソメイヨシノではなく長野県の天然記念物でもあるタカトオコヒガンザクラで薄紅色の花が咲く。１５００本以上あり、１９１９(明治8)年ごろから植え始め、現在のものには樹齢１００年の老木もある。桜の時期は、新宿から高遠まで「南アルプス直行便」として直通バスが運行される。

秋田県の角館桜祭りは、武家屋敷の黒壁をバックに美しい枝垂れ桜が咲くことで知られている。この桜は１６６４年、京都の公家三条西家・実号の娘が角館佐竹北家二代目に嫁いできた際、嫁入り道具の中に入っていた枝垂れ桜の3本の苗木からだといわれている。角館は城下町で知られているが、期間中は西宮家や岩橋家など多くの武家屋敷で様々なイベントも楽しめる。

沖縄本島の名護さくら祭りは、「日本の春がここから始まる」をキャッチフレーズに1月下旬の２日間開催される。鮮やかなピンクの寒緋ざくらで、花見は２月中旬まで楽しめる。２００８(平成20)年で46回を迎えた伝統ある桜祭りだ。名護城跡一帯に約２万本あり、桜祭りの２日間は仮装行列など多彩なイベントも楽しめる。

また、首都圏から近い伊豆半島の河津桜祭りが関東で一番早い桜祭りとして人気だ。２月上旬から開催され、菜の花と一緒に楽しめる。この他、関西では姫路城で行われる姫路観桜会や大阪造幣局の桜の通り抜けがあがった。それぞれ、多くの観光客を集めることで有名だ。

弘前さくら祭り　弘前市立観光館提供

開花の時期のずれが観光客を集める

花見の祭りのＰＲは、鉄道会社や航空会社とのタイアップが効果的だ。ＪＲ東日本の弘前や角館の大判のポスター、ＪＲ東海の京都の寺社を背景にしたポスター、ＪＡＬやＡＮＡの寒緋ざくらの宣伝で、多くの人はまだ見たことのない桜の素晴らしさをすでに知っている。通勤の駅で目にするたびに行ってみたいなという意向度がアップする。観光地のメジャー化はこのようなイメージの刷り込みから起こってくるといえる。

特に東北地方の桜は、大都市圏の桜が終わってから満開を迎えるので旅行になりやすい。沖縄の寒緋ざくらや東伊豆の河津桜も早く咲くことで旅行素材として強い力を持っている。また、奈良県吉野町の千本桜のように下の山から咲いて、奥の千本まで期間のあるものも旅行会社としてはツアー企画がしやすいといえる。

近年問題になっているのが、温暖化だ。開花時期が毎年早くなってきていて、東北の桜もゴールデンウィークには散ってしまうところもでてきている。花見に行って桜が咲いていないと、クレームになるので旅行会社も商品造成で苦労することになる。

調査対象者のコメント（性別年齢・居住地）

「（弘前さくら祭り）夜桜のきれいなさまはこの世のものと思えないほど」（男性46歳・首都圏）

「（弘前さくら祭り）堀に映る桜が美しかった」（男性65歳・首都圏）

「（弘前さくら祭り）初めての北東北だが走行距離が長くて大変だった」（女性44歳・首都圏）

「（角館桜祭り）ツアーに組み込まれた角館の桜は素晴らしい」（女性63歳・東海北陸）

「（角館桜祭り）桜と武家屋敷の調和が素晴らしい」（男性51歳・首都圏）

「（高遠城址公園さくら祭り）コヒガンザクラの美しさに感動しました。大奥の絵島のことなど、高遠城の歴史にも興味を持ちました」（女性51歳・北関東甲信越）

「（河津桜祭り）桜と菜の花のコントラストがとてもきれい」（男性35歳・関西圏）

「（名護さくら祭り）こちらではまだ咲いていない時期なので感動」（女性55歳・首都圏）

「桜はどこも機会があれば見たい」（男性50歳・首都圏）

「桜前線を追っかけて、春を体感したい」（女性37歳・首都圏）

2 盆踊りの祭り

——日本の夏の風物詩、盆踊りの祭り——

・**例示した祭り：**阿波踊り（徳島）、郡上踊り（岐阜）、西《にし》馬音内《もない》盆踊り（秋田）、黒石よされ（青森）、おわら風の盆（富山）

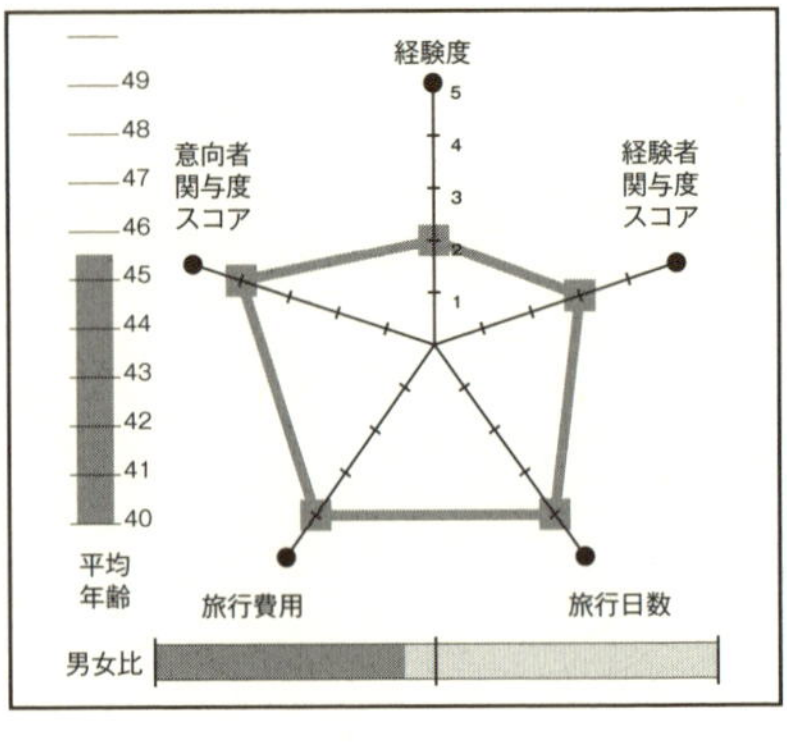

パッケージツアーが中心の盆踊りの祭り

盆踊りの祭りは、経験者の平均旅行日数が2・5日、平均旅行費用が3万1000円とそれぞれ26のグループの中で比較的長く、高いものとなっている。特に宿泊数は、1泊が26グループで最も多い。また、旅行会社のパッケージツアーに参加している比率も高くなっている。そのため、宿泊施設もホテルと旅館の利用が多くなっている。こうした結果は、阿波踊りやおわら風の盆といった旅行会社がパッケージツアーの企画とする祭りが入っているためである。これらの祭りを目的とした旅行意向者は多く、特に男性60代と女性全般が高い意向を示している。

旅行者も参加できる盆踊りの祭り

阿波踊りは徳島市で毎年8月12日から15日に開催される盆踊りで、その起源には諸説ある。畿内などで踊られていた風流踊りや、様々な踊りが城下の踊りとして取り入れられ城下の発展につれて、町衆に支えられ町衆とともに変化しながら現在の阿波踊りに発展してきたといわれる。阿波踊りという名称は、徳島県内の各地で行われてきた盂蘭盆の踊りの呼び名であり、昭和のはじめからからそう呼ばれるようになった。阿波踊りでは一つの踊りのグループのことを「連《れん》」というが、この連が1000組以上参加している。日本を代表する盆踊りで、日本各地でまちおこしのために導入している地域もある。

郡上踊りは、16世紀に日本各地で盛んになった念仏踊り、風流踊りが伝わり、江戸時代初期の領主遠藤氏が城下の踊りを盆踊りとして集め奨励したのが発祥と伝えられている。郡上踊りの特徴は開催期間の長さにあり、毎年7月中旬から9月上旬まで延べ32夜にわたって開催される。特に8月13日から16日は、夕方から明け方まで夜通し踊り明かす。踊りの会場は、開催日ごとに寺社の境内・道路・広場などで変わり、郡上節を演奏する囃子の一団が乗る屋形を中心に、自由に輪を作り時計回りに周回しながら踊るものである。

西馬音内盆踊りは秋田県羽後町西馬音内で行われる盆踊りで、毎年8月16日から18日まで西馬音内本町通りにおいて行われる。祭りの起源は定かではないが、13世紀末に修行僧が蔵王権現（現在の西馬音内御嶽神社）を勧請し、ここの境内で豊年祈願として踊らせたものという説があり、これに17世紀初頭に城主が滅び土着した遺臣たちが主君を偲び、旧盆の16日～20日までの5日間行われた亡者踊りと合流したという風にもいわれている。踊りは、ひこさ頭巾とあでやかな端縫い衣装をまとった踊り手が、かがり火を囲んだ細長い輪をつくり、賑やかで勇ましく鳴り響くお囃子の音色を聞きながら舞うもので、夕方から夜更けまで行われる。野性的な囃子に対し、優雅で流れるような上方風の美しい踊りの対照が特徴となっている。

黒石よされは、毎年８月15日、16日に青森県黒石市で開催される盆踊りで、約３０００人の踊り子が一斉に流し踊りや乱舞などを繰り広げる祭りとなっている。起源は、５００年から６００年前といわれ、特に盛んになったのは、約２００年前に家老が、付近の農村から城下町に人を集める商工振興対策として力を入れてからだといわれている。この祭りには自由に飛び入りで参加することもできる。

おわら風の盆は富山県の富山市八尾町で毎年９月１日から３日にかけて開催される祭りで、３００年以上の歴史があるといわれている。「風の盆」は、盂蘭盆で祖先の霊を慰めるとともに、立春から数えて二百十日にあたる日が台風の厄日とされてきたことから、風の災害が起こらないこととともに豊作を願い、３日３晩踊りが繰り広げられる。おわら踊りには豊年踊り、男踊り、女踊りの３つがあり、町内ごとの保存会それぞれに特色がある。ゆったりとした胡弓と三味線の音色に乗り、各町の踊り手たちがおわらを踊りながら町内を練り歩く町流しや踊り手たちが輪になって踊る輪踊りなどが披露される。

阿波踊り　㈶徳島観光協会提供

参加型の盆踊りは好まれる

おわら風の盆を除いて、基本的に夏休みに旅行で行くことが可能なのが盆踊りの祭りである。[9]

月のおわら風の盆の近年の人気はすごく、ブームの様相を呈している。地元のもてなし方とその郷愁をそそるような胡弓と三味線の音色、また、その風情のある踊りが好印象を持たれているようで、旅行会社各社は多くのツアーを企画している。黒石よされも近年、旅行者が増えてきているようである。懐かしい日本の夏を思い出させる要素があるからかもしれない。もちろん、阿波踊りの人気にも根強いものがある。阿波踊りのように簡単に参加できるものが好まれる傾向にあり、参加型の有名な盆踊りは人気上昇中である。阿波踊りは日本の各地でも地域の活性化のために導入しているところも多い。

調査対象者のコメント（性別年齢・居住地域）

「（阿波踊り）やはり、本場は迫力があった」（男性26歳・関西圏）
「（阿波踊り）自分も踊れるのが楽しかった」（女性29歳・関西圏）
「（郡上踊り）観光客でも踊りの輪にすぐに入れる雰囲気だった」（女性60歳・首都圏）
「（郡上踊り）盆踊りの曲が、わたしの地元とはまったく違って新鮮でした」（女性34歳・北海道東北）
「（西馬音内盆踊り）優雅な舞、かがり火、感動しました」（女性58歳・北海道東北）
「（おわら風の盆）地元の方のもてなしの仕方が静かでおしつけがましくなく、感動した。観光化された感じがなくてよかった」（女性60歳・東海北陸）
「（おわら風の盆）祭りの雰囲気が最高。若い人の祭りへの参加が多いのに驚いた」（男性67歳・首都圏）

3 山車の祭り

——知ってみると面白い山車の祭り——

・**例示した祭り：**高山祭り（岐阜）、博多祇園山笠（福岡）、川越祭り（埼玉）、新庄《しんじょう》祭り（山形）、はんだ山車祭り（愛知）

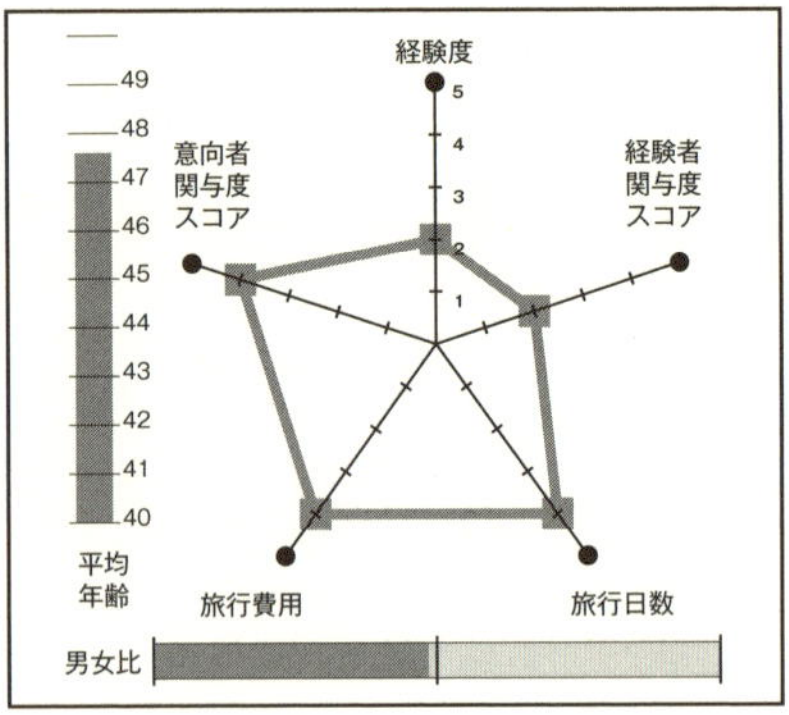

旅行日数が長い山車の祭り

山車の祭りは、勇壮な山車が有名な祭りをグルーピングしたもので、東北の夏祭りや江戸、大阪、京都の祭りを除いたもの。その旅行の特徴は比較的旅行日数が長くなっていることで、平均旅行日数は２・６日、旅行費用は３万２８００円と３万円を超える。対象なった祭りは、高山の高山祭りや福岡の祇園山笠といった、祭り以外の観光要素も多分にある地域であり、祭りに加えその他の観光地を訪問することが可能である。そうしたことから旅行日数、旅行費用も高くなっていると思われる。経験者関与度スコアが低いこともその結果を示している。

旅行意向としての関与度スコアは他のグループより高くなっていて、山車の祭りを目的として旅行へ出かけようとする人々の数は多い。

荘厳・華麗・絢爛、美しい日本の祭り

高山祭りは毎年高山で開催される祭りのうち屋台が複数出る祭りの総称で、日枝神社例祭として4月14・15日に行われる春の山王祭りと、櫻山八幡宮例祭として10月9・10日に行われる秋の八幡祭りを総称して呼ばれる。高山祭りの屋台行事は1979(昭和54)年に国の無形重要民俗文化財に指定されているが、その特徴は、動く陽明門といわれる屋台である。祭りの起源は、16世紀後半から17世紀の間だといわれるが、高山独特に発展した屋台は、江戸時代に上方と江戸の文化がほどよく融合し、荘厳で華麗、絢爛で豪華な伝統美と工芸美が一緒となったものだ。

博多祇園山笠は博多の櫛田神社にまつられる素戔嗚尊《すさのお》に対して奉納される祇園祭りで、毎年7月1日から15日に開催される。起源は1241年に承天寺の開祖・聖一国師が、疾病封じのために祈祷水（甘露水）をまいたのが始まりとされている。高山祭り同様、1979(昭和54)年国の無形重要民俗文化財に指定されている。かつては、町ごとに飾り山の華美を競いながら練り歩いていたものが、江戸時代に二つの飾り山が抜きつ抜かれつのマッチレースを繰り広げ、町人に受けたことから、担いで駆け回るスピードを競い合う「追い山」が始まった。

川越祭りは、およそ350年前の江戸時代に、川越城主松平伊豆守信綱が祭礼用具を寄進したことに始まり、しだいに江戸の山王祭り、神田祭りの様式を取り入れながら変遷を重ねてきている祭り。埼玉県川越市の川越氷川神社の祭礼であり、1997(平成9)年より毎年10月第3土曜日と翌日曜日に開催されている。祭りの特徴として、市内自治会所有の山車の曳き回しと山車の舞台上でのまつり囃子の演奏がある。山車は29台あるが、それぞれの山車は各自治会が1、2年おきに祭りに参加するので、毎年15台前後が祭りの際に曳き回される。山車が他の町の山車とすれ違う時、山車を正面に向け合い、互いに囃子を奉納する儀礼打ちをする。川越祭りも2005(平成17)年に国の重要無形民俗文化財に指定されている。

新庄祭りは毎年8月24日から26日まで山形県新庄市で開催される祭りで、18世紀末、時の新庄藩主が、大凶作などで沈みがちな領民の士気を高め、五穀豊穣を祈願するために、城内天満宮の「新祭」を行うよう命じたのが始まりといわれている。歌舞伎の名場面や歴史故事を題材にした絢爛豪華を競う山車のパレードがあり、山車のコンテストも開催されている祭りでもある。

はんだ山車祭りは、5年に一度開催される愛知県半田市の祭りである。半田市は山車の町と標榜しているように、市内に31台ある江戸時代からの山車が10の地区で毎年3月下旬から5月上旬にかけ、春祭りを行う。1979(昭和54)年にこの31台の山車を一同に介する祭りが半田青年会議所を中心に企画され開催された。市制50周年記念として開催された1987(昭和62)年に5年ごとの開催が決まり、次回は7回目として2012(平成24)年が予定されている。

はんだ山車祭り　半田市商工観光課提供

旅行ポテンシャルは高く、注目される山車の祭り

山車は、屋台、曳山、だんじり、山笠などとも呼ばれるが、山車の祭りはその壮麗で華麗な山車が練り歩く様が人を惹きつけるものとなっている。博多祇園山笠にしても高山祭りにしても、その

山車の曳き回しには魅力があり、また、伝統もある。意向者関与度スコアも高く、これからも多くの旅行者を呼び続けるだろう。

はんだ山車祭りはもともと地区で行っていた祭りの山車を一同に会するという発想で開始されたものであるが、回を重ねるごとに来場者は万単位で増えており、第6回は2日間に48万人の来場者があったことでも、そのポテンシャルがわかる。

調査対象者のコメント（性別年齢・居住地域）

「（祇園山笠）追い山には迫力があり、現地で直接見るのはやはりすごいと感じた」（男性34歳・首都圏）

「（祇園山笠）最終日の山笠の緊張感、感動しました」（女性50歳・九州沖縄）

「（祇園山笠）福岡空港に飾ってあるので、一度動いているのをみてみたい」（女性29歳・九州沖縄）

「（高山祭り）赤い橋の上を曳かれていく山車の上に桜が舞ってきれいだった」（男性36歳・東海北陸）

「（高山祭り）山車のからくりがすごかった。高山の古い町並みが良かった」（女性26歳・首都圏）

「（高山祭り）ホテルに山車のミニチュアが飾ってあり、それも見事だったのが印象的だった」（女性60歳・中国四国）

「（高山祭り）伝統と格式。京都のそれとは違う高山祭りの雰囲気を味わってみたい」（男性58歳・首都圏）

4 伝統の市民の祭り

――伝統だけでなく、発展し続ける参加も可能な大イベント――

・**例示した祭り**：博多どんたく（福岡）、よさこい祭り（高知）、浜松祭り（静岡）、相馬《そうま》野《の》馬追《まおい》（福島）、沖縄全島エイサー祭り（沖縄）

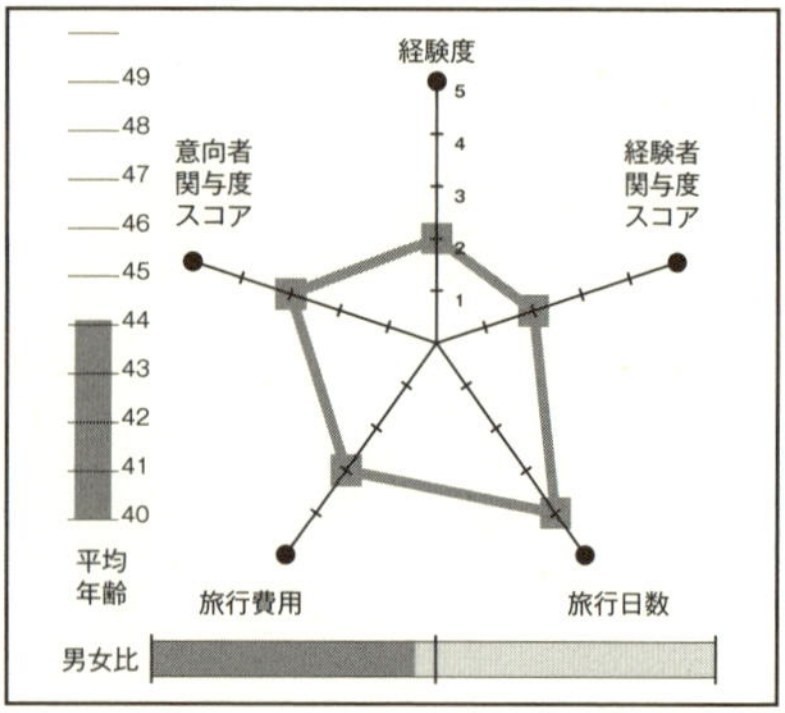

伝統の市民の祭りは家族で楽しむ祭り

伝統の市民の祭りは、多くの市民が参加・鑑賞する祭りで1960(昭和35)年以前に第1回が開催されたものとした。

平均旅行日数が2・5日とやや長い。宿泊先はホテルの39・7%に次いで家族親族宅が20・5%と多く、同行者は家族親族が46・6%と多いことから、祭りに合わせての帰省や家族旅行が多いことがわかる。特に例示した、博多どんたくと浜松祭りは開催日がゴールデンウィークにあたることもあって特に顕著だ。平均旅行費用は2万8600円となった。利用交通機関は、例示した祭りの開催地にも影響されているが新幹線利用が他の祭りに比べて多くみられる。満足度は97・3%と高い。

意向は男女とも40代で少し高くなっている。意向者関与度スコアは平均よりやや低く、機会があれば行ってみたいが意向者の半数以上を占めている。

有数の動員数を誇る参加型大イベント

博多どんたくは、古い民俗行事の「博多松囃子」を起源とし、１１７９年に始まった庶民の祭りで、「どんたく」の名前はオランダ語の休日（ゾンターク）が語源となっている。戦後復興のために復活し、１９６２(昭和37)年からは福岡市民総参加の祭りとして、博多どんたく港祭りと呼ばれるようになった。毎年5月３・４日の2日間、チームに分かれて仮装でシャモジを叩いて町を練り歩く祭りで、参加団体は約６００団体、出場者約3万人、見学客数約２００万人とゴールデンウィーク中最大の祭りである。

高知のよさこい祭りは、１９５４(昭和29)年に戦後の不況を跳ね飛ばそうと高知市の商工会議所が企画したのが始まりである。毎年前夜祭も含め8月9日から12日までの4日間に行われ、「鳴子」を持った踊り子たちがカシャカシャと鳴らしながら、よさこい節にあわせて市内の演舞場や繁華街を踊り歩く祭り。１９７０年代からグループごとにロックやサンバのリズムをよさこい鳴子踊りにアレンジし、トラックを改造した地方車《じかたしゃ》に乗り、バリエーション豊かな踊りが若者を中心に踊られるようになった。県外からの参加チームも多く、約１９０団体2万人が参加する祭りとなった。

浜松祭りは、１５５８年から１５６８年の永禄年間に浜松を治めていた引間城主の長男誕生を祝って、名前を書いた大凧を城中高く揚げたのが始まりとされる。明治20年ごろから長男が生まれたら、その子の成長を願って初凧を揚げる風習が広がった。毎年5月3日から5日の3日間に開催され、中田島砂丘の凧あげ会場では多くの凧が舞い、糸を切りあう喧嘩凧も行われる。夜になると御殿屋台といわれる山車がお囃子に合わせて市内を練り歩く。

福島県の相馬野馬追は、1000年以上前に平将門が関八州の武将を集めて野生馬を敵兵と見立てて軍事訓練を行ったことが起源とされる。東北地方の夏祭りの先陣をきる7月23日から25日の3日間に行われ、1日目は騎馬行列、2日目は千メートルの甲冑《かっちゅう》競馬や神旗争奪戦、3日目は神社の境内の囲いに馬を追い込む野間懸けが実施される。500騎もの馬を集める祭りは国内唯一である。国の重要無形民俗文化財に指定されている。

沖縄全島エイサー祭りは、1956(昭和31)年の「コザ市誕生」の際に「全島エイサーコンクール」として始まった。毎年8月の旧盆明けの最初の週末に3日間行われる。各地から選抜の団体や、全国の姉妹都市や協賛団体からのゲスト参加もある。参加者は歌と囃子に合わせ、太鼓を持って踊りながら練り歩く。沖縄の夏の風物詩ともなった祭りで、沖縄以外の各地でも開催されるようになった。

浜松祭り　浜松市商工部観光コンベンション課提供

他地域からの参加者を受け入れて発展

祭りの多くは、〝地元の参加しか認めない〟、〝決まった衣装をつける〟など参加に対しての制約が多い。そんな中でよさこい祭りのルールは、①参加人数が1チーム150人以下、②振り付けは鳴子を持って前進する踊り、③楽曲は自由にアレンジできるが「よさこい鳴子踊り」の曲をどこかに入れる、④地方車は1チーム1台というルールで他地域からも受入れ、また参加費も取って発展してきた。伝統の祭りといっても、地方では若者の参加が少なく廃れていく祭りも多い中、多くの若者が参加する祭りになることで、さらに全国からよさこいフリークたちが集まるようになってきている。旅行会社も見学型だけでなく参加型・体験型のツアーを造成することでさらなる集客も期待できる。

ただし拡大に伴い、参加者のマナーの悪さも問題になっている。祭りの後のゴミや騒乱だが、旅行会社が介在することで一定の制約と指導も可能となる。地元と旅行会社が協力し合うことで、みんなが満足できる祭りになっていけるのではないだろうか。

調査対象者のコメント（性別年齢・居住地）

「（博多どんたく）初めて見たので人の多さや華やかさに驚いた。急遽参加させてもらい、一緒に練り歩いて楽しかった」（女性29歳・九州沖縄）

「（博多どんたく）祭り最後の総踊りの盛り上がりは印象的だ」（男性36歳・九州沖縄）

「（よさこい祭り）町をあげての熱気と全国から集まった若人の盛り上がり」（女性65歳・首都圏）

「（浜松祭り）想像以上の迫力。子供も喜んだし青空に大凧が映えて楽しいイベントだった」（女性38歳・東海北陸）

「（相馬野馬追）本物の馬に一般市民が乗って行う祭りに感動した。その馬を普段大切に家畜として飼っているのにも驚いた」（男性39歳・首都圏）

Column❹

ニライカナイからの来訪者――沖縄の祭り――

神々とのコミュニケーション

年間平均気温22度、年間平均降雨量約2000㎜の亜熱帯海洋性気候の島、沖縄。天恵の蒼い海や青い空、特色ある自然と独自の文化・芸能・歴史に誘われてこの島を訪れる観光客は年間560万人にものぼる。

亜熱帯海洋性気候は、また、個性的な祭りや年中行事を育んだ。子供たちの健康を祈る鬼餅《ムーチー》や、祖先を供養する清明祭《シーミー》などの年中行事は全島で行われている。近年、全国的に知られるようになったエイサー、ハーリー、綱曳きなどのイベント的色彩が強いものもあるが、神聖な祭祀として継承されているものも多い。

沖縄では、無くなった先祖は神様になって子孫を守ると考えられている。祖霊信仰である。祖先神は、人々の健康を守り、災いを追いはらい、豊作や豊漁を約束してくれると信じている。祖先神は先祖をずっと遡ったニライカナイという、海上はるかな遠い国に住んでいるとされている。

ニライカナイとは、「海の向こうにある根源」、「死者の魂が行く、祖先神が住んでいる根源」の意味である。そこは、あらゆる富、豊穣、生命の根源とされ、祖先神は、海の遥か彼方のニライカナイから一年に一度訪れてきて、あらゆる豊穣をもたらしてくれるものとされている。ニライカナイは「黄泉の国」であり、「豊穣の国」でもある。

祖先神は、祭りの時になると、村落の中の最も神聖な場所である「御嶽」（ウタキ、ウガン、オンなどと呼ぶ）にやってくる。人々は、五穀豊穣や豊漁や子孫繁栄を祈願し、様々な芸能音楽を奉納し、酒と食を供え物として捧げ、神への感謝と翌年の豊作や豊漁を祈る。沖縄の祭りはまさに、神々とのコミュニケーションの場である。

村落を代表して神事を司り、運営する人を神人《カミンチュ》と呼び、女性司祭者・女性神役が中心となる。また、沖縄の祭りや年中行事の多くは、旧暦で行われる。旧暦は月の周期をもとに作られていて、自然のリズムに近い。ウチナーンチュが、自然のリズムとともに生きてきた証しである。

祭りの宝庫・八重山

島々には、それぞれの個性的な祭りが行われているが、中でも八重山は祭りの宝庫である。最も有名な祭りが、種を蒔き無事に育つことを祈願する「種子取祭《タナドゥイ》」である。

石垣島から船で15分、周囲９・２㎞、人口約３４０人の竹富島。珊瑚石灰岩の石垣越しに咲く花々ときれいに掃き清められた白い砂の道、古い赤瓦を漆喰で塗り固めた屋根と魔除けのシーサーが一体となって、特有の集落景観を形成している。そんな小さな島が、年に１回、祭りの熱気に包まれる。

旧暦の９、10月の10日間にわたって、国の重要無形民俗文化財に指定されている「種子取祭《タナドゥイ》」が実施される。７日目、８日目に行われる芸能奉納は、２日間で約70の踊り、芸能を披露する。期間中は、多くの観光客や帰省した島出身者で、島をあげての大賑わいとなる。

種子取祭　竹富町観光商工課提供

自然のリズムに合わせて生きてきたウチナーンチュたちと、年に一度、幸せを持ってやってくるニライカナイからの来訪者とのコミュニケーションは、沖縄全島のあちらこちらで、今年もまた厳粛に、そして熱く盛り上がるに違いない。

第6章

祭旅ポテンシャルのある祭・イベント

Dグループ　大観客の祭旅　多くの人を魅了する夏・冬のメインイベント

1 花火大会

――誰もが記憶にある、日本の夏祭りの華――

・**例示した祭り**：長岡大花火大会（新潟）、大曲《おおまがり》の花火（秋田）、土浦全国花火競技大会（茨城）、関門海峡花火大会（山口・福岡）、諏訪湖祭湖上花火大会（長野）

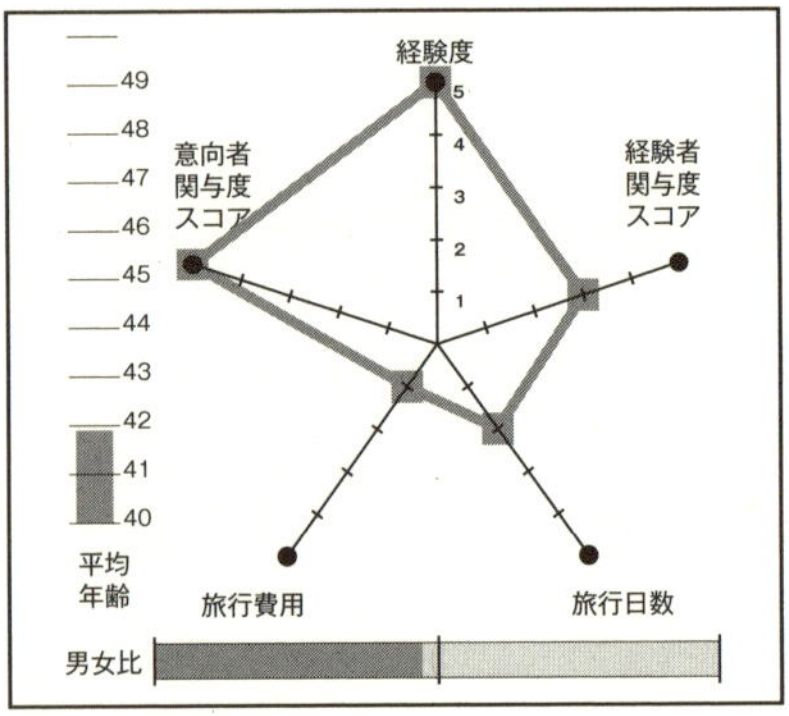

経験度も意向度も高い花火大会

花火大会は、規模が大きく広域から観光客を集める大会とした。1、2日間で終わるものが多いが、期間中の週末に毎回実施するものもある。

特徴としては、経験度が26グループ中で3位と高く、中でも10～20代の男女では4割近くが最近5年以内に見に行っている。30・40代男性でも高いのは子供を連れて出かけているからだろう。平均旅行日数は2・0日で日帰りが43・5％を占めている。そのため、平均旅行費用は1万7300円とかなり低い。利用交通機関では、マイカー利用が54・9％と多く、鉄道が続いている。交通規制もあり、大渋滞を避けたいためだろう。同行者は家族親族が45・9％と最も多いが、彼氏彼女も

12・6%と他の祭・イベントと比べ最も多い。浴衣姿でのデートは最近の定番だ。花火大会はそれを見に行くのを目的として出かける目的型のイベントで満足度も高い。

意向度スコアも高く、季節催事では雪と氷の祭りに次ぐ。経験度では男性が高いが、意向は女性が高く、特に10~20代女性で高くなっている。

様々なシチュエーションで魅力アップ

新潟県の長岡大花火大会は、毎年8月2・3日に信濃川河川敷で実施され、日本一の大花火と称されている。名物花火は正3尺玉花火で直径90センチ、重さ300キロの巨玉が直径650メートルの大輪の花を咲かせる。現在認められている最大重量の火薬が詰められているもの。長岡花火の歴史は古く、1879(明治12)年に八幡様のお祭りに遊郭関係者が花火350発をあげたのが始まりとされる。本格的な花火大会となったのは1906(明治39)年からである。最近では新潟中越地震などからの復興を願って復興祈願花火フェニックスが打ち上げられた。

秋田県の大曲の花火は、全国花火競技会の名を持ち、全国の花火業者が腕を競う権威ある大会である。毎年8月下旬の土曜日に雄物川河畔で開催され、昼花火の部、夜花火の部などに分かれて競い合う。1910(明治43)年諏訪神社において六県煙火共進会として開催されたのが始まりである。

関門海峡花火大会は、関門海峡を挟んで共に発展してきた下関市と北九州市の絆を深めることなどを目指し開催されている。8月13日に門司会場と下関会場から合計1万3千発の打ち上げ花火が打ちあがる。1988(昭和63)年よりアジアポートフェスティバルinKANMONとして行われており、約110万人の人出となる。

諏訪湖祭湖上花火大会は、毎年8月15日に諏訪湖上の初島（人口島）に発射台を設け、半球状の花火など湖の利点を生かした花火をあげる。1部は競技花火で2部が大規模なスターマインを中心にしたものになっている。周囲が山に囲まれているため、花火の破裂音が山に響き、独特の臨場感を与えるのが特徴だ。1949（昭和24）年の納涼諏訪湖花火大会が始まりとされる。

その他に、旅館街から近い海岸から見る熱海海上花火大会や270年の伝統を持つ隅田川花火大会、最後の集中的な打ち上げで有名なＰＬ花火芸術、長良川の河畔から眺められる長良川花火大会、冬花火の阿寒湖の冬の花火大会、土浦全国花火競技大会、東京湾大華火祭、淀川花火大会など多くの花火大会があがった。

長岡大花火大会　長岡観光・コンベンション協会提供

旅行として企画しやすい花火大会にする工夫

花火大会に旅行として行くのは大混雑を考えるとなかなか難しいものである。特に初めていく場合、満足に見られるかどうかが不安になる。長岡大花火大会や熱海海上花火大会は有料観覧席が用意されている。特に長岡祭り予約センターでは、団体席として50名用団体席10万円、25名用6万円があるほか4～5名のマス席が2万円、イス席3000円など多数のパターンが用意されインターネットなどで事前購入できる。熱海海上花火大会でもエアークッション付で前売り900円で観覧席が予約できる。旅行会社も決まった席があるから安心して商品化できる。旅行会社のパッケージツアーにとっても参加者の満足度をあげることのできる仕組みといえよう。

また、旅行会社によっては車中泊で花火を見に行くバスツアーや貸し切りの日帰り電車を運行するケースもある。特に列車の場合は、ビール付など車内でも盛り上がれる工夫をしている場合もある。旅館も旅館組合で専用の観覧席を確保してサービスに努めている。

調査対象者のコメント（性別年齢・居住地）

「（長岡大花火大会）東京では体験できないスケールの大きな花火大会だった」（女性29歳・首都圏）

「（長岡大花火大会）復興の特別花火でとてもきれいで、素敵な街とマッチしていた」（男性29歳・首都圏）

「（大曲の花火）何回も見ているが、見るたびに素晴らしい」（女性64歳・北海道東北）

「（土浦全国花火競技大会）競技のため優秀な花火ばかりだった」（女性27歳・首都圏）

「（関門海峡花火大会）地元に戻った時に見ました」（男性26歳・首都圏）

「（諏訪湖祭湖上花火大会）大迫力だが、人出がすさまじい」（男性31歳・首都圏）

「（熱海海上花火大会）海をバックにした見せ方がいい」（男性27歳・首都圏）

「（阿寒湖の冬の花火大会）冬の花火の可憐な美しさ」（男性62歳・中国四国）

「（隅田川花火大会）人出が多くベストポジションを確保するのに困る」（女性20歳・首都圏）

2 イルミネーション
——日本列島を席巻する冬の大イベント——

・例示した祭り：神戸ルミナリエ（兵庫）、さっぽろホワイトイルミネーション（北海道）、SENDAI光のページェント（宮城）、きらきらフェスティバル（長崎）、NIIGATA光のページェント（新潟）

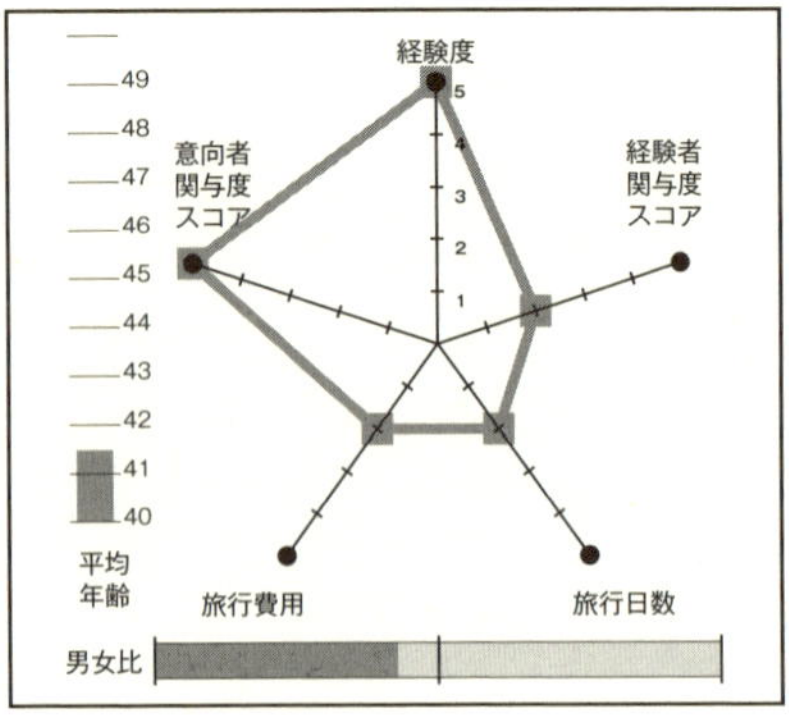

経験度・意向者関与度トップのイルミネーション

イルミネーションは、電球やLEDで装飾し観光客を誘客するイベントである。長期間開催されるのが最大の特徴で、たまたま見る機会も多くなる。

特徴としては、経験度と意向者関与度スコアが非常に高い。両方とも26の祭・イベントグループでトップである。特に神戸ルミナリエは、印象に残る祭・イベントの回答件数で愛知万博に次いでいる。経験はすべての年代で高いが、特に10～20代の男女で高くなっている。平均旅行日数は1・9日で、日帰りが50・0%を占めている。平均旅行費用は2万1700円である。利用交通機関は鉄道が多い。交通規制や混雑を避けるためだろう。同行者は家族親族や夫婦が多いが、彼氏彼女も多くデートにも最適のようだ。

意向は、10〜20代女性がトップで、30代女性、40代女性と続いている。男女とも50・60代の意向は低く、家族や若者向きの祭りといえる。

光が希望につながっていく、まちを元気にする光のイベント

神戸ルミナリエは、1995(平成7)年の阪神・淡路大震災の犠牲者への鎮魂の意を込めるとともに、都市の復興・再生への夢と希望を託して、この年の12月に始まった。12月上旬から中旬までの12日間開催され、現在400万人の来場者を集める。メイン会場は旧居留地内の仲町通りで、光の壁が夜空を彩る。ルミナリエの語源は、イタリア語の祝祭のためのイルミネーションからで、来場者が追悼の気持ちを思い出すイベントになっている。東京でも、東京ミレナリオとして丸の内地区を中心に1999(平成11)年から開催され、非常に多くの人を集めたが2006(平成18)年で終了した。

さっぽろホワイトイルミネーションは、1981(昭和56)年12月にシンボルオブジェに飾られた1048個の電球から始まった。夏型観光が主流の北海道に通年観光を根付かせるための思いから実施され、東西は大通公園を会場に、南北は札幌駅からすすきのまでが、光に埋め尽くされる。会場によって期間が違うが、大通公園会場は11月22日から1月4日まで44日間開催される。アジア圏を中心とした外国人も大勢訪れる。

SENDAI光のページェントは、1986(昭和61)年から市民活動として始まった。12月12日から31日までの20日間に定禅寺通りや青葉通りのケヤキ約200本に電飾が施される。期間中は様々なイベントが行われ250万人の人出がある。また、23日には恒例となった「サンタの森の物

語」が実施される。

　この他には、六本木ミッドタウン、横浜ベイエリア、御殿場の時之栖《ときのすみか》イルミネーション、などの首都圏近郊や佐世保のきらきらフェスティバル、ハウステンボス「光の街」、広島のドリミネーション、沖縄年越しイルミネーションなどがあげられた。特にハウステンボスの「光の街」は11月上旬から2月末まで実施され、その演出で人気が高い。

SENDAI光のページェント
SENDAI光のページェント実行委員会提供

祭りの経済収支を考えさせたイベント

イルミネーションの多くは1980年代後半に始まり、バブル期の好景気を受けて拡大していった。当時は、企業などの寄付も順調に集まり、街はイベントでにぎわった。しかし、景気低迷を受けて中止に追い込まれたイベントはたくさんある。神戸ルミナリエも収入減により2006(平成18)年には赤字となって中止を検討したが、2007(平成19)年から来場者1人100円を募金してもらい、8700万円もの募金を集め、継続できるようになった。

　首都圏では六本木ヒルズや東京ミッドタウンなど商業施設のイルミネーションが人気だが、これはテナントから広告宣伝費を徴収して賄っている。祭りは、行政からの補助はあっても多くが市民ボランティアで成り立っている。儲けるということではなく、維持継続するためにもイベントの責任者に経済感覚がなくてはならない時代になって来ている。

調査対象者のコメント（性別年齢・居住地）

「（神戸ルミナリエ）カップルには、最適ですね」（男性45歳・北海道東北）

「（神戸ルミナリエ）テレビのニュースでは何度も見ていたが実際に参加するとすごくきれいで感動した」（男性22歳・関西圏）

「（神戸ルミナリエ）一斉に点灯されるのは、圧巻です」（男性68歳・関西圏）

「（さっぽろホワイトイルミネーション）寒かったが街が輝いてとてもきれいだった」（女性28歳・首都圏）

「（ＳＥＮＤＡＩ光のページェント）周りの木々との調和がとてもきれいでした」（女性47歳・首都圏）

「（東京ミレナリオ）主人が彼氏だった頃、クリスマスに行きました。カメラを向けても顔を背けてしまう彼ですが、携帯電話で横顔写真をたくさん撮ったのを覚えています」（女性29歳・北関東甲信越）

「（東京ミッドタウンイルミネーション）さすが、都会のイルミネーションは、軽井沢や須坂のイルミネーションと比べて、素晴らしかった」（女性59歳・北関東甲信越）

「（ハウステンボス光の街）クリスマスのイルミネーションが始まったところで、とてもきれいだった。ホテルもハウステンボスの中にあり夜中まで遊べた」（女性63歳・関西圏）

「一度行って気に入ったのでまた行きたい」（男性21歳・首都圏）

「きらきらフェスティバルに行きたい。長崎の街が好きなので」（女性45歳・関西圏）

「イルミネーションは環境に悪い気がして行きたくない」（女性37歳・関西圏）

Eグループ　通好みの祭旅　文化と伝統を味わう祭旅グループ

1 神楽・神事芸能の祭り

——太古の歴史が体験できる神楽・神事芸能——

・例示した祭り：高千穂《たかちほ》神楽（宮崎）、石見《いわみ》神楽（島根）、岩戸神楽（福岡）、花祭り（愛知）、母《ほう》ヶ《が》裏《うら》の面浮立《めんぶりゅう》（佐賀）

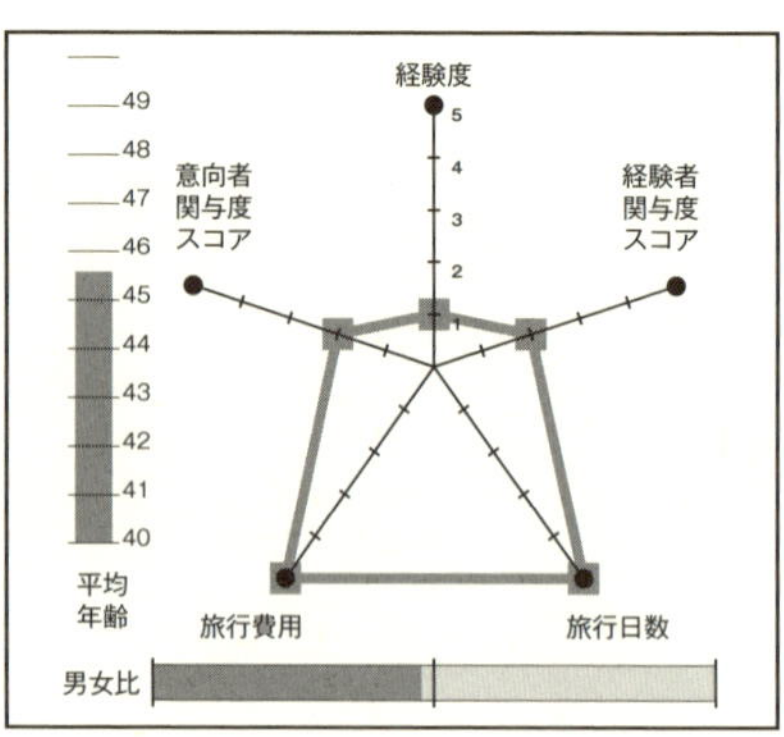

経験者の平均旅行費用は26グループでトップ

神楽・神事芸能の祭りの経験者の実数は少ないものの、経験者の平均旅行日数は3日を超えて3・1日、それに伴って平均旅行費用は4万8500円と、26のグループの中でトップとなっている。日帰りの比率は最も低く、9割以上が宿泊を伴う旅行となっており、宿泊数も2泊以上が多くなっている。旅行の形態としてはパッケージツアーの比率が高いが、これは高千穂神楽のツアーだと思われる。パッケージツアーの比率が高いことで、移動交通手段は、マイカー、鉄道、新幹線、観光バス、飛行機と満遍なく分かれている。経験者の満足度は、行列の祭りと同様に高い。

神楽・神事芸能はなかなかイメージしづらいものであり、この祭りを目的に旅行へ行きたいという意向者はそれほど多くなく、旅行や祭りに深い興味を持っている通好みの旅といいえよう。

ゆっくりじっくりと味わう神楽・神事芸能

高千穂の夜神楽は、宮崎県西臼杵郡《にしうすきぐん》高千穂町に伝わる民俗芸能の夜神楽で、高千穂神社の神事として行われる。1978(昭和53)年に国の重要無形民俗文化財に指定された。毎年11月の末から翌年2月にかけて高千穂18郷の各地で、三十三番の神楽が夜を徹して奉納され、秋の実りに対する感謝と翌年の豊穣を祈願するものである。起源は、天照大神《あまてらすおおみかみ》が天岩戸に隠れられた折に岩戸の前で天鈿女命《あめのうずめのみこと》が調子面白く舞ったのが始まりと伝えられ、永い間高千穂宮を中心に伝承され、今日に至ったといわれる。神事であり、見学者には十分な理解が必要なものである。

石見神楽は、神楽の様式のひとつで、島根県西部（石見地方）を中心に伝統芸能として受け継がれているもので、日本神話などを題材とし、演劇の要素を持つ神楽である。石見神楽はもともと、収穫期に自然・神への感謝をあらわす祭礼行事として、神社において夜を徹して奉納されるものであったが、現在では、地元のほか各地で行われる祭りや民間の各種イベント等でも演じられており、演ずる団体は100以上にも及ぶといわれている。

岩戸神楽は、広く九州福岡県を中心に伝承されてきた神楽で、豊前市に伝わるものは、俗に豊前岩戸神楽三十三番といわれ、内容としては祓いの舞を中心とした「式神楽」と、出雲神話を題材とした「奉納神楽」に大きく区分され、毎年9月から12月を中心に市内60ヶ所余りの神社で奉納される。また、同じく福岡県田川市に伝わるものは、市内にある春日神社に伝わる神楽で、人が用意した祭りの座に神が姿を現し、人々と膳をともにし、楽しむという神降りの芸能で、江戸時代には五穀豊穣や雨乞いの祈祷として、明治から昭和にかけての石炭産業隆盛期には、産業の発展や安全祈願に盛んに舞われていたものだ。春日神社岩戸神楽保存会によって、5月の神幸祭、8月の夏越祭、

10月の神待祭《かんまちさい》に奉納されている。

花祭りは、愛知県北設楽郡東栄町や豊根村で11月末から1月にかけて行われる霜月神楽で（一部3月もある）、東栄町では10ヶ所以上で舞われる。鎌倉時代の末期から室町時代にかけて、熊野の山伏などによって、天竜水系の地に伝えられ始まったといわれている。花祭りの花の意味には諸説あり、祭り自体は悪霊を払い除け五穀豊穣や無病息災を祈る目的で伝承されてきた神事である。

面浮立は佐賀県を代表する民俗芸能で、七浦地区を中心に鹿島市、藤津郡、杵島郡などに分布している。起源は、戦国時代に鬼の面をかぶり敵に奇襲をかけ撃退し、その時踊った戦勝踊りが元になったという説と、耕作に害をなす悪霊を封じ込め、豊作を願う神事として面浮立ができたという説などがある。毎年9月の第2日曜日に開催される鹿島市の母ガ浦の面浮立は、はっぴに鬼の面の踊り手の動作は洗練されていて、完成されたものとなっている。

高千穂神楽　高千穂観光協会提供

事前学習により祭りの楽しさを倍増

山車や神輿が練り歩く祭りや盆踊りの祭りは、何の予備知識もなくその場で感じることができる。しかしながら、神楽・神事芸能の祭りは、その名の通り神事に属するものであり、できれば、その内容などについて事前に調べることが、祭りを楽しむためには必要になると思われる。そのためか神楽・神事芸能の祭りを目的として旅行へ行きたいと考える人たちはそれほど多くない。逆に考えると太古から続く神事に興味を持つ人にとってはうってつけの祭りともいえる。

サスティナブルツーリズム（持続可能な観光）がひとつのジャンルとなって来た現在、地元の人たちが大切に守ってきた神楽・神事芸能は、日本を再発見する、まだ十分に世に出ていない観光資源といえよう。地域の宝物として、伝統を守っていくためには、旅行者も理解を深め、地元の人たちとともに意識を共有していくことが重要なことだろう。

調査対象者のコメント（性別年齢・居住地域）

「（高千穂神楽）ずいぶん昔から、大切に守り続けてこられたことに大変驚いた」（男性52歳・首都圏）

「（高千穂神楽）神聖な気持ちになれ感動した」（女性52歳・北海道東北）

「（高千穂神楽）古くから受け継がれてきた重みを感じ、引き込まれました」（女性59歳・関西圏）

「（高千穂神楽）神秘的で歴史を感じる」（男性64歳・関西圏）

「（石見神楽）目の前でみる神楽の迫力」（女性65歳・関西圏）

「熊本宮崎でいろいろな神楽を見ているので、他の神楽も見てみたい」（男性62歳・九州沖縄）

「岩戸神楽で日本人の原点を探りたい」（女性69歳・東海北陸）

2 神輿の祭り

——神輿のぶつかり合いもある勇ましい神輿の祭り——

・**例示した祭り**：灘のけんか祭り（兵庫）、帆手《ほて》祭り（宮城）、伊万里《いまり》トンテントン祭り（佐賀）、新居浜太鼓《にいはまたいこ》祭り（愛媛）、くらやみ祭り（東京）

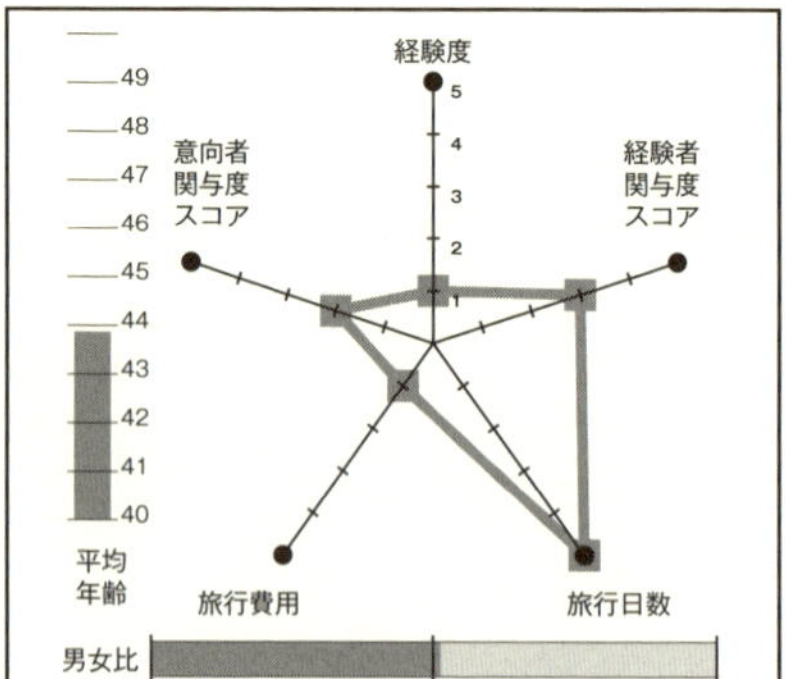

経験者は少ないが、満足度が高い神輿の祭り

神輿の祭りは、神輿のぶつかり合いで有名な祭りや神輿の渡御で有名な祭りなど神輿の存在が祭りのメインとなる祭りのグループ。

神輿の祭りは、経験度はそれほど高くない。平均旅行日数は2・8日と比較的長いが、平均旅行費用は2万円と低く、日数と費用の関係が唯一相反しているグループである。旅行日数については、日帰りと2泊以上の旅行が混在しているようである。移動手段についても特色はない。しかし、同行者がなくひとりで行った比率が高く、また家族親族が同行者というケースも多い。宿泊施設は7割が家族親族宅を利用しているので、旅行費用が低くなっているものと思われる。

経験者の満足度はとても高いのも特徴であるが、今後の意向ということでは、神輿の祭りを目的に旅行したいという人はそれほど多くない。

大迫力の神輿をぶつけ合うけんか祭り

灘のけんかまつりは、姫路市の松原八幡神社の秋季例祭の俗称で、毎年10月14・15日に行われる。起源は15世紀に播磨の守護大名赤松政則が松原八幡神社に田地と米二百俵を寄進し、喜んだ氏子たちが自主的にその米俵をかついで御旅山《おたびやま》まで行列したのが最初といわれている。現在は、３基の神輿を荒々しくぶつけ合うのが有名である。

奥州一宮の鹽竈《しおがま》神社における早春の神事が、日本三大荒神輿と呼ばれる鹽竈神社帆手祭りである。もともとは正月の神輿洗神事で、火伏祭りとして始まったものが、後年、海にゆかりのある帆手祭りと呼ばれるようになり、現在では厄除け、繁栄を祈年して、神輿が市内を御神幸する。帆手祭りは毎年３月10日に開催されるが、重さ1トンもの神輿が16名の若者にかつがれて２０２段もの急な表坂を駆け下りるのが最大の見所となっている。

伊万里トンテントン祭りは伊万里市の伊萬里神社の御神幸祭で、毎年10月22日から24日にかけて開催される。荒魂を奉遷する荒神輿《あらみこし》と団車《だんじり》が町内各所で激しい合戦を繰り返しながら、最後は伊万里川に双方組み合ったまま落ちて上陸を競うというもので、祭りの起源は諸説がある。「けんか祭り」といわれるように毎年けが人がでることでも知られている。トンテントンという太鼓の音色が祭りの名称となっている。

新居浜太鼓祭りは、愛媛県新居浜市を代表する秋祭りで、毎年10月16日から18日の３日間、金糸銀糸に彩られた40台以上の絢爛豪華な太鼓台《たいこだい》と呼ばれる山車が練り歩き行われる。江戸時代後期の記述に、太鼓台に関する内容があり、その頃は、「神輿太鼓」と呼ばれていた。太鼓台の全国的な分布を見ると、瀬戸内海沿岸の港町、漁師町、あるいは大きな川の輸送拠点に多くあるが、新居浜の太鼓台が巨大化し、祭りの主役になっていったのは明治の中期以降といわれている。かつては地区ごとに異なる日程で行われていた新居浜市の太鼓祭りが統一されたのは、1966（昭和41）年のことで、現在では新居浜市を代表する伝統文化行事となっている。

くらやみ祭りは、東京府中市にある大国魂神社の例大祭で、毎年4月30日から5月6日にかけて開催される。くらやみ祭りの起源は、国土安穏と五穀豊饒を祈って国中の主な神社の祭司が集まって祭祀が行われた国府祭といわれている。神輿の渡御が深夜のまちの明かりをすべて消した闇夜の中で行われていたため、くらやみ祭りと呼ばれている。近代までは神輿の渡御は真夜中であったようだが、1959（昭和34）年に、現在のように夕刻からになったようである。祭りのメインの神輿渡御は5月5日、午後6時の打ち上げ花火を合図に、8基の大型神輿が大太鼓に先導され御旅所まで、旧甲州街道のわずか500メートルの距離を約3時間かけて渡御する。

くらやみ祭り　㈶府中文化振興財団提供

上手にアピールすれば旅行ポテンシャルは高まる

神輿の祭りで意識されるのは、けんか祭りと称されるものがあるように、少々荒っぽいイメージで勇壮なものが多い。こうした神輿の祭りを旅行目的にするのは意向者の結果からみても男性の方が多いようである。山車の祭りに比べ、経験度が低いことからも、いわゆる祭旅としては間口の狭い印象があるのかもしれない。しかしながら、満足度は非常に高いのも特徴としてある。祭りの中では、言葉で魅力を伝えるのが難しいのかもしれないが、インターネット上にあるこれらの祭りの動画を見ると思わず行ってみたくなるような情景や音が多い。まず、広く宣伝して、インターネットにアクセスしてもらい、動画で情感を伝える。そうすれば、旅行素材や観光資源として十分に通じるのではないだろうか。

調査対象者のコメント（性別年齢・居住地域）

「（灘のけんか祭り）神輿同士がぶつかる様が力強く印象的でした」（男性50歳・首都圏）

「（新居浜太鼓祭り）あまり知られていない祭りですが、男性的で見ごたえがあります。海のそばで見た祭りは素敵でした」（女性59歳・北海道）

「（新居浜太鼓祭り）とにかく、その迫力がすごい。2トン以上ある太鼓台を200人以上で担いで、しかも20台が勢揃い。その迫力は博多祇園山笠並み」（男性61歳・九州沖縄）

「（くらやみ祭り）お御輿に迫力があった」（男性38歳・首都圏）

「帆手祭りに行ってみたい。宮城出身なのにその祭りのことは知らなかったから」（男性55歳・首都圏）

「神輿をぶつけながらのいわゆるけんか祭りは見る者も興奮の連続、桟敷席で是非見てみたい」（女性62歳・首都圏）

Fグループ　個性派の祭旅　これから伸びそうな新たな祭旅グループ

1　火や灯の祭り

――日本の夜に映える火や灯の祭り――

・**例示した祭り**：お水取り（奈良）、那智《なち》の火祭り（和歌山）、近江《おうみ》八幡《はちまん》左義長《さぎちょう》祭り（滋賀）、吉田の火祭り（山梨）、山鹿灯籠祭り（熊本）

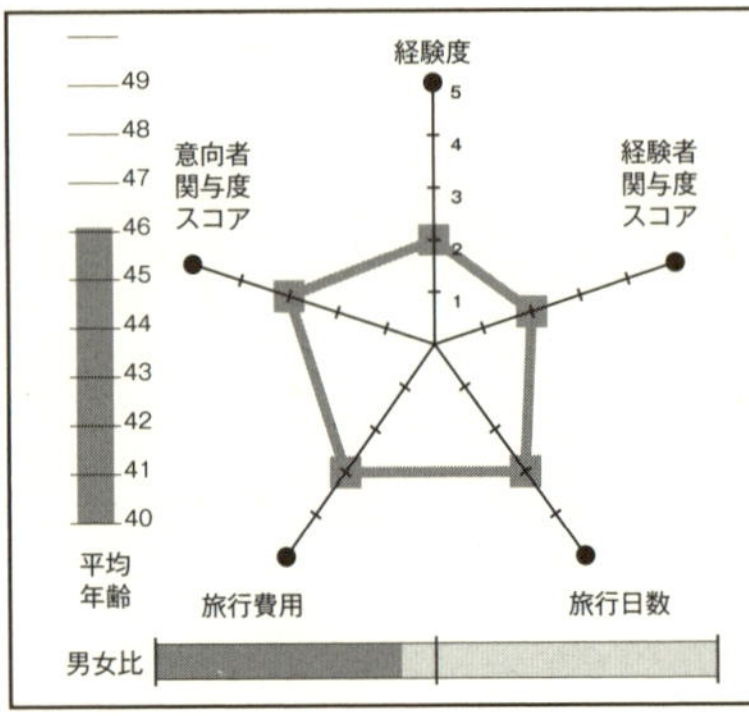

実際に旅行へ行ってみると満足度が高い火や灯の祭り

火と灯の祭りは、火と炎で有名なお水取り、各地の火祭りやろうそく、灯篭などの灯がメインとなっている祭りのグループ。

旅行経験者の傾向として特に際立ったものはなく、平均旅行日数は2・2日、平均旅行費用は2万6300円となっている。この平均旅行日数と平均旅行費用は「京都の祭り」の旅行とほぼ同様の傾向を示している。経験者の満足度は極めて高いのが特徴で、経験者関与度がそれほど高くないにもかかわらず、実際体験してみると、考えていた以上のものであったという結果であろう。

今後、火や灯の祭りに行ってみたいと考えている人たちの平均年齢は、26のグループの中で「山車の祭り」、「花見の祭り」に次いで３番目の高さとなっている。

感動を呼び起こす夜空を焦がす大松明の乱舞

お水取りは奈良東大寺の修二会である。修二会は仏教寺院で行う法会のひとつで東大寺の修二会は７５２年に初めて行ったのが起源とされている。元は旧暦の２月１日から14日に行っていたが、現在は３月１日から14日に行われる。修二会のシンボルのような行事に、二月堂の舞台で火のついた松明を振り回す「お松明」があり、期間中連日行われる。特に、12日のお水取りには１回り大きな籠松明が登場し、回廊で振り回すと火の粉がまるで滝のように降り注ぐ。この松明の火の粉をかぶると健康になる、幸せになると信じられている。

那智の火祭りは、ユネスコ世界遺産の「紀伊山地の霊場と参詣道」の一部として登録された熊野那智大社の例大祭で、毎年７月14日に行われる。熊野那智大社は那智大滝を神として崇めたのが起源といわれる。正式には「扇会式」または「扇祭」といい、12体の熊野の神々が熊野那智大社から滝前の飛滝神社へ年に一度の里帰りする神事である。12体の神々は高さ６mの扇神輿に移され、本社より滝へ渡御する。その途中、重さ50～60kgの12本の燃えさかる大松明で、その御輿を清め、迎える。大滝を背景に大松明が乱舞するさまは火祭りの名に相応しいものとなっている。

左義長とは、どんど焼、さいとやきなどの名称で、正月の松飾りや注連縄《しめなわ》を１月15日前後に集めて焼く火祭りの行事で、起源は平安時代の宮中行事にあるといわれている。近江八幡左義長祭りは、諸説あるが、元来、安土城下で行われていたものが、安土落城の後八幡へ移り住んだ人たちが日牟礼八幡宮の例祭に奉仕したことが始まりといわれる。現在は、３月14・15日に近い土、日に開催される。松明、だし、十二月と呼ばれる赤紙の3つの部分をひとつにし、前後に棒を通し、つり縄でくくり固め御輿のように担ぐように作り上げられ、最終日の夜には担ぎ棒を除いて一斉に燃やされてしまうもので、「湖国に春を告げるお祭り」などといわれる。

吉田の火祭りは、富士吉田市の北口本宮冨士浅間神社と諏訪神社の両社の秋祭りで、富士山が噴火しないようにと願い、また、富士山の山仕舞いを告げる祭りである。神輿は大神輿と赤富士を模した「お山さん」と呼ばれる神輿がある。毎年8月26・27日に開催され、26日が鎮火祭、27日がすすき祭りとも称される。26日は2基のお神輿がいよいよ市中を練り歩き、お旅所に到着すると、高さ約3メートル、直径90センチの70本余りの大松明につぎつぎと火が灯され、赤々と燃え上がり、祭りはクライマックスとなる。

山鹿灯籠祭りは、熊本県山鹿市の山鹿温泉にある大宮神社の祭りで、毎年8月15日から17日にかけて行われている。九州御巡行《おんじゅんこう》の景行天皇が菊池川をさかのぼり山鹿に上陸しようとしたが、濃霧に行く手を阻まれたため里人が松明を灯して無事に案内した。それ以来、里人たちは、そのとき行《あん》在所《ざいしょ》だった大宮神社に松明を毎年奉納するようになったことが山鹿灯籠祭りの起こりといわれている。16日の夜に行われる「千人灯籠踊り」が全国的に有名。頭に金銀の灯籠を乗せた浴衣姿の女性たちが、「よほへ節」のメロディにあわせ舞い踊る様子は幻想的だ。

那智の火祭り　那智勝浦町観光協会提供

満足度が高く旅行者を呼ぶ可能性

経験者の満足度が高いのが、火と灯の祭りの特徴である。奈良東大寺二月堂のお水取りは有名で十分に旅行者を惹きつけるものといえるが、冬の夜の祭りであるのが遠方からの旅行者には少しつらいかもしれない。那智の火祭りも世界遺産としての熊野が注目される中、上手に宣伝すれば誘客力にはことかかない祭りだと思われる。近江八幡の左義長、富士吉田の火祭りはそれぞれに特色を持った祭りであるので、特徴が伝われば旅行者にとって興味深いものになると思われる。また、ろうそくや灯篭をメインとした祭りも人気がある。山鹿灯籠祭りの千人灯籠踊りは、ろうそくの火による演出で見る人に感動を与える。各地の万灯篭や精霊流しなども同様で旅行者を呼んでいきそうである。

調査対象者のコメント（性別年齢・居住地域）

「（お水取り）お水取りは何度見てもすごい」（男性24歳・関西圏）

「（お水取り）厳粛さがひしひしと伝わってきた」（男性54歳・東海北陸）

「（お水取り）火の粉が自分めがけて降り注ぐ様で、その迫力に感動した」（女性62歳・首都圏）

「（お水取り）厳粛な気持ちになった。夜空を焦がす炎がきれいだった」（女性66歳・関西圏）

「（吉田の火祭り）火の勢いの凄さ。近づいた時の熱さが強烈な印象」（男性51歳・首都圏）

２ 奇祭・裸祭り・夜祭りなど変わった祭り

——一度は見てみたい不思議な日本の祭り——

・**例示した祭り**：御柱《おんばしら》祭り（長野）、なまはげ（秋田）、御木《おき》曳《ひき》（三重）、国府宮《こうのみや》はだか祭り（愛知）、秩父夜祭り（埼玉）

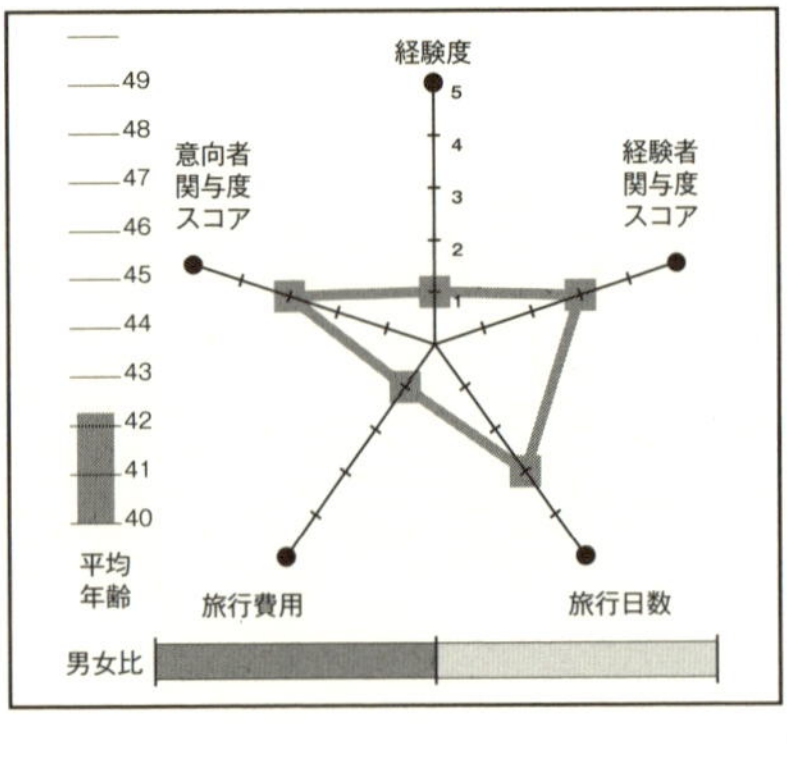

10～20代・40代の意向が強い

変わった祭りは、山車や神輿、行列などもあるが、一番の特徴が他のグループにないものでまとめたものである。例えば、御柱祭りは木落とし、秩父の夜祭りは山車、神輿、花火もあるもののそれらが複合した夜の祭りということで、これらを変わった祭りとした。経験者の平均旅行日数は２・１日で、平均旅行費用は１万９５００円となっている。移動手段として多いのはマイカーであり、旅行手配の方法は、ＪＲ券、宿泊施設などすべての手配を個人でした人が71・４％、パッケージツアーが17・１％、ＪＲ券、宿泊施設などを旅行会社で手配した人が５・７％と全体の結果とほぼ同様の傾向になっている。

変わった祭りの旅行意向については、特に際立った特徴はみられないが、しいていうと50代以上の熟年層より、10～20代男女、40代男性でやや意向が高くなっている。

見せ場がたっぷりの変わった祭り

御柱祭りは、長野県にある諏訪大社最大の行事である。正式には「式年造営御柱大祭」といい、寅と申の年、６年ごとに4月上旬から5月中旬までに行われる祭りである。古くから諏訪大社は、五穀豊穣、狩猟・風・水・農耕の神として信仰されており、祭りはそれらを祈願するもので起源は平安時代といわれる。御柱は長さ約20メートル、直径約３メートル、重さは10トン以上あり、これを上社の本宮、前宮、下社の春宮、秋宮の４隅に立てるため16本を木遣に合わせて曳行する。途中の下社の木落としと上社の川越しが最大の見せ場となっている。

なまはげは、大晦日に秋田県の男鹿市と三種町、潟上市の一部の各家々で行われる伝統的な民俗行事で、本来は小正月の行事だった。なまはげの語源は、男鹿地方での方言「ナモミ」（手足につく火形、火斑のこと）が、冬の囲炉裏端で長く暖ばかりとっているためにつくことから、火暖をとってばかりいる怠け心の象徴として、「ナモミ」を剥ぐといってきた「ナモミ剥ぎ」が、「なまはげ」となったといわれている。鬼の面、ケラミノ、ハバキを身に付け、大きな出刃包丁を持ったなまはげが家々を訪れ、「泣ぐコはいねがー」という荒々しい声を発しながら怠け者、子供や初嫁を探して暴れる。家の主人は、なまはげをなだめながら丁重にもてなすのが、なまはげの行事である。

秩父夜祭りは、埼玉県秩父市の秩父神社の大祭で毎年12月２・３日に開催される。この祭りは江戸中期、秩父神社に立った絹織物の市の経済的な発展とともに、盛大に行われるようになったといわれる。地元の住民たちは端的に「冬まつり」といい、祭りは、２日の神馬奉納に始まり、３日は笠鉾や屋台の曳行があり、屋台では歌舞伎を演じるものもある。夜には神輿が神社から御旅所へ笠鉾と屋台を従え渡御し、冬には珍しい５０００発にも及ぶ花火が打ち上げられ夜空を彩る。

国府宮はだか祭りは、愛知県稲沢市にある尾張大国霊神社で毎年旧暦の1月13日に行われる儺追《なおい》神事の別名である。尾張大国霊神社は近くに尾張の国府があったことから国府宮と呼ばれている。祭り発祥の由来は、尾張国司が悪疫退散を祈願する厄払いを国府宮神社で行ったことといわれる。人々のあらゆる災難を背負うといわれる神男《しんおとこ》が警護の者に守られ、9千人の裸男たちがもみ合う渦の中へ飛び込むと、一斉に神男に殺到する。神男が、はだかの群集に揉まれ触れられ人々の厄災を一身に受けて儺追殿に納まった後、神事は終了する。

御木曳は、三重県伊勢市の伊勢神宮の神宮式年遷宮における行事であり、御樋代木奉曳式《みひろしぎほうえいしき》、御木曳初式《おきひきぞめしき》、御木曳行事に分かれている。式年遷宮で用いられる檜の用材を、内宮用材を橇《そり》に積み五十鈴川を遡り内宮境内まで曳き上げるのが川曳で、外宮用材は奉曳車に積み宮川河畔より伊勢市内を通り外宮境内まで曳くのが陸曳で、これらが、基本的な御木曳の形である。式年遷宮に合わせて行われるので20年周期となるが、一般人が一日神領民《いちにちしんりょうみん》として参加できる御木曳行事は2年間にわたり行われている。

秩父夜祭り　秩父観光協会提供

メディアの注目度は抜群

変わった祭りというグループに便宜的にまとめたものであるが、それぞれに知名度があり、興味深い祭りばかりである。毎年の開催ではないが、御柱祭りと御木曳は太古の日本と関連する祭りであり人々の注目度も高く、メディアにも紹介されるものである。秩父の夜祭り、なまはげ、国府宮はだか祭りもメディアの注目度は高い。特に御木曳は伊勢詣の一つの行事として旅行会社が募集しているツアーも多い。一方、一般向けのツアーが多いのは秩父の夜祭りであり、首都圏では多くの日帰りツアーなどが企画されている。また、なまはげの鬼の面や様相は秋田を代表するものとして観光ポスターなどで紹介されている。すでに祭旅として成立しているものが多いといえる。

調査対象者のコメント（性別年齢・居住地域）

「（御柱祭り）雄大な祭りであった」（男性43歳・首都圏）

「（御柱祭り）命がけって感じでした。6年に一度の祭りなので、ものすごく印象に残りました」（男性44歳・首都圏）

「（なまはげ）テレビでは見て知っていたが実際に生で見て迫力があった。子供たちがその怖さに泣いていたのを見て面白かった」（男性56歳・北海道東北）

「（秩父夜祭り）山車の勇壮さ、華麗さには満足しました」（男性54歳・関東）

「（秩父夜祭り）最後に山車が集まる姿がダイナミックな動きで印象深かった。花火もとても良かった」（男性69歳・首都圏）

「（国府宮はだか祭り）奇祭とは聞いていたが寒い中の裸姿に驚いた」（女性37歳・九州沖縄）

「（国府宮はだか祭り）はだか男が出てくるとき、とてつもなく勇壮で大賑わいだった」（男性42歳・東海北陸）

3 新しい市民の祭り

――海外からの参加で新たな盛り上がりを見せる市民祭り――

・**例示した祭り**：ＹＯＳＡＫＯＩソーラン祭り（北海道）、ひろしまフラワーフェスティバル（広島）、大道芸ワールドカップin静岡（静岡）、長崎ランタンフェスティバル（長崎）、浅草サンバカーニバル（東京）

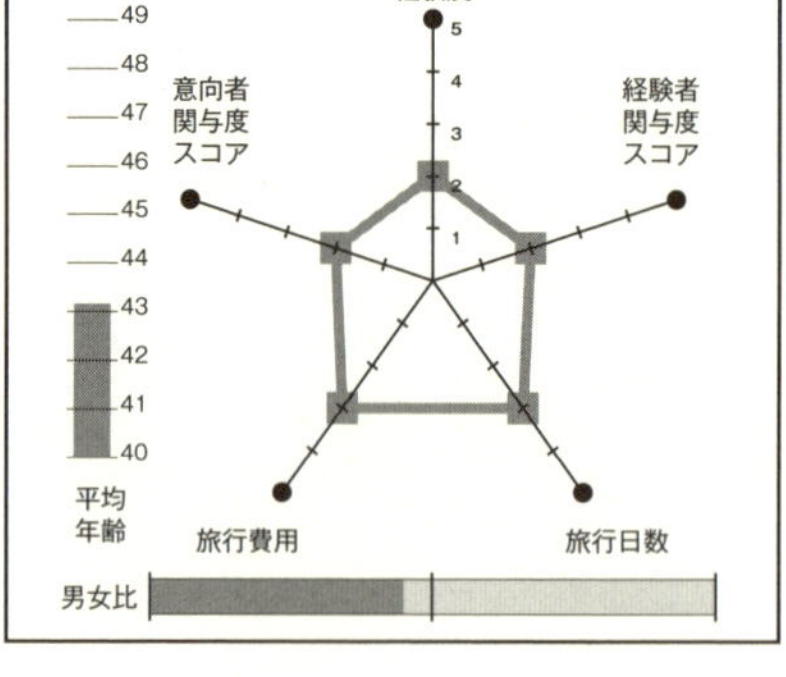

新しい市民の祭りは家族で楽しむイベント

新しい市民の祭りは、多くの市民が参加・鑑賞する祭りで１９６０（昭和35）年以降に第１回が開催された市民参加型の祭りとした。

経験度・経験者関与度・意向者関与度ともやや低調となった。特徴としては、経験者は10～40代女性と40代の男性がやや多い。平均旅行日数は２・２日にとどまっている。平均旅行費用は２万８４００円である。宿泊はホテルが32・5％と多いが、日帰りも43・8％と多い。同行者は家族親族や夫婦がやや多い。

意向では、10～20代の女性がやや高いが全体では低くなっている。ＹＯＳＡＫＯＩソーラン祭りや大道芸ワールドカップなどやや若者向きのイベントが多いのと、まだまだ新しいので全国的に知られていない祭りも多いためだと思われる。

新しい祭りでも一気にブームになる時代

北海道のＹＯＳＡＫＯＩソーラン祭りは、高知県のよさこい祭りと北海道のソーラン節がミックスされて生まれた祭りで、１９９２(平成４)年6月に10チーム１０００人の参加者で始まったが、第16回（２００７年）では３４１チームが参加し、観客動員数も２１７万人、経済効果も約２５０億円と空前の規模にまで成長した。毎年6月初旬の水曜から日曜日の5日間で実施される。

ひろしまフラワーフェスティバルは、１９７７(昭和52)年に始まった。5月3日から5日の3日間に実施され、広島市中心部の平和記念公園と平和大通りを舞台に開かれる。３日の花の総合パレードと5日のＹＯＳＡＫＯＩパレード、20ヶ所のステージや70ヶ所の広場で様々なイベントが展開され、１６０万人の人出となる。夜神楽が上演されるなど夜も楽しめる。また、芸能人のイベントも開かれる。

大道芸ワールドカップin静岡は、１９９２(平成４)年に始まった大道芸を中心にした11月初旬に行われるイベントで、駿府公園や静岡市内のストリートに世界各国からのパフォーマーが大集合して演技を競う。２００７(平成19)年の大会では23カ国から89組１５４名のパフォーマーが参加した。

長崎ランタンフェスティバルは、長崎在住の華僑の人たちが旧正月の春節を祝うためにはじめたもので、「春節祭」として長崎新地中華街を中心に開かれていたのを、１９９４(平成６)年から規模を拡大し、長崎全体のお祭りとなった。中華街はもとより市内中心部に1万5千個にもおよぶランタン（中国提灯）が飾られ、地元有志による「龍踊り」や「中国雑技」などのパフォーマンスも見られる。２００８（平成20）年は2月7日から21日の15日間開催された。

浅草サンバカーニバルは、昭和30年代後半から40年代にかけて、盛り場の中心が浅草から他の地域に移って行ったため、当時の台東区長と浅草喜劇俳優の故・伴淳三郎氏が、ブラジルのサンバカーニバルを浅草のお祭りとして取り入れることを提案して誕生した。第1回は１９８０（昭和55）年に開催された。毎年８月30日に実施され、ブラジル人も参加する国際色豊かなお祭りになっている。

この他には、１９９９（平成11）年から開催されている名古屋のにっぽんど真ん中祭りがあがった。８月末に開催される日本三大よさこい祭りの一つで、参加チーム約２００チーム、観客数約２００万人を誇る夏の名古屋の風物詩ともいわれている。

長崎ランタンフェスティバル　長崎市さるく観光課提供

地域おこしの起爆剤となった新しい祭り

地域活性の新しい起爆剤には、今までの地元の知恵だけでなく〝古くからのやり方にとらわれない若者〟〝何があろうとそれに向かって突き進む馬鹿者〟〝地元の慣習を知らないよそ者〟の原動力が必要といわれている。

ＹＯＳＡＫＯＩソーラン祭りはまさにそれで、１９９１（平成３）年８月に高知のよさこい祭りを見に行ったひとりの学生が、同年代の学生がいきいきと踊っている姿に感動し、「こんな祭りを自分の住む北海道に」との思いから生まれた。その夢の実現のために１００名以上の学生が集まり、警察を始めとする社会の壁にぶつかっていったのだ。「まちは舞台だ」を合言葉に祭りは成長を続け、当日飛び入りでも踊れる「ワオドリソーラン」、２０００人規模の大編成の「ソーランイリュージョン」とつぎつぎと新しい企画を打ち出している。運営も専属スタッフのほか、学生実行委員スタッフ約１２０名と市民ボランティア４０００名、プロ警備員・警察官３０００名の約７０００名の体制だ。「よさこい祭り」の輪は全国各地に広がり、いまや２２０もの地域でよさこい祭りが開かれ、海外でも実施されている。

調査対象者のコメント（性別年齢・居住地）

「（ＹＯＳＡＫＯＩソーラン祭り）家族でパレードに参加した」（男性50歳・首都圏）

「（ひろしまフラワーフェスティバル）よさこい踊りが平和大通りをパレードして大変素晴らしかった」（女性53歳・中国四国）

「（大道芸ワールドカップ）世界中から来た大道芸の演技に魅了され、投げ銭もはずんだ」（男性48歳・東海北陸）

「（長崎ランタンフェスティバル）幻想的なランタンの色が、夢と現実の間のようでよかった」（女性42歳・九州沖縄）

Column❺

究極の海外祭旅——その名は弾丸ツアー——

国が招致する祭りサッカーワールドカップ

世界で最もポピュラーなスポーツはサッカーといわれる。スポーツの祭典と呼ばれ馴染みの深いオリンピックより、サッカーのワールドカップの方が観客数もテレビにおける全世界の視聴者数もはるかに多い。アテネオリンピックの全世界における延べ視聴者数はおおよそ240億人、これに対しドイツのサッカーワールドカップは3300億人といわれている。そのため、世界各地では、通常ワールドカップといえばサッカーをさし、日本のようにサッカーワールドカップ（以下サッカーW杯）とはいわないようだ。

開催招致もオリンピックが都市であるのに対して、サッカーW杯は国が招致することとなっている。オリンピックは都市の祭り、サッカーW杯は国の祭りともいってよいのかもしれない。少々古い話になるが、1970（昭和45）年のサッカーW杯はメキシコで、1974（昭和49）年は西ドイツで開催された。一方オリンピックは1968（昭和43）年メキシコシティ、1972（昭和47）年はミュンヘンで開催された。これら同一の国でサッカーW杯に先立ちオリンピックを開催したのは、世界一のスポーツイベントサッカーW杯を開催するにあたってのシミュレーションとしてオリンピックを招致したものだといわれている。

SUPREME ATHLETEと呼ばれた弾丸ツアー

サッカーW杯で日本が初めて予選を勝ちあがり、悲願の初出場を果たしたのは1998（平成10）年のフランス大会であった。この時、日本代表の晴れ姿を自分の目で見たいと海を越え、フランスへ赴いたサポーターの数は3万とも4万ともいわれている。これを旅行会社は千載一週のチャンスと捉え、観戦ツアーを募集したのだが、ブローカーが絡み観戦チケットが足らないという大きな問題を引き起こしてしまった。

一方、2000(平成12)年のシドニーオリンピックにおいてはサッカー観戦ツアーが多くの旅行会社で企画された。W杯に比べれば開催国が絡まない限りチケットの確保が容易だったからだ。しかもこの年のオリンピックチームは、現在は引退してしまった中田英寿選手が中心となったチームであり、また2年後に開催予定であった日韓W杯に向けて否が応にも世間の関心が高まっていることもあった。

その中でJTBの企画した0泊3日の〝弾丸ツアー〟という画期的な観戦ツアーが登場した。ブリスベンで行われた予選リーグ最終戦の対ブラジル戦を観戦するもので、全日空チャーター機を利用し往復共に機中で過ごすため現地宿泊はなく、少々の自由時間はあるものの正に試合観戦のみが目的というツアーであった。当初は180人の定員であったものの話題を呼び、申込者が大幅に増えたため、機材もボーイング747へ変更され500人以上が参加するツアーとなった。機内では祭り気分を盛り上げるため、客室乗務員は日本代表のレプリカユニフォームを身にまとい、機内食は勝利を祈念してかつ丼が振舞われた。

ブラジル戦には敗れたものの、日本代表は決勝トーナメントに進出しベスト4を賭けてアメリカと戦った。勝てば準決勝ということで準決勝を観戦する弾丸ツアー第2弾も販売されたが、残念ながら延長PK戦で日本はアメリカに破れ、中止となった。弾丸ツアーは、その奇抜性から日本のメディアにも大きく取り上げられた。また、現地の新聞には、来て見て帰るという選手以上の日程のため、〝SUPREME　ATHLETE〟(最高のスポーツ選手)と紹介された。

大きな話題を呼んだ弾丸ツアーはJTBが商標登録するという副産物も生んだ。その4年後のアテネオリンピックのサッカー観戦ツアーには0泊4日の究極の〝弾丸ツアー〟が登場している。

第7章

祭旅にしたい祭・イベント

1 博覧会・地方博

——会期中に一度は行きたい博覧会・地方博——

・**例示した祭り**：愛知万博（愛知）、浜名湖花博（静岡）、長崎さるく博（長崎）、花フェスタぎふ（岐阜）、全国都市緑化ふなばしフェア（千葉）

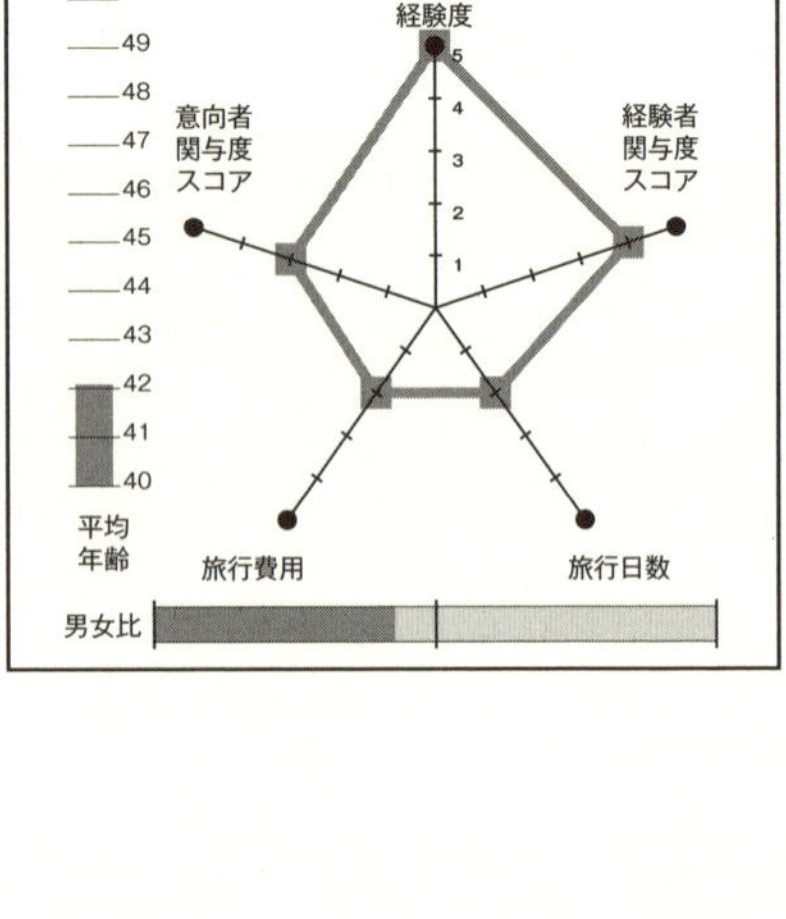

愛知万博パワー、経験度は第2位

博覧会・地方博は、規模が大きく、長期間開催されるため多くの観光客を集める。一方で経費も多くかかるため、入場収入とのバランスが難しいイベントである。

特徴としては、経験度が非常に高い。全体で約3割の人が体験しており、26の祭・イベントグループの中で二番目である。愛知万博もあり、会期が長いことが影響している。特に40代・60代女性の経験度が高い。平均旅行日数は1・9日でホテル利用が36・6%と多い。平均旅行費用は2万4900円である。同行者は家族親族が最も多く、夫婦が続いている。典型的な、家族旅行の形態で、博覧会なので夏休みなどに行って子供に学びを体験させようとしている。主な目的で行った人が８割を超え完全な目的型観光といえる。ただし、大混雑などで不満を感じている人も10・5％程度見られる。

意向は、10～40代女性で高くなっている。

動員力は非常に高く、女性に人気

愛知万博は、21世紀最初の国際博覧会で国内では大阪万博以来の総合的な博覧会だった。2005（平成17）年３月25日から９月25日まで185日間開催された。当初入場数など危ぶむ声もあったが、2200万人という来場者を集め、大成功となった。環境をテーマに様々な取り組みが見られた。目玉の冷凍マンモスには、数時間待ちの列が連日できた。

浜名湖花博は、正式にはしずおか国際園芸博覧会パシフィックフローラと第21回全国都市緑化しずおかフェアの愛称で2004（平成16）年４月８日から10月11日までの187日間、浜名湖ガーデンパークにて開催された。総入場者数は540万人に達し、花・水・緑の国の各エリアに分かれモネの睡蓮をモチーフにしたモネの庭に人気が集まった。

長崎さるく博は、「日本ではじめてのまち歩き博覧会」として会場を設定せずに、長崎の街全体を会場に見立てて観光客と長崎市民が触れ合う画期的なイベントとなった。会期は2006（平成18）年４月１日から10月29日までの212日間で推定延べ参加人員1000万人以上という発表もあった。さるくとは、まちをぶらぶら歩くという長崎弁で、参加者は特製マップを片手に長崎のまちを散策、さるくガイドの説明を聞きながら楽しく過ごした。

花フェスタぎふは、2005（平成17）年３月１日から６月12日まで愛知万博に合わせて開催され、

140万人の来場者を集めた。7000品種6万本の世界一のバラ園や「ブルー・ヘブン」といわれる青いバラの展示が人気になった。1995(平成7)年の花フェスタぎふ95の会場をベースにしている。

この他にも、若狭路博、全国都市緑化ふなばしフェアなどの名前があがった。

ハードをつくらない博覧会の新しい試み、長崎さるく博

万国博覧会とは、正式に博覧会事務局（BIE）に登録または認定された国際博覧会で、日本では大阪万博、沖縄海洋博、つくば科学万博、大阪花の万博、愛知万博の5つしか開催されていない。地方博覧会は、地方自治体や経済団体、報道機関などの公的な主催団体による博覧会で1918(大正7)年に札幌市・小樽市で行われた開道50年記念博覧会が最初といわれている。1981(昭和56)年に神戸で開かれた神戸ポートアイランド博覧会が、埋立地に博覧会を開催し、跡地開発を進めるスタイルで大成功したのをきっかけに、各地で地方博ブームが起こった。しかしながら、バブルの崩壊で東京のお台場地区で開かれる予定だった世界都市博覧会の中止から沈静化し、最近は経済効果重視で花などをテーマにした、確実に入場数を確保できる博覧会が催されている。

長崎さるく博　長崎市さるく観光課提供

長崎で2006(平成18)年に開催された長崎さるく博は、いままでのまず会場ありきの博覧会の

常識を覆す画期的な企画で、〝知らなかった長崎の体験と発見〟をテーマに日本ではじめてのまち歩き博覧会として、大規模なイベント会場を設けることなく開催された。イベントは、①特製マップを片手に自由に歩く〝長崎遊さるく〟、②さるくガイドの説明を受けながら歩く〝長崎通さるく〟、③専門家による講座や体験を通じてさらに深く探求する〝長崎学さるく〟に分かれている。常に市民と観光客が触れ合う新しいスタイルとして次年度も継続されることになった。多くの市民がマップ作成やボランティアガイドなどに参加、協力した事が成功のポイントだった。

調査対象者のコメント（性別年齢・居住地）

「（愛知万博）いろいろな外国人と触れ合えたのが楽しかった」（男性32歳・関西圏）
「（愛知万博）各国のパビリオンで様々な食べ物を食べた」（男性39歳・北海道東北）
「（愛知万博）飛騨高山の観光と組み合わせて行きました」（男性39歳・中国四国）
「（浜名湖花博）期待していなかったが規模が大きく、人もちょうどでまぁまぁ楽しめた。花や緑にかこまれてあちこちで写真をたくさん撮った」（男性42歳・東海北陸）
「（浜名湖花博）ブルーのバラの花が見られた事とモネの絵を模した睡蓮の庭がすごかった」（女性28歳・首都圏）
「（長崎さるく博）歴史のある街の散策には、やはり案内人がいたほうがいい。個人だと見過ごしてしまいそうな場所や歴史がよくわかった」（男性60歳・関西圏）
「（長崎さるく博）地元の方と話しながら参加できた」（女性52歳・東海北陸）
「（花フェスタぎふ）バラがとてもきれいだった」（男性37歳・東海北陸）

2 スポーツイベント

——海外からの参加者も多い国際イベント——

・**例示した祭り**：東京マラソン（東京）、Ｆ1日本グランプリ（静岡・三重）、全日本トライアスロン宮古島大会（沖縄）、佐賀インターナショナル・バルーンフェスタ（佐賀）、箱根駅伝（東京・神奈川）

趣味の仲間との同行が多い男性型イベント

スポーツイベントは、鑑賞目的が多いが、マラソンのように走ったことのない場所で走りたいと、各地で行われるイベントに参加する人も多い。

特徴としては、経験者・意向者とも男性比率が高くなった。経験度では40代男性がトップで次に30代男性と、男女差がはっきりとついている。平均旅行日数は2・0日でホテル利用がやや多い。平均旅行費用は2万4900円である。利用交通機関はマイカーと鉄道が主に利用されている。同行者は家族親族、友人知人、夫婦、1人、趣味の仲間の順。趣味の仲間の率がすべての祭・イベントグループの中で一番多い。スポーツクラブや地域のサークルなどの仲間との観戦や参加が多いようだ。満足度は非常に高く、旅行形態は個人手配がほとんどである。

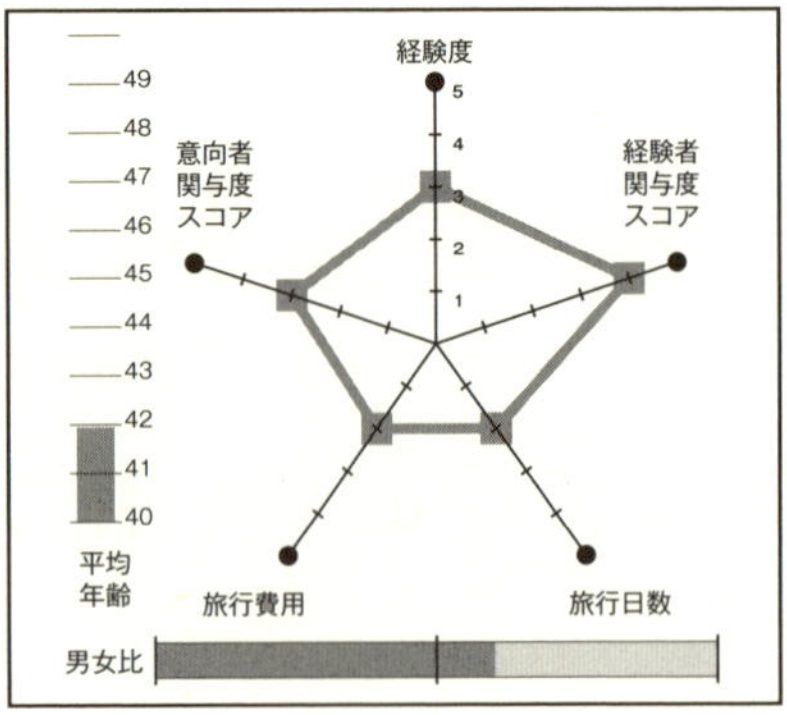

意向では、男性の10～20代と40代が高い。これは、観戦目的が多くを占めたからと思われる。

観戦と参加、スポーツイベント人気

東京マラソンは、2007(平成19)年から始まり、約3万人がエントリーする国内最大規模のマラソンで、ニューヨークやボストン、ロンドンの市民マラソンと同様に普段走れない都会の繁華街を疾走できる。東京都庁をスタートし、皇居付近、銀座、浅草を通り、ゴールの東京ビッグサイトに向かう。ランナーは全国から集まる。沿道ではランナーや観客を楽しませる応援イベントが各ポイントで行われる。

F1日本グランプリは、1976(昭和51)年静岡県の富士スピードウェイで初めて行われた。その後、三重県の鈴鹿サーキットを中心に行われ、一時期岡山県のTIサーキット英田の時期もあったが、2007(平成19)年再び富士スピードウェイに戻ってきた。2009(平成21)年からは鈴鹿と交互で実施される。3日間行われ、全国から約22万人の来場者が訪れる。

佐賀インターナショナル・バルーンフェスタは、1978(昭和53)年福岡県甘木市でバルーンフェスタin九州として参加5機からスタートし、現在参加は100機以上、観客は80万人にものぼっている。熱気球の大会は、長野県佐久市や栃木県小山市など各地で開かれている

全日本トライアスロン宮古島大会は、1985(昭和60)年に始まった。毎年4月に沖縄の宮古島で開催される。スイム3キロ、バイク155キロ、ラン42・195キロの大レースだ。トライアスロンが日本で初めて開催されたのは1981(昭和56)年の鳥取県皆生《かいけ》温泉だが、その後各地に広がり、今では200以上の大会が開かれている。

箱根駅伝は、毎年1月2・3日に東京の大手町をスタートし、箱根を往路のゴール、大手町を復路のゴールにして行われる。第1回は1920(大正9)年に四大校駅伝競走の名前で実施された。沿道での観客は年々増えているといわれる。

この他にも、GT選手権やトヨタカップ、日本ダービー、K－1など様々なスポーツイベントがあがったが、目立ったのは各地域でのマラソン大会だった。

参加型スポーツツアーが地域おこしになる

東京マラソンは、市民マラソンだが東京だけでなく、全国、そして世界からもランナーが集まってくる。ランナーの心理として、初めて走る場所や普段走ることのできない道路を走れるのは、とても楽しみなのだ。日本各地にも様々な場所でマラソン大会は開かれているが、1月の鹿児島のいぶすき菜の花マラソンから始まって12月のNAHAマラソンまでランナーはここで走ってみたいという場所に出かけていく。北海道などのベストシーズンはとても人気だ。ツアー型スポーツイベントには、この他にも沖縄のサイクルレースや富士山マラソン、皆生や宮古島のトライアスロンなどがある、家族や友人も応援に来るので集客も多い。

箱根駅伝　旅の販促研究所撮影

調査対象者のコメント（性別年齢・居住地）

「（東京マラソン）東京の街の真ん中を堂々と走れるのが気持ちよかった」（男性21歳・首都圏）
「（東京マラソン）ランナーも沿道の応援者も一体感があった」（男性48歳・首都圏）
「（Ｆ１日本グランプリ）朝から晩までずっとＦ１の中にいるような雰囲気だった」（男性23歳・関西圏）
「（Ｆ１日本グランプリ）ＧＰ終了後に帰宅ラッシュに巻き込まれ、駐車場から出るのにかなり時間がかかった。終了時間は４時で、駐車場を出たのが11時になった」（男性39歳・首都圏）
「（佐賀インターナショナル・バルーンフェスタ）直接バルーンフェスタ会場から見たのも良かったが、山の頂上から見たバルーンがいっぱい空にある様子も良かった」（男性62歳・九州沖縄）
「（佐賀インターナショナル・バルーンフェスタ）寒い朝にバルーンが飛び立つ美しさ」（女性54歳・中国四国）
「（箱根駅伝）自分の大学の応援に行って楽しかった」（男性20歳・首都圏）
「（箱根駅伝）テレビで見ていたのを目の前で見ましたので迫力がありました」（女性55歳・首都圏）
「（ＧＴ選手権）とても暑かったですが、実際にレースを見られてとても楽しかったです。レーサーとも握手したり、サインを貰ったりできました」（女性35歳・首都圏）
「島民みんなの声援がうれしかった」（男性33歳・北海道東北）
「東京マラソンに参加してみたい」（男性29歳・東海北陸）
「ＷＲＣラリーを見に北海道に行きたい。車が好きだから」（男性36歳・関西圏）

3 映画祭・音楽祭・芸術祭

――世界レベルのフェスティバルがずらり――

・**例示した祭り**：東京国際映画祭（東京）、湯布院映画祭（大分）、フジ・ロック・フェスティバル（新潟）、パシフィック・ミュージック・フェスティバル（北海道）、「熱狂の日」音楽祭（東京）

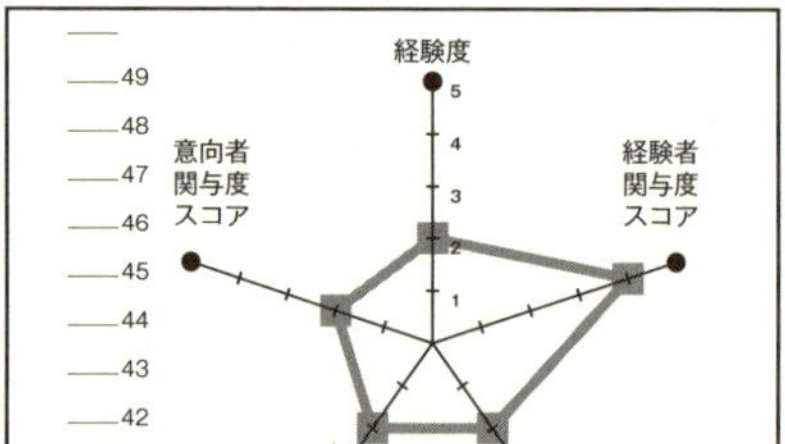

映画祭・音楽祭・芸術祭は若い女性が主流

映画祭・音楽祭・芸術祭は、春から夏にかけて野外で行われる屋外型が多い。宿の手配やチケット販売もあるため、最近は旅行会社でも積極的に取り扱われている。

特徴としては、経験者は10～20代の女性が多い。男性では40・50代が比較的多い。平均旅行日数は2・0日でホテル利用が30・8％と多いが、民宿・ペンションも他と比べて多い。スキー場やリゾート地での音楽イベントが多いせいだろう。平均旅行費用は2万1900円である。利用交通機関では鉄道利用が56・4％でトップ。同行者は友人が30・8％と多く、彼氏彼女も多い。満足度は非常に高い。

意向者の平均年齢が26グループ中で二番目に低く、10～20代の女性で意向者が多く見られる。

自分が育てるという意識が、遠い会場まで足を運ばせる

東京国際映画祭は、毎年10月に開催される国際映画製作者連盟公認のコンペティティブ長編映画祭で、ベルリンやカンヌも含む世界12大国際映画祭の一つだ。1985(昭和60)年に初めて渋谷を中心に開催された。コンペティション部門や特別招待作品、アジアの風などの企画に分かれていて、観客は選択して鑑賞する。経済産業省のＪＡＰＡＮ国際コンテンツフェスティバルの中核としても期待されている。

フジ・ロック・フェスティバルは、伝説のフェスとして有名である。第1回の1997(平成9)年山梨県富士天神山スキー場で行ったが、1日目の台風直撃により2日目は中止になった。翌年は会場を豊洲に移し、3回目から現在まで新潟県湯沢町の苗場スキー場で定着している。10年が経つうちに当時観客として見に行った者が、アーティストとして舞台に立つようになってきた。世界を代表する夏のロックフェスティバルだ。

「熱狂の日」音楽祭ラ・フォル・ジュルネ・オ・ジャポンは、フランスのナントで誕生したユニークな音楽祭の日本版で、朝から晩まで複数の会場で同時並行的に45分間のクラシックコンサートが約400公演も開かれる。1500円から3000円の低価格でコンサート会場に入れ、子供もＯＫなのでここで初めてクラシックを聴く人も多い。会場周辺は、様々なクラシックをテーマにしたイベントが行われ、入場待ちの時間も楽しめる。毎年有楽町の東京フォーラムでゴールデンウィークに開催される。

この他に、音楽祭では茨城県ひたちなかで3日間開催のロック・イン・ジャパン、幕張メッセと大阪舞洲の特設会場で2日間ずつ開催のサマー・ソニック、静岡県つま恋のａｐ　ｂａｎｋ、エイ

ベックスのアーティストが集まり各地で開催されるａ―ｎａｔｉｏｎ、仙台や神戸のジャズフェスティバルがあがった。映画祭では夕張国際映画祭、アートでは横浜トリエンナーレがあげられた。サマー・ソニックはフジ・ロックと対照的に都市型フェスティバルとして20万人もの入場者数を誇っている。音楽だけでなく、「お笑いブース」や「癒しスペース」を会場内に設け、夜には花火も打ちあがる。

ラ・フォル・ジュルネ「熱狂の日」音楽祭 2008
三浦興一撮影

鑑賞以外の手間は旅行会社に頼むのが安心

フジ・ロック・フェスティバルなど大型のロックフェスティバルは、２日から３日間行われ、通し券で出かけるファンも多いため、周辺の宿泊施設は満杯になり、シャトルバスも大混雑になることが多い。苗場に10万人以上が集まるのだから当然ともいえる。最近は、旅行会社のオフィシャルツアーが定着してきた。フジ・ロック・フェスティバルでは、ＪＴＢサン&サンがツアーセンターとなり、東北から中国地方まで発着のツアーを造成している。宿泊プラン・仮眠プランやバスプラン、飛行機プラン、ＪＲプランなどコースも様々だ。苗場プリンスホテル宿泊のバスプランで首都圏からの場合で約2万５０００円。また、日本旅行では関西からの星空トレイン（三ノ宮―越後湯沢往復）を運行させ、ファン同士の語らいトレインとして人気を集めている。ロック・イン・ジャパンやサマー・ソニックでもＪＴＢ法人東京がツアーを企画している。ツアー代金を安くするため、夜仙台を出て、幕張メッセに朝入り、コンサート後仙台に向かう車中2泊のバスツアーも造成されている。

調査対象者のコメント（性別年齢・居住地）

「（フジ・ロック・フェスティバル）このようなイベントには初めて行ったのですが、とても楽しめました。また今年も行こうと思っています」（女性21歳・首都圏）

「（フジ・ロック・フェスティバル）日にちの感覚を忘れるくらい、ずっとライブを見ていました」（女性25歳・首都圏）

「（「熱狂の日」音楽祭）いくつかのミニコンサートをいろいろな会場でやっていたので、気軽に参加できたし街の雰囲気も楽しかった」（男性50歳・首都圏）

「（「熱狂の日」音楽祭）家族で音楽を鑑賞したのは初めてで楽しかった。小さい子（4歳）でも参加できてよかった」（女性38歳・首都圏）

「（サマー・ソニック）1年で最も楽しい2日間。今年も行く。音楽好きの仲間と会う日でもある」（男性27歳・中国四国）

「（ロック・イン・ジャパン）真夏の野外ライブがとてつもなく暑かった。太陽を甘く見ていた」（女性29歳・北関東甲信越）

「（定禅寺ストリートジャズフェスティバル）仙台の街中いたるところに、音楽があふれ楽しいイベントだった。食べ物や飲み物の屋台も出ているので子供たちも楽しめた」（女性40歳・北海道東北）

4 食の祭り

――地産地消で特産品を全国へ発信――

・**例示した祭り**：フードピア金沢（石川）、日本一の芋煮会フェスティバル（山形）、どろめ祭り（高知）、湯布院牛喰い絶叫大会（大分）、けせんぬまサンマ祭り（宮城）

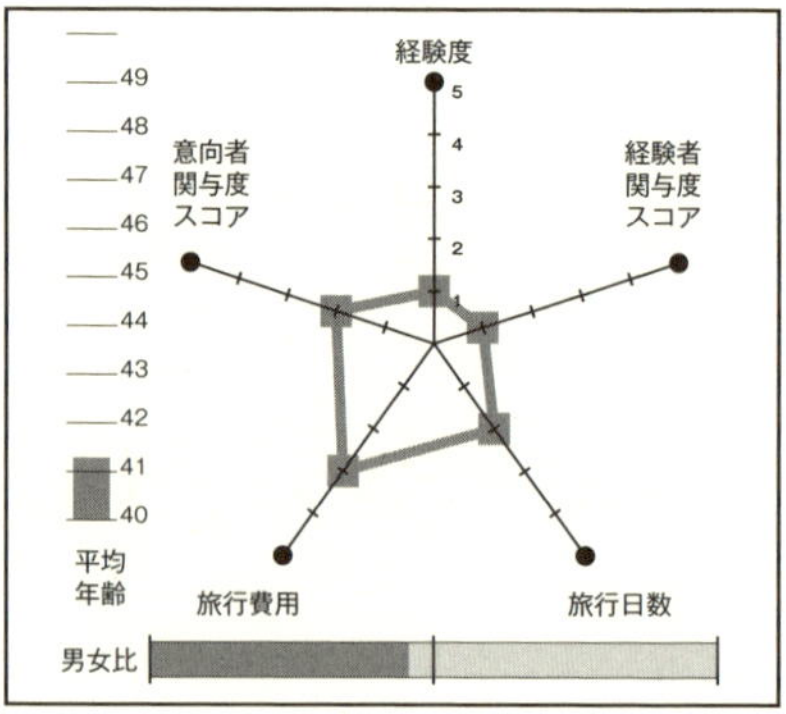

まだまだ遠くから旅行者は呼べない食の祭り

食の祭りは、地元の食や酒を素材にイベントとしての仕掛けを組み込んだものとした。地産地消ブームで祭りとして取り入れる自治体も多い。

経験度・意向度とも低調であった。特徴としては、他の観光目的があってついでに参加した人が6割弱を占めた。平均旅行日数は2・0日で日帰りが50・0％となった。家族親族宅が35・7％となっており、ホテル・旅館への宿泊は少ない。平均旅行費用は2万5000円である。利用交通手段はマイカーが57・1％で同行者は夫婦が中心だ。旅行会社を通さない個人手配がほとんどになっている。

意向では、男女比率は女性が高くなった。女性の10～30代での意向がやや高くなっているが、全体での意向は低い。また、地元の食に自信があるからか、関西圏で興味がないとする人が多かった。

それぞれ地元の特徴のある食をアピール

石川県のフードピア金沢は、１９８５(昭和60)年から始まり、2月1日から2月末まで金沢市を中心に県内各地で開催される。イベントのメインは「食談」で金沢市内や加賀・能登の旅館や料亭21会場で、作家や俳優などのゲストを囲み、参加者と話しながら伝統の郷土料理を楽しめる。また、中央公園ではフードピアランドが開園し、囲炉裏村・屋台村・ラーメン横丁が観光客を迎える。そのほかに、兼六園周辺の茶屋が「兼六園雪見宴会」を行ったりと冬の金沢らしい催しが提供される。

山形県の日本一の芋煮会フェスティバルは、テレビでもニュースで放映されるが、9月の最初の日曜日に山形市の馬見ケ崎河川敷で開催される。１９８９年（平成元年）から山形県商工会青年部が始めたイベントで、6メートルの大鍋に里芋3トン、牛肉1・2トン、こんにゃく３５００枚、しょうゆ７００リットル、日本酒50升、砂糖２００キロを入れ、6トンの薪で煮炊きする。料理長の指示によりクレーンでかき混ぜる、全部で3万7千食分が出来上がる、まさに日本一の規模の芋煮会だ。

この他に、富山県の日本海高岡なべ祭り、静岡おでんフェスティバルや小田原おでん祭り、北海道愛別きのこフェスティバル、兵庫県西宮市の酒蔵ルネッサンス、輪島かに祭り、兵庫県相生の牡蠣祭り、高知のどろめ祭り、湯布院牛喰い絶叫大会、けせんぬまサンマ祭りなどがあがった。

日本海高岡なべ祭りは銅器・アルミの生産で有名な高岡市のイベントとして直径2メートルあまりのジャンボ鍋で日本海で獲れたキトキト（新鮮な）の魚介類を煮込む豪快ななべ祭り。愛別きのこフェスティバルもジャンボ鍋できのこ汁が大勢にふるまわれる。静岡おでんフェスティバルは2月上旬に開催され、静岡の町中に県内外のおでん屋台がずらりと並ぶ。西宮・酒蔵ルネッサンスは、西宮神社で宮水まつりの翌日に開かれる西宮のお酒と食を楽しむイベントで利き酒大会や新酒番船パレードなどが実施される。

旅行会社が商品化しやすい期間の長い食のイベント

食の祭りを種類別に分けると、①地元の名産品を試食会や即売会を中心に祭りとしたもの。大間の超マグロ祭り、伊勢海老祭りなど、②名物としてプロモーションしたい食を祭りとしたもの。宇都宮ぎょうざ祭り、静岡おでんフェスティバルなど、③ゆかりのある食や特産品を量のインパクトでイベントとしたもの。目黒のさんま祭り、日本一の芋煮会フェスティバル、日本海高岡なべ祭りなど、④食のPR期間として様々なミニイベントを期間中に盛り込んだもの。城崎のかに王国、金沢フードピア、にいがた冬食の陣、姫路菓子博などがある。旅行会社が、商品化するには一定期間開催されているものが造成しやすいため、④のツアーが多くなる。①から③は、せいぜい2~3日間のため、近隣の集客が中心となる。

食による地域おこしに挑戦している地域は数多い。静岡のおでんフェスティバルはすっかり全国区になった富士宮の焼きそばのように、食による地域ブランドづくりのPR手段として祭りを開催している。

日本一の芋煮会フェスティバル　山形市観光案内センター提供

調査対象者のコメント（性別年齢・居住地）

「（フードピア金沢）もっといろいろと食べたかったが混雑がすごかった」（男性36歳・東海北陸）

「（日本海高岡なべ祭り）なべ祭りは、寒くて雨、雪まじりの天候にもかかわらず人が多く出ていて感心した」（男性62歳・首都圏）

「（愛別きのこフェスティバル）きのこと牛肉の食べ放題があり、とてもおいしかった」（男性34歳・北関東甲信越）

「（西宮・酒蔵ルネッサンス）できたての日本酒の試飲、屋台、神社のイベントなど」（女性23歳・関西圏）

「（相生牡蠣祭り）牡蠣のいろんな料理を食べ放題」（女性23歳・関西圏）

「（静岡おでんフェスティバル）いろいろなおでんを楽しめ、またいろいろな地方の人とも知り合えて良かったです」（女性50歳・東海北陸）

「地元の特産品をみんながよろこんでくれたこと」（女性50歳・東海北陸）

「Ｂ—１グランプリ（Ｂ級ご当地グルメの祭典）は是非参加したい」（男性38歳・首都圏）

「高知のどろめ祭りは面白いと父から聞かされた」（男性41歳・東海北陸）

「珍しい地元の特産品があれば行きたい」（男性58歳・首都圏）

「湯布院の牛喰い絶叫祭りは、温泉と一緒に楽しみたい」（女性46歳・東海北陸）

「マグロ祭りをテレビでやっていて行きたくなった」（男性54歳・関西圏）

「食中毒がこわい」（男性51歳・関西圏）

「太るので行きたくない」（女性23歳・関西圏）

5 節分・雛祭り・端午の節句祭り

——女性に人気のメジャーになった季節の祭り——

・**例示した祭り**：成田山節分会（千葉）、用瀬《もちがせ》の流しびな（鳥取）、雛のつるし飾り祭り（静岡）、ビッグひな祭り（千葉・徳島）、上下《じょうげ》端午の節句祭り（広島）

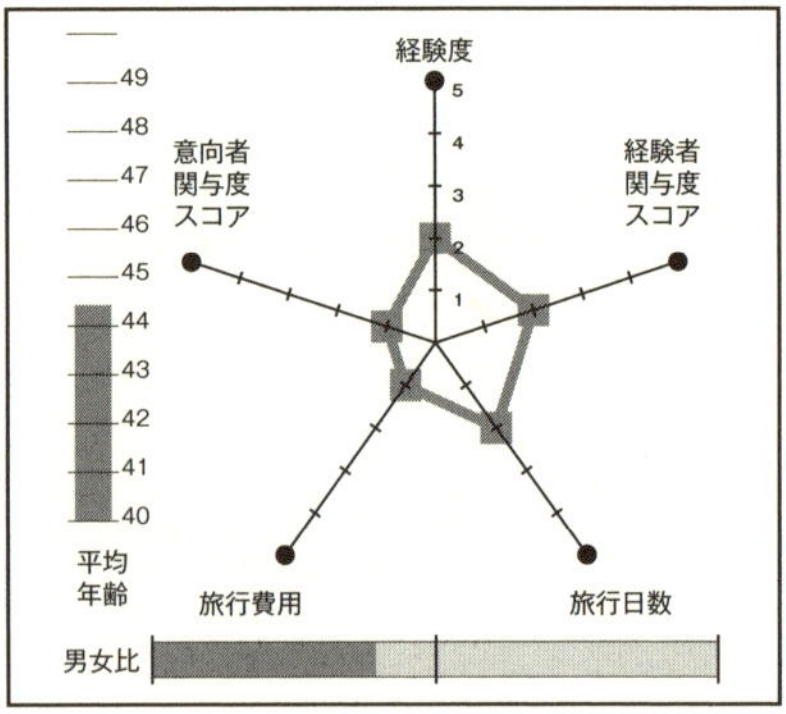

節分・雛祭り・端午の節句祭りは女性に人気

節分・雛祭り・端午の節句祭りをテーマに、観光客が鑑賞などで参加できる祭りである。特に雛祭りは近年まちおこしの一環として、地域全体で実施しているところも多い。

特徴としては、経験度は全般に低いが、女性の50・60代でやや高くなっている。また、男女差がはっきりとついており、女性人気がうかがえる。平均旅行日数は2・0日で日帰りが43・8％と多い。平均旅行費用は1万6900円と26のグループで最も低くなっている。旅行会社のパッケージツアー利用は25・0％で、観光バス利用が18・8％と比較的多い。他の観光目的があってついでに祭りを経験した人が多いことからも、旅行会社が企画する周遊の日帰りのバスツアーなどが利用されているようだ。

意向は、26の祭・イベントグループの中でもっとも低く、特に男性の意向が低い。知られていないこともあるが、特に旅行の意識で祭りを見ていないと考えられる。

伝統の祭りが多いが、近年始まったものも

千葉の成田山新勝寺の節分会は２月３日の節分の日に行われ、有名人が豆をまくことでテレビのニュースでよく知られている。世界平和・万民豊楽・五穀豊穣・転禍為福を祈願し、「特別追儺《ついな》豆まき式」では毎年大相撲の力士や大河ドラマの出演者が特別年男として一般参加年男とともに参加し、祭りに花をそえる。また大本堂では「開運豆まき式」がある。

伊豆半島の東伊豆にある稲取温泉の雛のつるし飾りは、１月後半から３月末まで長期間開催されるため、たまたま伊豆に旅行に行ったときに見る人も多い。江戸時代から伝わる行事で、雛祭りに雛壇の両脇にお飾りをつるす珍しい行事だ。つるし飾り祭りは布の端切れで作ったぬいぐるみを、赤い糸でつるすのだが、別名桃飾りと呼ばれる１１０個の飾りにはひとつひとついわれがあり、例えばウサギは病気を治す神様からのお使いともされている。早咲きの河津桜や菜の花と一緒に鑑賞することもできる。

この他にも、千葉県勝浦市のかつうらビッグひな祭りと福岡県柳川市の柳川雛祭りさげもんめぐり、茨城県桜川市の真壁《まかべ》の雛祭りがあがった。かつうらビッグひな祭りは２月下旬から３月上旬にかけて開催され、２万５０００体ものお雛様が市内各地に飾られる。メインは遠見岬神社の60段の階段に飾られるもので夜にはライトアップもある。例示した友好都市の徳島県勝浦町でも開催されている。

柳川雛祭りさげもんめぐりの「さげもん」とは吊るし飾りのことで、女児が生まれると子供の

成長を願って、初節句に雛壇の前に色とりどりのさげもんを飾る。稲取の雛のつるし飾りのように、鶴や宝袋などの飾りのひとつずつに意味が込められている。２月中旬から４月、水上に飾られたさげもんの中をお内裏様とお雛様、稚児たちを乗せた舟が進むパレードは柳川らしいイベントである。真壁の雛祭りは、２月上旬から３月上旬にかけて、古い家並みを残す歴史の街真壁の１００件以上の店や住宅が参加し、各家庭や店先に雛人形を飾る。他地区から来た人を、まちの人が親切にもてなすことで有名である。

端午の節句祭りの具体名はほとんどなかった。まだ、全国的には観光客を呼ぶ祭りとしては定着していないようだ。

かつうらビッグひな祭り　勝浦市観光商工課提供

地元の人との触れ合いが、成功の鍵となる

雛祭りと端午の節句は、どの家庭でも行われてきたもっとも一般的な行事ではないだろうか。昔は家々で鯉のぼりを飾ったり、雛祭りには雛あられを用意して友達を招待していたが、最近、都会ではスペースの関係もあり大きな雛飾りや鯉のぼりは減っているようだ。その反動からか、徳島県と千葉県の両勝浦のビッグひな祭りのように多くの雛人形を見たり、川や畑をまたいで泳ぐ沢山の鯉のぼりを見るのが人気になっている。

地域おこしとしての最近のポイントは、大仕掛けなイベントよりも、各家庭の雛飾りを見てもらったり、ちょっとあがってもらいお茶をもてなしたり、といったまちの人と旅行者の触れ合いにあるように思える。勝浦や真壁では特に都会から来た人を、家の中まで招き入れたりしている。新しい祭りの形といえる。

調査対象者のコメント（性別年齢・居住地）

「（成田山節分会）朝青龍から直接手渡しで豆をもらった」（男性53歳・北海道東北）

「（雛のつるし飾り）雛壇飾りしか知らなかったので、つるし飾りがよかった」（男性28歳・首都圏）

「（雛のつるし飾り）とてもかわいらしく、ここに来るたびひとつずつ買うことにした」（女性53歳・首都圏）

「（かつうらビッグひな祭り）町全体が雛人形を飾っていて素晴らしかった」（男性58歳・首都圏）

「（真壁の雛祭り）石材と蔵の街の真壁にJRのポスターを見て出かけた。商店などで１００体ものお雛様を見た。中まで入れていただいてお茶をごちそうになり、とても温かいお雛様鑑賞になりました」（女性50歳・北関東甲信越）

「（柳川さげもん祭り）夕方からなので夕日の中を小舟が行くのは、本当に西方浄土に行くような気になった」（女性62歳・首都圏）

「子供が女の子なので盛大なひな祭りを見せたい」（女性35歳・関西圏）

「吊るし雛は流行っているので、自分でも作ってみた。本当の吊るし雛を是非見てみたい」（男性36歳・東海北陸）

「鳥取に行ってみたいので、それに合わせて流し雛を見てみたい」（男性47歳・首都圏）

6 行列の祭り

――タイムトリップのできる行列の祭り――

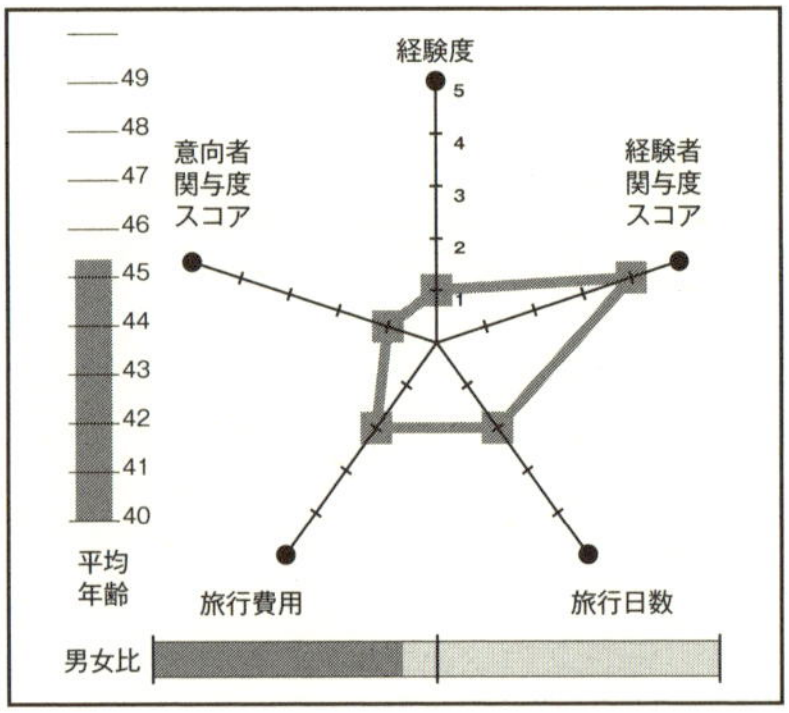

・**例示した祭り**：日光百物揃《ひやくものそろい》千人武者行列（栃木）、面掛《めんかけ》行列（神奈川）、島田帯《しまだおび》祭り（静岡）、加賀百万石祭り（石川）、信玄公祭り（山梨）

行った人はその旅行が目当ての行列の祭り

様々な時代の衣装や装束の大人数での行列がメインの行事となっている祭りのグループ。経験者の実数はそれほど多くないものの、その祭りを目的に旅行した人の割合は高く、経験者の７割以上を占める。また、旅行会社が仕立てたパッケージツアーもあまりないため、ほとんどの経験者は自ら宿と交通手段を手配しているようだ。また、日帰りの比率も高い。そのため、経験者の平均旅行日数は２日を切り、１・９日、平均旅行費用も２万４１００円となっている。交通手段はマイカーもしくは新幹線以外の鉄道という手段がほとんどである。

経験者の満足度は高いので、行列の祭りは期待を裏切らないものだといえる。ただし、意向については26グループで最も低いものとなっている。行列の祭りということで少し厳かなもので面白みに欠けるものと、とらえられているのかもしれない。

じっくりと時間をかけて見てみたい行列の祭り

日光百物揃千人武者行列は、徳川家康の神霊を駿府久能山から日光へ改葬した当時の行列を再現したもので、春と秋に行われ、特に日光東照宮の春季例大祭の大行列が有名。春の例大祭は５月17・18日に行われ、17日には神輿が東照宮から二荒山神社に移され、18日午前に神輿は二荒山神社を出発する。行列は鉾持ち、田楽法師、鷹匠、槍持ちなど、53種類の装束をまとった１２００名ほどのものとなる。神輿は金色の家康のものに、配神として豊臣秀吉と源頼朝の神輿がしたがう。この行列が約1キロの参道を練り歩く。

面掛行列は、神奈川県鎌倉市坂ノ下の御霊神社の例祭で行われる祭りで、現在は9月18日に行われている。面掛行列は、総勢10名の男性で、前の8名は同じ衣装を身に着け、爺、鬼、異形、鼻長、烏天狗、翁、火吹男、福禄寿の面をつけ、その後に黒紋付の裾模様におかめの面をつけて産婆が続くもの。由来は定かではないが、源頼朝の寵愛を受けた村娘が子をもうけたので娘の一族は頼朝の側に仕え、外出の際にお面をつけて守ったためともいわれている。

島田帯祭りは、静岡県島田市の大井神社の大祭で、１６９５年以降、寅、巳、申、亥の年の３年ごとに行われてきた。開催は10月中旬の３日間で、大名行列は最終日に行われる。行列は、拍子木を先触れとして以下、長柄、具足から殿様まで、総勢２５０名。中でも安産祈願の帯を木太刀に下げて優雅に練り歩く大奴は島田独特のもので「帯祭り」と呼ばれる所以になっている。この大奴は神輿渡御の道中を浄め、警護する役割を演じ、その動作には修験の作法が取り込まれている。

加賀百万石祭りは、加賀藩の祖前田利家が金沢に入城し、礎を築いた偉業をしのんで開催されている祭り。起源は江戸時代に行われていた百日祭といわれる。現在の形式の祭りは、１９５２（昭和27)年にはじまった「商工まつり」が発展したもの。毎年6月上旬の土曜日を中心に3日間開催される。土曜日には百万石祭りの呼び物「百万石行列」が行われ、行列はバトンチームを加えた吹奏楽の音楽パレード、加賀の獅子舞行列、とび行列、尾山神社御鳳輦《ごほうれん》や加賀八家老、前田利家などの武者行列が続く。前田利家役は男性俳優を招へいしている。

信玄公祭りは、山梨県甲府市で毎年4月12日前後の土曜日、日曜日に行われるイベントで、地域住民による伝統的な祭礼とは異なり、行政主導による山梨県や甲府市の観光振興を目的にはじまったもの。発祥は1947(昭和22)年に、山梨県観光協会と甲府市観光協会、甲府市商工会議所による共同主催で開始された桜祭りで、1970(昭和45)年に第1回信玄公祭りは開催された。武田二十四将を模した時代行列「甲州軍団出陣」は総勢1600名余りで、甲府駅を出発地点として市内を行列する様は、華麗ななかにも勇ましい一大戦国絵巻となっている。

島田帯祭り　島田市観光協会提供

タイムスリップの体験で観光地活性化

行列の祭りは、一種の時間旅行をしているものが多いともいえる。日光百物揃千人武者行列は、江戸時代の徳川家康の柩を静岡久能山から日光東照宮へ改葬した時の行列を、信玄公祭りでは戦国時代の川中島の合戦に赴く武田の軍勢を、それぞれ時を超えて目の前で見て感じることが出来る訳である。歴史に興味を持つ者にとって格好の題材といえる。加賀百万石祭りも同様の側面を持っている。加賀百万石祭りと信玄公祭りはもともと観光地として活性化を目的に始まった祭りであり、双方ともに成功例といえるものである。これら3つの祭りは、タイムスリップという切り口で更に強力にアピールすれば、興味を持つ人は増えるに違いない。面掛行列も帯祭りも興味深いものがある祭りである。しかしながら、知名度は全国区とはいい難い。面掛行列は古都鎌倉の散策に合わせて体験できれば、その趣が一層深まるものと思える。

調査対象者のコメント（性別年齢・居住地域）

「（日光百物揃千人武者行列）日光の武者行列は季節もいいし、また見たい。壮観！」（女性43歳・首都圏）

「（日光百物揃千人武者行列）豪華な衣装を着せられた子供が馬の上で、道中寝てしまうのが面白かった」（女性61歳・北海道東北）

「（加賀百万石祭り）大名行列が良かった」（女性64歳・東海北陸）

「（信玄公祭り）いろいろな装束の人が行列するので、とても面白かった」（男性43歳・首都圏）

「絢爛な衣装が見ごたえありそうなので一度行ってみたい」（女性25歳・関西圏）

「それぞれ独特の雰囲気を味わってみたい」（男性33歳・関西圏）

「伝統を感じたい」（女性60歳・関西圏）

Hグループ　都市型の祭旅　近隣エリアの見学者に支えられた祭・イベントグループ

1　大阪の祭り

――関西の人々が支える伝統の祭り――

・例示した祭り：天神祭り、岸和田だんじり祭り、住吉祭り、愛染《あいぜん》祭り、十日戎《とおかえびす》

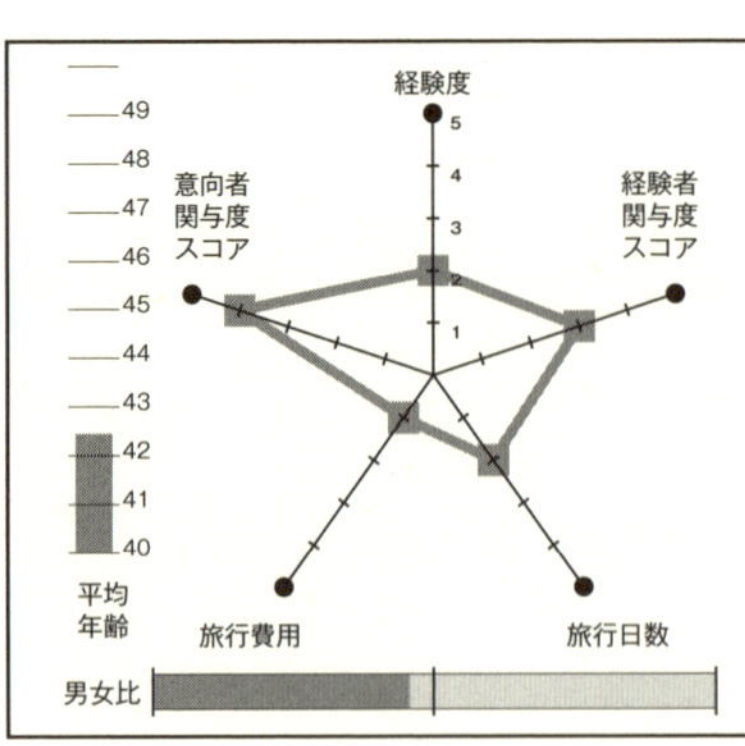

近隣からの日帰り旅行者の多い大阪の祭り

大阪の祭りについて、経験者の平均旅行費用は1万7900円と2万円を割り込んでいる。平均旅行日数も1・8日と2日間より少なく、江戸の祭りの1・8日と同様である。日帰りの比率は60・9%と6割を超えている。交通手段は新幹線を除いた鉄道利用が65・2%と26グループの中で最も多い。大都市圏ということで祭りの内容は違うものの江戸の祭りと同様の傾向を示している。関西圏は私鉄網が発達しており、また、市内の交通量も多く、渋滞が心配であるためマイカーは敬遠されているようである。また、この結果からすると大阪の祭りは、同じ関西圏の京都の祭りと異なり、近隣からの観客で支えられているといえよう。

意向は全体に高く、特に10～20代・30代女性では3割程度と高い意向を示している。

火・水・神輿・山車・行列・福娘、様々な魅力に富む大阪の祭り

大阪天満宮は10世紀半ばに村上天皇の勅命により創始されたもの。天神祭りは、その翌々年に社頭の浜から神鉾を流し、流れついた浜に斎場を設け、「みそぎ」を行い、船を仕立て奉迎したのが始まりとされている。天下の台所と大阪がいわれた17世紀後半には天神祭りは浪速の繁栄のシンボルとして隆盛を極めた。現在は7月24・25日に開催され、天満宮境内で神輿や地車が囃したてる中、王朝装束に身を包んだ３０００人が鉾流し橋までの陸渡御が行われ、夕刻からは１００隻余りの船団が船渡御として堂島川を経て都島橋まで上がっていき、奉納花火も打ち上げられ、川に映えるかがり火や提灯の灯りなどから火と水の祭りとも呼ばれている。

岸和田のだんじり祭りは、18世紀初頭岸和田藩主が、京都伏見稲荷を城内三の丸に勧請し、五穀豊穣を祈願し行った稲荷祭りがその始まりと伝えられている。地車を引いた氏子が「にわか」（奉納する即興の芝居）を演じて祝った。山車は関西の祭りに広く存在するが、岸和田の山車は曲がり角で方向転換するさまが大きな見所となっている。開催日は２００６(平成18)年からは平日開催を避け、敬老の日（9月第3月曜日）の直前の土・日曜日に開催されるようになった

住吉祭りは、大阪の住吉大社の夏祭りで、宵宮祭、大祭・夏越祓神事《なごしのはらえ》・渡御祭・荒和大祓神事《あらにごのおおはらい》と3日間にわたって行われる。開催は毎年7月30日から3日間で大祭は2日目の31日である。住吉大社の歴史は古く、２０１１(平成23)年には十四代仲哀《ちゅうあい》天皇の妻である神功《じんぐう》皇后が鎮座して１８００年を記念して、式年遷宮の祭りも予定されている。無形文化財指定である夏越祓神事では、中世室町期の装束を身にまとった夏越女・稚児等による茅の輪をくぐる儀式が盛大に行なわれる。一般人も参加可能で、一緒にくぐって無病息災を願う。8月1日に行われる神輿渡御祭は地元の人たちに

よる神輿担ぎである。

愛染祭りは毎年6月30日から7月2日にかけて行われる、聖徳太子が開山した勝鬘院《しょうまんいん》愛染堂《あいぜんどう》で催される祭りである。本尊愛染明王の誓願を頼って開催される祭りに江戸時代、浴衣姿の芸妓が籠に乗ってお参りしたことが宝恵駕籠《ほえかご》の始まりという。現在でも、浴衣姿の地元の娘たちが宝恵駕籠に乗ってにぎにぎしく練り歩く、

十日戎は今宮戎神社のお祭りで、毎年1月9日から11日までの3日間開催される。9日が宵宮祭（宵えびす）、10日が大祭（本えびす）、11日が後宴（残り福）で、豊臣時代から、大阪の商業を篤く守る神様として盛んになってきたといわれている。10日の大祭では「柴灯大護摩供《さいとうだいごまく》」が行われ、そのあと炭を使った「火渡りの行」には、老若男女が無病息災を願い修行を行う。また、拝殿で笹を授かり、吉兆《きっちょう》と呼ばれる小宝を付ける。参拝者が小宝を自由に選べ、毎年選ばれる福娘による飾りつけをうけられるのが今宮戎神社の特徴となっている。女優の藤原紀香さん、フリーアナウンサーの進藤晶子さんはこの福娘の経験者である。

旅行ポテンシャルは高い個性的な祭り

代表的な大阪の祭りはそれぞれに個性を持っている。例えば、山車の曳き回しや浴衣の女性の祭

岸和田だんじり祭り　岸和田市観光振興協会事務局提供

り、一種のオーディションである福娘、火と水の祭りといったものである。この中で上手にアピールし全国的に著名になり、多くの人が注目するようになったのが、岸和田のだんじりであろう。その他の祭りは、京都の祭りなどにくらべると印象は薄い。もちろん、地元には根付いているので、例えば、十日戎は３日間で約１００万人が参拝している。祭り自体の素材は、それぞれに特徴、個性があるので興味を持つ人は多いと思われる。まだ大阪の祭りを知らない人々に、祭りが持つ特徴や面白さを伝えることができれば、旅行者を誘引できる可能性を持っているといえる。

調査対象者のコメント（性別年齢・居住地域）

「（天神祭り）花火と船渡御が華やかで感動した」（男性24歳・関西圏）

「（天神祭り）花火も美しいし、夜店なども楽しいので、夏の雰囲気をたっぷりと味わえる祭りだと思う」（女性36歳・中国四国）

「（天神祭り）大阪の熱気を体験し、また、食べ物が安くて美味かったことが印象に残っています」（女性51歳・北海道東北）

「（岸和田だんじり）迫力があり、今までにない緊張感を味わった」（女性20歳・関西圏）

「（岸和田だんじり）昼間は荒々しく動的、夜は雅で静的、だんじりの彫り物は素晴らしい」（男性68歳・関西圏）

「（岸和田だんじり）男のロマン。だから一度は見てみたい」（男性36歳・東海北陸）

「（十日戎）戎神社に行くと活気がありパワーをもらえる気がしますので毎年行きます」（女性68歳・関西圏）

2 花の祭り

――女性が大好きな花の祭り――

・**例示した祭り**：となみチューリップフェア（富山）、熱海梅園梅祭り（静岡）、伊豆大島椿祭り（東京）、潮来《いたこ》あやめ祭り（茨城）、館林《たてばやし》つつじ祭り（群馬）

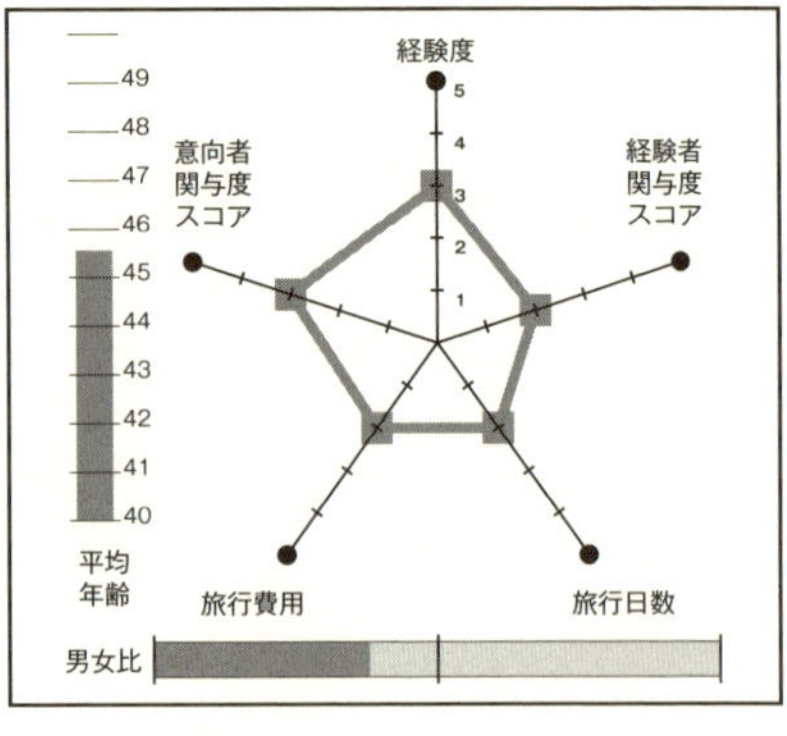

花の祭りは女性に人気

花の祭りは、桜の花見を除き、花を中心とした併催イベントのある祭りとした。桜の花見に比べ、比較的咲いている期間が長く中高年に人気だ。

特徴としては、経験度で男女差がはっきりと出ている。女性比率が高く、特に50・60代の女性が高くなっている。平均旅行日数は1・9日で1泊が比較的多くなっている。平均旅行費用は2万７００円である。他の観光と花の祭りを両方楽しむためとする人が33・3％と多いことから、花を中心に周辺の観光地も楽しんで帰るようだ。同行者は家族親族や夫婦が多く、利用交通機関はマイカーで行くケースが多い。満足度は高いが、不満も9・1％出ている。花の咲きぐあいや混雑などが影響していると考えられる。

意向でも、男女差が非常にはっきり出ており、特に女性の40・50代で高くなっている。

鑑賞期間が長いのが特徴の花の祭り

富山県のとなみチューリップフェアは、4月23日から5月6日まで砺波チューリップセンターを中心に開催され、100万本450品種のチューリップが咲き乱れる。この時期は、イベント会場以外にも、となみ散居村《さんきよそん》ミュージアムや市街地など様々な場所でチューリップが見られる。マイカーやレンタカーでこの地域に近づくだけで、旅のワクワク感が出てくるという。

熱海梅園梅祭りは、1月中旬から3月上旬にかけて熱海梅園で開催される。1886(明治19)年に開園した熱海梅園は「日本一の早咲きの梅」で知られ、樹齢100年を越える古木を含め、約730本64品種の梅が咲き誇る。早咲き、遅咲きとあるため長い期間鑑賞できるのも魅力だ。期間中は芸妓連演芸会や甘酒のサービスなどもあり、来場者を楽しませる。

伊豆大島椿祭りは、1月下旬から3月下旬まで大島公園内の椿プラザをメイン会場に、江戸神輿とあんこパレード、椿展、各種体験教室など様々なイベントで来島者をもてなすイベントだ。あんこ娘になれる衣裳の貸し出しや写真コンクールも開かれている。

群馬県の館林つつじ祭りは、4月15日から5月15日まで、県立つつじが岡公園で開催される。11万㎡の園内には50品種1万株のつつじが咲き、高さ5メートルになるものやヤマツツジで樹齢800年を超えるものもある。

この他に、水戸偕楽園や湯河原の梅祭り、ハウステンボスのチューリップ祭り、富良野ラベンダー祭り、秩父芝桜祭り、足利の藤祭り、新潟の津南町や兵庫の南光町のひまわり祭り、菊人形展など様々な花の祭りがあがった。

花を観光資源とした観光地づくり

花は大変大きい観光資源である。社団法人日本観光協会では「花の観光地づくり大賞」を主催している。観光資源としての花の名所づくりや、観光地を花で飾る景観づくりを進める上で、花をどう生かすかが大事な要素になっている。この賞は、花の名所や花の景観を整備する「花の観光地事業」を推進し、地域の観光振興に寄与している団体を表彰するもの。２００７(平成19)年度は、フラワーツーリズム賞として茨城県下妻市など4件が選ばれた。

下妻市は「花のまちしもつま」をキャッチフレーズに小貝川と鬼怒川の河川敷を利用して、小貝川フラワーフェスティバルや花とふれあい祭りを行っている。小貝川は５００万本、鬼怒川フラワーラインには１５０万本のポピーが咲き誇る中実施され、多くのアマチュアカメラマンが集まる。花は、植えることで新たな観光地を作り出せる。観光要素がないと考えている地域にも、ゼロからつくり出せる祭・イベントはまだまだあるのだ。

となみチューリップフェア　砺波市商工観光課提供

調査対象者のコメント（性別年齢・居住地）

「（となみチューリップフェア）祭りの会場だけでなくて、市全体の至る所にチューリップ畑が広がっているのが素晴らしい」（男性39歳・東海北陸）

「（となみチューリップフェア）チューリップをバックにたくさん写真を撮りました」（女性24歳・東海北陸）
「（熱海梅園梅祭り）丁度満開の紅梅、白梅が晴天下で際立って見えた」（男性66歳・首都圏）
「（湯河原梅祭り）山の斜面に白梅と紅梅が見事に咲いていました。遠くから見ても山肌が梅で覆われてとても素晴らしかったです。ただ駅からのバスが渋滞で梅林まで時間がかかりました」（女性59歳・首都圏）
「（伊豆大島椿祭り）椿の種類の多さに驚いた」（女性55歳・関西圏）
「（ハウステンボスチューリップ祭り）沢山のチューリップが可愛らしく、子供も親も大喜び」（女性32歳・九州沖縄）
「（秩父芝桜祭り）一面の芝桜は見事！　色とりどりで印象に強く残りました」（男性44歳・首都圏）
「（津南ひまわり広場祭り）とても暑い日でしたが、ずっと津南町のひまわりが見たかったので、感動しました。スタッフの方が、会場近くの観光スポットを紹介してくださり、得した気分でした。その前日は、湯沢町の花火大会があり、どちらかというと、その日に合わせて旅行を計画した感じです」（女性38歳・首都圏）
「となみチューリップフェアに写真を撮りに行きたい」（男性65歳・関西圏）
「花が好きなのでどれでも行ってみたい」（女性61歳・関西圏）

3 江戸の祭り

――情緒・勇壮・迫力の江戸の祭り――

・**例示した祭り**：三社祭り、神田祭り、深川八幡祭り、山《さん》王《のう》祭り、花園神社例大祭

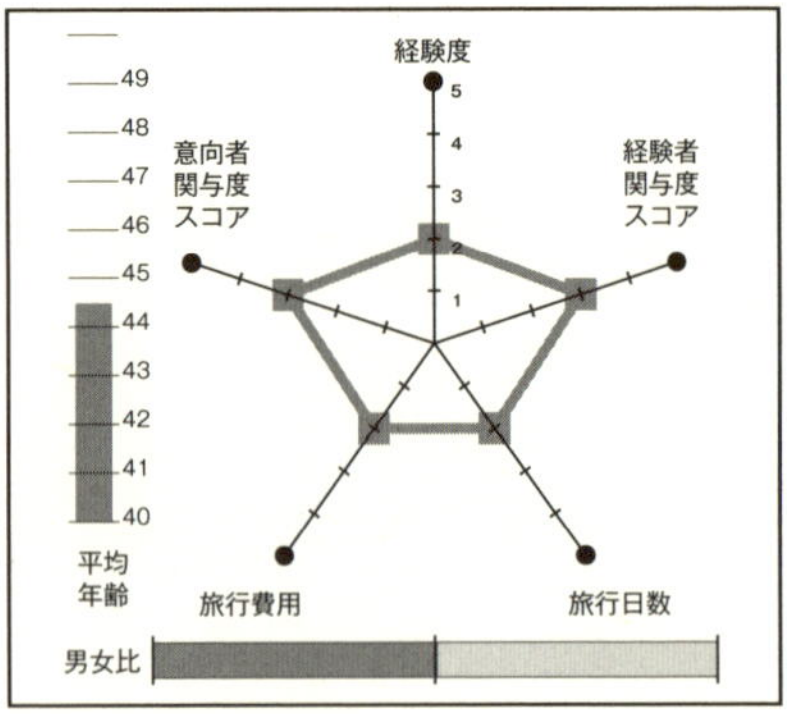

日帰り旅行が中心の江戸の祭り

旅行として楽しむために江戸の祭りを訪れる人の平均旅行日数は１・８日、平均旅行費用は２万２０００円と他の祭りより低くなっている。比較的東京に近いところに住んでいる人が、祭りを旅行目的として来ているためと思われる。それは経験者の日帰りの比率が26グループで最も高く65・９％であったという調査結果として表れている。しかし、同じ日帰りの多い大阪の祭り、見本市・展示会といったグループより３泊以上の比率は17・１％と高く、平均旅行費用、平均旅行日数とも平均的な数値となった。利用交通手段をみてみると、新幹線を除いた鉄道の利用が多く、マイカー利用が少ない。ＪＲだけでなく、私鉄、地下鉄といった通勤通学のための鉄道網が発達しており、東京という大都市は交通渋滞のイメージがあるため、マイカーで東京へ行くことが敬遠された結果といえる。

江戸情緒を感じられる祭りが多い

三社祭りは浅草神社の祭りで毎年5月の第3金曜・土曜・日曜に開催される。三社の起源は、7世紀に兄弟の漁師が漁をしていたところ、人型の像が網にかかった。土地の文化人は、その像が聖観世音菩薩であると功徳を説き、この3人は郷民の教化に努めた。いつしか、この3人が開拓の象徴として三社権現《ごんげん》として祭祀されるようになったのものだといわれる。かつての繁華街であった浅草の町全体が祭り一色に染まる三社祭りは、神輿担ぎには憧れの祭りである。神輿に担ぎ手が乗ることは禁止されていたが、担ぎ棒の上に乗る担ぎ手が後を絶たなかった。そのため、２００６(平成18)年には、本社神輿二之宮が壊れ、２００７(平成19)年には、浅草神社と奉賛会の連名で改めて禁止の通達が出された。しかし、その禁止令が破られたため、翌年は本社神輿の渡御を一切行わないこととなった。

天下祭りとして知られる神田祭りは、神田神社のお祭りである。神田神社は７３０年に創建されたといわれる。徳川家康が関ヶ原の戦いに臨み戦勝祈願を行ったところ、勝利したことより、江戸幕府から厚く庇護を受けることとなった。そのため、江戸城内に祭礼の行列が練り込み、将軍、御台所の上覧があり、天下祭りと呼ばれるようになった。毎年斎行されていたが、17世紀後半には山王祭りと隔年で斎行されるようになった。現在は5月15日近くの金、土、日に開催されている。

山王祭りは、赤坂にある山王日枝《ひえ》神社の例大祭で6月10日から16日に開催される。山王日枝神社は、武蔵野を開拓した江戸氏と太田氏が鎮守の神としていた山王宮を、徳川二代目将軍秀忠の時に城外に社殿を新設したもので、江戸市民の総氏神、産神として崇敬された。山王祭りは、秀忠が江戸城で神輿を上覧してから、神田祭り同様に「天下祭り」として認識されるようになった。祭りは隔年で斎行され、宮神輿や山車などが、王朝装束をまとった氏子青年などに供奉されながら、巡幸するもので、供奉員総勢約５００人、御列は３００メートルにも及び、都心に華麗な王朝絵巻を繰り広げる。勇壮な神輿の祭りというより、雅びな雰囲気の感じられる祭りとなっている。

深川八幡祭りは深川の富岡八幡宮の祭りで、本祭りは３年に一度行われ、開催日は8月15日近くの土・日となっている。富岡八幡宮は江戸時代に徳川将軍家の保護を受け、３代将軍家光の長男、家綱の世継祝賀が例大祭の始まりとされている。３年に一度、八幡宮の御鳳輦《ごほうれん》が渡御を行う年は本祭りと呼ばれ、大小あわせて１２０数基の町神輿が担がれ、その内大神輿ばかり54基が勢揃いして連合渡御する様は「神輿深川、山車神田」といわれるほど勇壮なものである。夏の盛りの祭りであり、沿道の観衆から担ぎ手に清めの水が浴びせられ、担ぎ手と観衆が一体となって盛り上がるのが特徴で「水掛け祭り」としても知られるものである。

江戸の祭りはその名の通り、江戸時代に起こったものが多く、神霊が御旅所などへ渡御するにあたって一時的に鎮まるとされる神輿を担ぐものが多い。現在は神輿担ぎについて、事前に準備すれば参加可能なものもある。本来は江戸に住む町人が、ハレの日を味わうものであったが時代とともに変化してきている。

神田祭り　神田明神提供

江戸ブームとの相乗効果を期待

首都東京は、多くの観光スポットが点在し、国内一番の観光都市ともいえる。新しくお台場や六本木といった地域の都市開発が行われ、そこには商業スポットを活性化するための様々なアミューズメント施設、エンターテインメント施設が設置されることで近県からの観光客だけでなく、遠方の観光客も誘引している。こうした近代的な流行の観光スポットが多くある東京において、江戸の祭りを観光素材として位置付けるとしたら、それは江戸の伝統を味わうということだろう。近年、根強い江戸ブームがある。例えば、江戸時代の古地図とともに都内を散策するといったことがトレンドになっている。こうした江戸情緒に結びつけて、江戸の祭りが意識されると、全国からの旅行者を呼ぶことができるだろう。

調査対象者のコメント（性別年齢・居住地域）

「(三社祭り) 身近で見ることができ、歴史の迫力を感じた」（男性22歳・首都圏）
「(三社祭り) 迫力がすごかった。人の多さもプラスされて、かけ声などが近くで聞こえると、走りたくなるほどワクワクしました」（女性42歳・首都圏）
「(三社祭り) 久しぶりの東京でしたので下町の懐かしさに酔いしれました」（男性63歳・北海道東北）
「(三社祭り) 祭りは東京でも残っているのだと思った」（男性63歳・首都圏）
「(三社祭り) 神輿を担がせてもらい、記念撮影したこと」（男性69歳・首都圏）
「下町の雰囲気を感じてみたい」（男性19歳・関西圏）

4 見本市・展示会

——趣味性の高いものほど、動員力が高い——

・**例示した祭り**：東京モーターショー（千葉）、東京ゲームショー（千葉）、コミックマーケット（東京）、世界コスプレサミット（愛知）、世界らん展（東京）

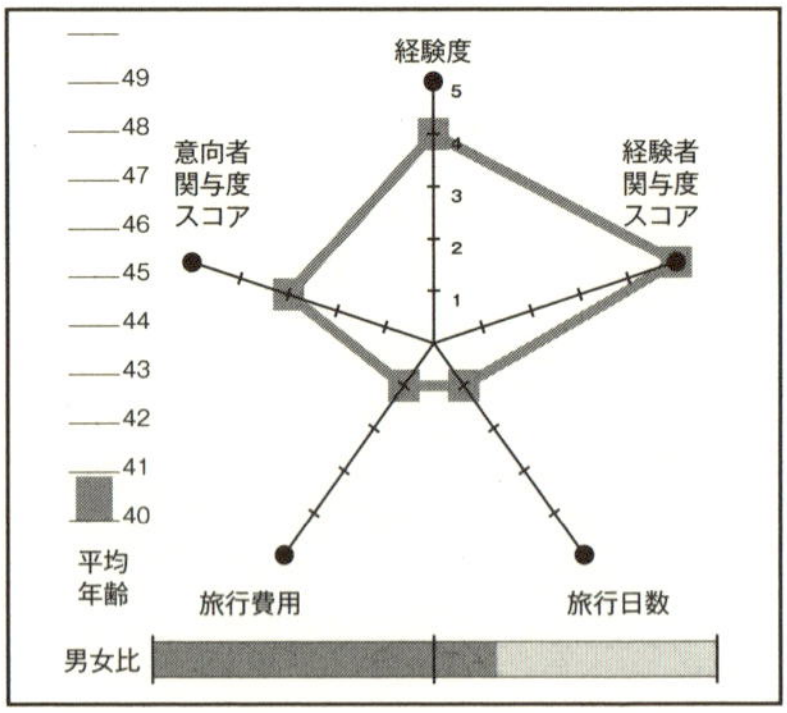

見本市・展示会はそれだけが目的の男性のイベント

見本市・展示会は、商用のみのものが多いが、観光客も参加できるものも多い。開催地は圧倒的に首都圏である。

特徴としては、完全な目的型のイベントで、このイベントのために出かけるもので、観光のついでにはならない。経験度では男女差がはっきり出て、男性が女性の2倍近い率になった。特に40・50代男性が高くなった。平均旅行日数は１・５日で最も短い。日帰り率は64・４％である。平均旅行費用１万７３００円と26グループの中で二番目に低い。利用交通機関は、出張などが多いため鉄道がトップで、直接手配が85・６％と多かった。同行者は１人が30・５％、次いで友人知人の25・４％となった。

意向者平均年齢が26グループ中最も低く、男性比率が最も高かった。

首都圏集中、ついでに東京観光する人も

東京モーターショーの歴史は古く、1954(昭和29)年に日比谷公園にて第1回が開催された。出品車両は267台だった。現在は、会場を幕張メッセに移し、奇数年に実施される。17日間で入場者数は140万人を超えている。海外からの参加者も多い。フランクフルトモーターショー、デトロイトの北米国際オートショーと合わせて世界三大モーターショーといわれている。展示は、一般向けのものが多く招待客も多い。また、大阪でも1999(平成11)年から2年ごとに大阪モーターショーがインテックス大阪で開催され、30万人以上の入場者を集めている。

東京ゲームショーは、幕張メッセで4日間開催の世界最大のコンピューターエンタテインメントショーである。2日間はビジネスデーで一般客は入場できない。それでも入場者数は19万人と多い。海外からこれを見たさに訪日する外国人もいるほどでコアなファンを持っている。1996(平成8)年に東京ビッグサイトで第1回が開催された。

コミックマーケットは、通称コミケと呼ばれ東京ビッグサイトで夏と冬に3日間ずつ開催されている。サークルといわれる出展者35000件、入場者50万人、コスプレイヤー1万5000人の最大の自費出版（同人誌）展示即売会である。1975(昭和50)年に第1回が開催されたが、サークル数32件、一般参加者は700人であった。参加者は、お目当ての同人誌を手に入れるため、前日からホテルに泊り、始発の電車で出かけ、開門まで数時間も待つ熱気あるイベントだ。

この他に、トミカ博、プラレール博、フィッシングショー、ロボット展、キルトショー、恐竜博、ツアーエキスポ、世界らん展などがあげられた。トミカ博やプラレール博はゴールデンウィークを親子で過ごすイベントとして開催されている。

コミケやゲームショーと一緒に日本を観光

コミケは毎年8月15日前後の週末と12月末に開催されている。この時期は、展示場の閑散期で、ビジネス関係のイベントのない時期である。そのため、会場周辺のホテルもビジネス客で埋まっているということはない。ほぼ、コミケ関係者と来場者で満室になる。コミケは、世界各地でも開催されるようになってきたため、国際的にも知られるようになってきた。世界コスプレサミットが、ビジット・ジャパン・キャンペーンの一環として愛知万博のＥＸＰＯドームで開かれたように、海外からもこれに参加するために東京に来る旅行者もいる。東京ゲームショーも韓国や中国からこれだけのために日本に来た旅行者も多くいるという。

日本のかっこよさ（ＪＡＰＡＮ　ｉｓ　ＣＯＯＬ！）を世界に伝えるイベントとしても、ＭＡＮＧＡやＡＮＩＭＥ、ＧＡＭＥの重要性は増すことだろう。

第40回東京モーターショー2007　㈳日本自動車工業会提供

調査対象者のコメント（性別年齢・居住地）

「（東京モーターショー）先進的な車に目を見張った」（男性44歳・北海道東北）

「（東京モーターショー）時間があまり無かったので、思ったように見学できなかった。以前に比べると地味になったような気がした」（男性53歳・首都圏）

「（東京モーターショー）いろいろな自動車メーカーの展示だけではなく、ひとつひとつの部品を生産している部品メーカーの方の話も聞く事が出来て、夫婦共に勉強になりました」（男性57歳・首都圏）

「（コミックマーケット）ほしい同人誌が買えた。始発で出かけた」（男性21歳・首都圏）

「（コミックマーケット）作者の方と身近に触れ合うことができた」（男性26歳・首都圏）

「（コミックマーケット）自分の作品を出展して、いろいろな人と交流出来たので楽しかった。東京観光として行ってみたかったお店や、音楽ライブにも行きました」（女性25歳・関西圏）

「（フィッシングショー）趣味の釣りに関する新しい情報がたくさん入った」（男性48歳・関西圏）

「（プラレール博）子供が鉄道好きなため、せがまれて行った。いろいろな電車の模型があり、子供たちも大喜び」（女性38歳・首都圏）

「（ツアーエキスポ）世界の観光地の紹介ブースがあったり、国内の地方の観光ブースがあったり、フリーマーケットや有名飲食店のブースがあっていろいろ食べることができた。ステージ上でいろいろな演出があって1日楽しめた」（女性37歳・関西圏）

「（世界らん展）東京ドームで開催される以前から足を運んでいる。世界最大級のランの祭典に毎回魅了されている」（女性48歳・関西圏）

5 七夕祭り

—夏の市民参加型野外展示イベント—

・**例示した祭り**：湘南ひらつか七夕祭り（神奈川）、安城七夕祭り（愛知）、高岡戸出《といで》七夕祭り（富山）山口七夕ちょうちん祭り（山口）、三木町いけのべ七夕祭り（香川）

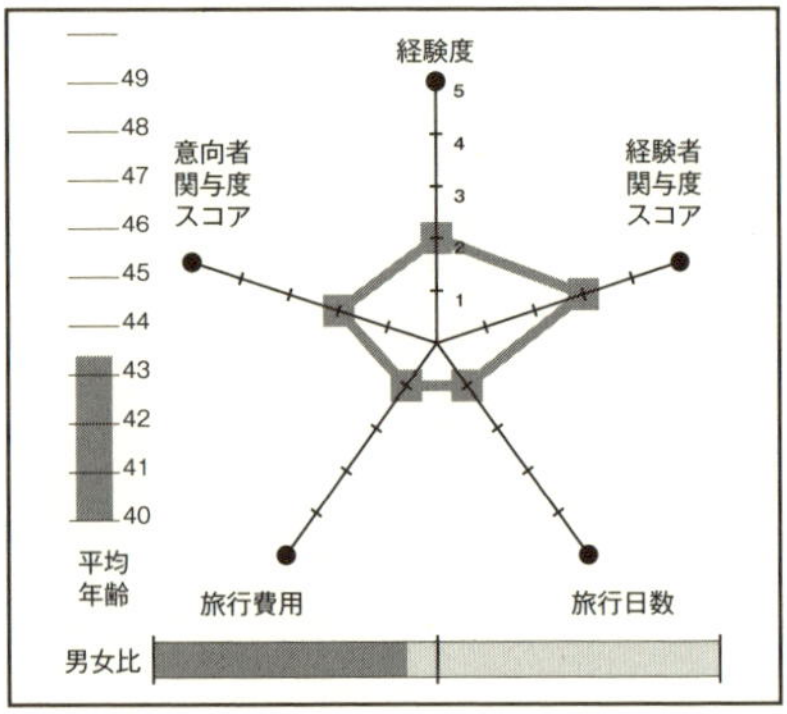

電車での日帰り観光が多い七夕祭り

七夕祭りは、東北の祭りで例示した仙台七夕祭りを除き、県外などからも観光客の訪れる祭りとした。電飾や仕掛けを施し、観光客を楽しませるものも多い。

性年代別での経験度は大きな違いは見られない。平均旅行日数は1・7日で少なく、日帰りが57・7％と高い。平均旅行費用は1万9900円と低くなっている。旅行としての意識で出かける人は少ないようだ。利用交通機関は、電車で行きやすいエリアで駅前の開催が多いため、鉄道利用が42・3％と多い。同行者は夫婦と家族親族がどちらも38・5％を占めている。また、旅行会社を利用しないで直接チケットを手配する率が84・6％と非常に高い。七夕祭りを主な目的に旅行する人が61・5％と多い。満足度ではやや不満が11・5％も出ている。暑さや人混みが原因だろう。

意向では、10～20代女性でやや高いが、仙台七夕祭りを除いたためか全般には低調となっている。

時代の風潮を反映した飾り付けが面白い

神奈川県の湘南ひらつか七夕祭りは、戦後復興の商業振興策として始められたもので、仙台の七夕祭りを範として１９５１(昭和26)年に第1回七夕祭りが開催された。新暦で行われ例年7月7日を挟んだ4日から5日間実施される。大型の竹飾りも多く、市全体で約３０００本もの七夕飾りが掲げられる。吹き流しには電飾が付けられ、夜でも楽しめる。時代の流行りのデザインが多く、毎年出かける人も多い。観客数は約２８０万人を誇る。

愛知県の安城七夕祭りは、仙台・平塚と並んで日本三大七夕の一つで、毎年駅周辺の商店街を中心に8月の第1週の週末に3日間開催される。竹飾りが１０００本と多いのが特徴。戦後、地元の活性化のため商工会が企画し、１９５４(昭和29)年に第1回が開催された。七夕親善大使市中パレードやちびっこおみこしなど関連するイベントも多い。

富山県高岡市の戸出七夕祭りは、毎年7月3日から7日までの5日間に実施され、大小３０００本の七夕飾りが掲げられる。高岡市では7月7日は男の子の節句とされ、男の子のいる家庭では子供のすこやかな成長を願い七夕に男の子の名前や武者などを書いた行灯を掲げた。赤提灯が多く、夜は幻想的な雰囲気になる。7月6日には民謡街流しや戸出音頭などが町中に響き渡り、情緒豊かな祭りに色を添える。

山口県の山口七夕ちょうちん祭りは、8月6・7日に商店街を中心に実施される。室町時代から始まったとされ、盆提灯が各家庭に広まったのが由来である。約10万個の紅提灯がつくる炎のトンネルやちょうちんツリーの点灯が見ものだ。ちょうちん山笠やちょうちんみこしも登場する。

香川県の三木町いけのべ七夕祭りは、１９５２(昭和27)年に始まり、8月第1土日曜日に開催される。約500本の竹飾りが並び、趣向を凝らした短冊やくす玉が吊るされる。七夕クィーンやショー、うちわ抽選会など様々なイベントも繰り広げられる。

地元だけの祭りにするか、観光客を呼び込むか

七夕祭りはもともと市民の祭りで、仙台をのぞくと観光客を迎える要素が少ない。屋台がやたら多くて、商業主義的なイメージも強いようだ。夏の暑さの中、わざわざ旅行として出かけるための目的が弱く。夏のトップシーズンでもあるので、旅行会社も低価格のツアーを造成しにくい。

七夕祭りと近年観光誘致で成功している雛祭りや端午の節句との違いはなんだろうか。1つ目は、期間の短さだろう。雛祭りで地域おこしをしているものは、約1ヶ月開催される。2つ目は、七夕は毎年作り直すものに対して、雛人形は昔からのものを見せる。昔ながらのものには都会人を惹きつける魅力がある。七夕にも、雪祭りなどのように大きいものは名前を入れるなど、作者の顔がなるべく見えるような工夫が必要かもしれない。3つ目は、ホスピタリティー。雛祭りで成功している地域は、真壁の雛祭りのように家の中に招き入れて、地域の人が温かく説明している。

山口七夕ちょうちん祭りのような、幻想的な雰囲気づくりをするなど、新しい工夫が必要かもしれない。

湘南ひらつか七夕祭り　平塚市経済部商業観光課提供

調査対象者のコメント（性別年齢・居住地）

「（湘南ひらつか七夕祭り）その年の流行りものが展示されているのが印象的だった」（男性65歳・首都圏）

「（湘南ひらつか七夕祭り）屋台での食べ歩きがよかった」（男性28歳・首都圏）

「（湘南ひらつか七夕祭り）人が多すぎてゆっくり見られない」（男性52歳・東海北陸）

「（湘南ひらつか七夕祭り）初めて家族で浴衣を着て出かけた」（男性39歳・首都圏）

「（安城七夕祭り）毎年恒例のように行っている。毎回飾り物が華やかで楽しい」（女性32歳・東海北陸）

「（山口七夕ちょうちん祭り）ちょうちんがきれいだった」（女性20歳・中国四国）

「（三木町いけのべ七夕祭り）ひなびた祭りでとてもよかった」（男性57歳・関西圏）

「飾りがきれい。子供が喜ぶ。出店が多くて楽しい」（男性38歳・首都圏）

「質素だが温かさがある」（男性45歳・首都圏）

「にぎやかだったが想像より派手ではなかった」（男性63歳・首都圏）

「願い事をしに行きたい」（男性19歳・関西圏）

「平塚の七夕は、楽しそうで行ってみたい」（男性69歳・首都圏）

「暑いときの人ごみに出る気がしない」（女性50歳・首都圏）

6 市・縁日

——元祖ショッピングツーリズム——

・**例示した祭り**：少林山だるま市（群馬）、深大寺だるま市（東京）、大盆栽祭り（埼玉）、有田陶器市（佐賀）、浅草寺ほおずき市（東京）

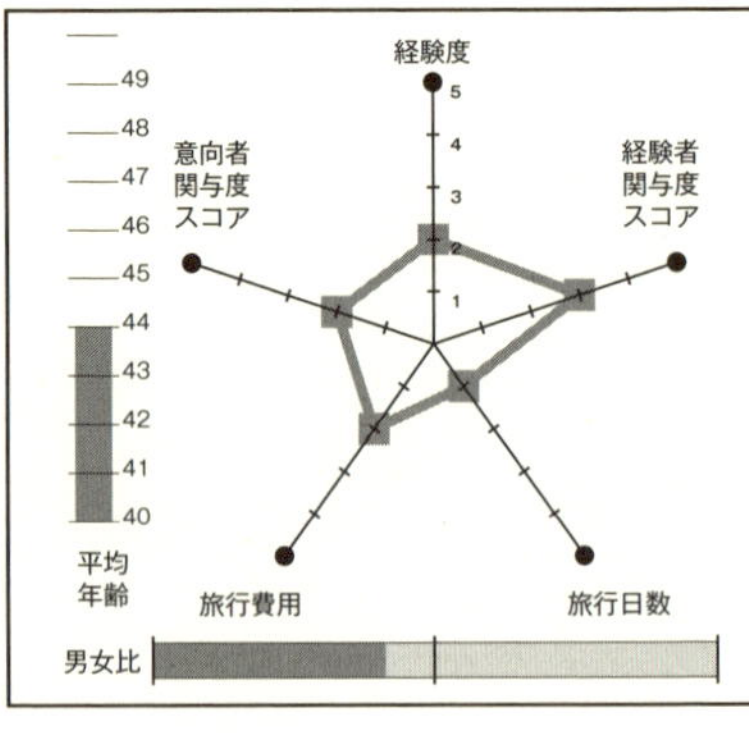

マイカーや観光バスでの日帰り旅行が多い市・縁日

市・縁日は数日の期間を設定し、物の展示と即売をテーマに観光客を一気に集めるものとした。特に各地の陶器市は、広域から多くの観光客を集める。

特徴としては、目的性が強い。経験度では40・60代男性がやや高くなっている。陶器市や盆栽祭りなど車で行って持ち帰るためだろう。重いので体力も必要になる。平均旅行日数は1・7日と短く、日帰りが64・0％を占めている。平均旅行費用は2万円となった。利用交通機関はマイカーが多いが観光バスもやや多くなっている。旅行会社の日帰りバスなども利用されているようだ。日帰り観光バスなら、周辺の観光も買った陶器などの荷物を車内に置いておけるので便利である。同行者は夫婦や家族親族が多い。

意向は、10代から40代の女性でやや高い。趣味性が高いので、意向者関与度が平均を下まわっているが、興味がある人には魅力的な祭・イベントといえる。

バリエーションが豊かな市・縁日

群馬県高崎市の少林山だるま市は、１月６・７日に達磨寺で実施され、約20万人が集まる。今から２００年前の天明の飢饉の折に、達磨寺の和尚が農家に副業として張子のだるまを作らせたのが始まりとされる。少林山周辺では年間１５０万個ものだるまを生産している。眉は鶴、ひげは亀を表す縁起のよい福達磨である。東京の深大寺だるま市も、３月３・４日に境内や門前で実施され多くの人を集める。

佐賀県の有田陶器市は、４月29日から５月５日の７日間に１００万人を集める大市で約６００店の出展業者が自慢の陶器を即売する。有田陶器市のルーツは１８９６(明治29)年の第１回磁器品評会といわれている。期間中はＪＲの臨時列車も運行される。

浅草ほおずき市は、７月９・10日に浅草寺境内で開かれる。功徳日といって、その日に参拝するとご利益が高い日があり、その日に合わせて多くのほおずき屋と売店が賑やかな声で夜を徹して販売する。

この他には、春と秋に開催される栃木県の益子陶器市や信楽陶器市、麻布十番納涼祭り、羽子板市、札幌ミュンヘン市などがあがった。羽子板市は12月17日から19日に浅草寺境内で開かれる。時流を表した顔が羽子板に飾られ師走の風物としてテレビのニュースでも放映される。明治中期からの浅草寺酉の市の主要商品として販売されていたのが始まり。ミュンヘン・クリスマス市in Ｓａｐｐｏｒｏは、11月下旬から12月中旬までツリーの装飾品やお菓子を売る屋台が大通公園に立ち並ぶ。ドイツのミュンヘン市との姉妹都市提携30周年を記念して2002(平成14)年から開催されている。さっぽろホワイトイルミネーションと同時に行われている。麻布十番納涼祭りは、8月下旬に開かれ、特別な祭りはないが多くの屋台が立ち並び、周辺に住む外国人もたくさんやってくる。特に大使館が出す屋台や和洋食を問わず有名店が出す屋台などが人気を集めている。お化け屋敷やとうもろこしなどの定番屋台もある。

ショッピングを楽しみ、周辺観光を楽しむために

日本には焼物の窯元が多くあり、それぞれ年に1、2回の陶器市を開催している。焼物ファンは、掘り出し物を求めて全国の市を回る人も多い。ゴールデンウィークに100万人を集客する有田陶器市をはじめ、益子、笠間、瀬戸、常滑、美濃、信楽、萩など様々な場所で開かれ、それぞれ非常に多くの観光客を集める。

陶器は重いので、購入するとマイカーで運ぶか、宅配してもらうことになる。日帰りの観光バスのニーズも高く、ゴールデンウィークには「信楽陶器市と芝桜ツアー」など様々なコースが設定されている。花を楽しむ熟年女性は陶器市のターゲットでもある。

個人で来る観光客を周辺観光にまで足を伸ばさせるには、買った物を宅配したり、一時預かりをするシステムが必要になってくる。買い回りをする人も多いので各店舗で対応するだけでなく、組

少林山七草大祭だるま市　高崎市商工観光部観光課提供

合など地域で応じることが必要になる。
まさに元祖ショッピングツーリズムといえ、もともと歴史のある市は周辺から人々を集める祭りであった。

調査対象者のコメント（性別年齢・居住地）

「（少林山だるま市）高崎の達磨さんのルーツが良く分かったし、楽しかった」（女性24歳・北関東甲信越）
「（有田陶器市）市が始まる前に知り合った店の方から、よい商品の選び方等裏話を教えてもらった」（男性38歳・関西圏）
「（有田陶器市）好きな窯元で器を買えて楽しかった」（女性53歳・九州沖縄）
「（有田陶器市）長崎とセットで全く対照的な風土も感動的でした。日本の伝統の器も料理とともに深さを感じいつまでも心に残る町でした」（女性63歳・北関東甲信越）
「（浅草寺ほおずき市）人の多さにびっくり。オレンジ色のほおずきに威勢のいい声が飛び交う光景に日本らしさを実感」（男性35歳・首都圏）
「（浅草寺ほおずき市）子供にとって初めての体験でした。また、露天の出店で買い食いができたことを子供が喜んでいました」（女性50歳・首都圏）
「（信楽陶器市）信楽焼のたぬきがたくさん店先に並んでいた」（女性46歳・東海北陸）
「おいしいそばを食べて、深大寺のだるま市をぶらぶらしたい」（女性62歳・首都圏）
「埼玉の大盆栽祭りに行きたい」（男性69歳・首都圏）

Column❻

海外の祭旅ベスト10

——本場で本物を見たい、感じたい欲求の結果——

トップはベネチアのカーニバル

海外で経験したことのある祭旅について、1位はイタリアの水の都ベネチアのカーニバルとなった。カーニバルは海外の祭りとしてクリスマスの次に日本人に耳慣れたものであろう。特にベネチアのカーニバルは仮面を付け派手な衣装で飾った仮装の人々が、まちを行きかう独特の雰囲気で有名である。カーニバルは謝肉祭と訳されるが、カーニバルの語源はラテン語の came vale（肉よさらば）といわれる。キリスト教カソリック教会などには、復活祭（イースター）の前の四旬節という断食のようなことを行う期間があり、その前に行われるものであった。現在では、お祭り的な要素が強くなってきている。ベネチアのカーニバルは15〜16世紀ごろに仮面をつけて自由を楽しもうというものになったといわれる。観光客も現地で仮面や衣装をレンタルして一緒に楽しむこともできるし、即席でカーニバルメイクをしてもらうこともできる、とても開放的な雰囲気を味わえるところが人気を呼んでいるようだ。

パッケージツアー化される世界の祭・イベント

2位はオランダのチューリップ祭りとなった。チューリップ祭りは一種のチューリップ展覧会であり、アムステルダム郊外のキューケンホフ公園のものが有名である。キューケンホフ公園は3月中旬から5月中旬までの季節限定の開園で、近年日本でも有名になってきたため、旅行会社各社が花を巡るこの時期のオランダ・ベルギーへのツアーをこぞって企画している実態が、この結果となったと考えられる。

3位は2つあり、ドイツのクリスマスマーケットとハワイのホノルルマラソンであった。ドイツのクリスマスマーケットは近年、旅行会社各社がオフ期の重要創出策として大々的に打ち出している結果が表れてきているようだ。クリスマス前の４週間にわたり、ドイツ各都市ではクリスマスマーケットと呼ばれるクリスマスグッズやツリーのデコレーションなどを売る出店が現れ、そのマーケット会場は美しいイルミネーションで飾られる。これらが冬のドイツに独特のロマンティックな雰囲気を醸し出す。ホノルルマラソンは１９７３(昭和48)年に第1回が１６２人の参加者で開催されたのが始まりで、その後日本航空が協賛を始めた。現在はＪＡＬホノルルマラソンが正式名称である。現在はコンスタントに2、３万人の参加者があり、うち過半数が日本人となっている。

５位はカーニバルとしてはベネチアよりも有名であると思われるリオのカーニバルが入った。こちらは同じカーニバルではあるが、サンバを中心とした踊りのコンテストで、リオのカーニバルとして知られているのは、マルケス・ジ・サプカイ通りのサンバ会場で行われるものである。会期中には、内外から約70万人の観光客を集める。

以下表の通りで、海外の祭旅全体にいえることは当たり前であるが、本場で本物を感じたい、見てみたいという欲求を生み出すものがランクインしているという結果である。

ベネチアカーニバル　旅の販促研究所撮影

海外で経験した祭・イベントベスト10　(n=328)

	祭・イベント名	国名・都市名	件数
1	カーニバル	ベネチア	12
2	チューリップ祭り	オランダ	9
3	クリスマスマーケット	ドイツ	8
3	ホノルルマラソン	ハワイ	8
5	リオのカーニバル	ブラジル	7
6	春節	中国	5
6	サッカーワールドカップ	ドイツ	5
8	春節	台湾	4
9	ザルツブルク音楽祭	オーストリア	3
9	春節	シンガポール	3

*旅の販促研究所調査（2008年）

第8章
「祭旅」の取り組みと効果

1 祭旅と旅行会社

絶好調の祭りパッケージツアー

観光や食事、添乗員付のフルパッケージ型のパッケージツアーが減少し、敬遠される傾向にある中、祭・イベントをテーマにしたパッケージツアーは大手旅行会社だけでなく中小の旅行会社も積極的に取組み、人気を博している。中には、売り出しと同時に完売するツアーも多くあるという。

今、パッケージツアーは物見遊山型の周遊観光からテーマ性のある旅、目的型、参加型の旅にシフトしている。パッケージツアーの観光素材として長い歴史をもつ祭・イベントは、今日的にはテーマ性のある、季節感を感じることができる明確な目的型旅行という位置付けになっている。しかも、祭旅はそこまで行く交通手段や現地の宿泊の予約確保が難しく、その点においてもパッケージツアーは優位性があり、旅行者に安心感を与えられる。それだけではなく、初めて訪れる祭・イベントは見学するにも参加するにも、場所や時間等効率よく、要領よく対応しなくてはならない。そのルート、方法を熟知した旅行会社の手配や誘導はありがたいし、その祭・イベントを堪能できる特別観覧席や桟敷席などをあらかじめ確保されているのも旅行者にとっては嬉しいものである。通常期より旅行代金が高額になるなどの問題もあるが、たしかに祭りパッケージツアーの利用価値は高いといえよう。

人気の祭りパッケージツアーは東北四大祭り、京都の祇園祭り、四国二大祭り、おわら風の盆の見学ツアーだろう。その歴史は古く、今日でもその人気は衰えていない。しかし、近年は祭・イベントの見学だけではなく、プラスの付加価値を付けたツアーに人気が出ている。「東北四大祭りと湯けむり紀行４日間」のように祭りの他に３つの有名温泉地を組み入れたり、「にっぽん丸東北夏祭りクルーズ」のように豪華クルーズ船で現地に訪れるツアーも出てきた。「貴重な四条周辺３連泊宵々山・宵山・山鉾巡行・後祭まで楽しむ京都祇園祭り４日間」は徹底的にひとつの祭りを楽しむツアーだ。また見学だけでなく、「参加者全員が主役！　ＹＯＳＡＫＯＩソーラン祭り３日間」のように、はっぴや鳴子が用意され、本番前の教習、練習までセットされた参加型のツアーも企画されている。

また、季節にとらわれないスポーツイベントや音楽祭などもパッケージツアーに仕立てられている。各地からの出発の着地型の日帰りバスツアーの企画も祭・イベントでは多い。パッケージツアーと祭・イベントは相性がいいといえそうだ。

ＪＴＢ東日本国内商品事業部の木下俊司課長によれば、近年の傾向として「桟敷席付など割高でも祭りを満喫できるコースが人気」だという。また、「観光客の多少にかかわらず、価値のある祭りを旅行として取り扱って行くことが地域活性化の第一歩になるのでは」と旅行会社の役割を語っている。

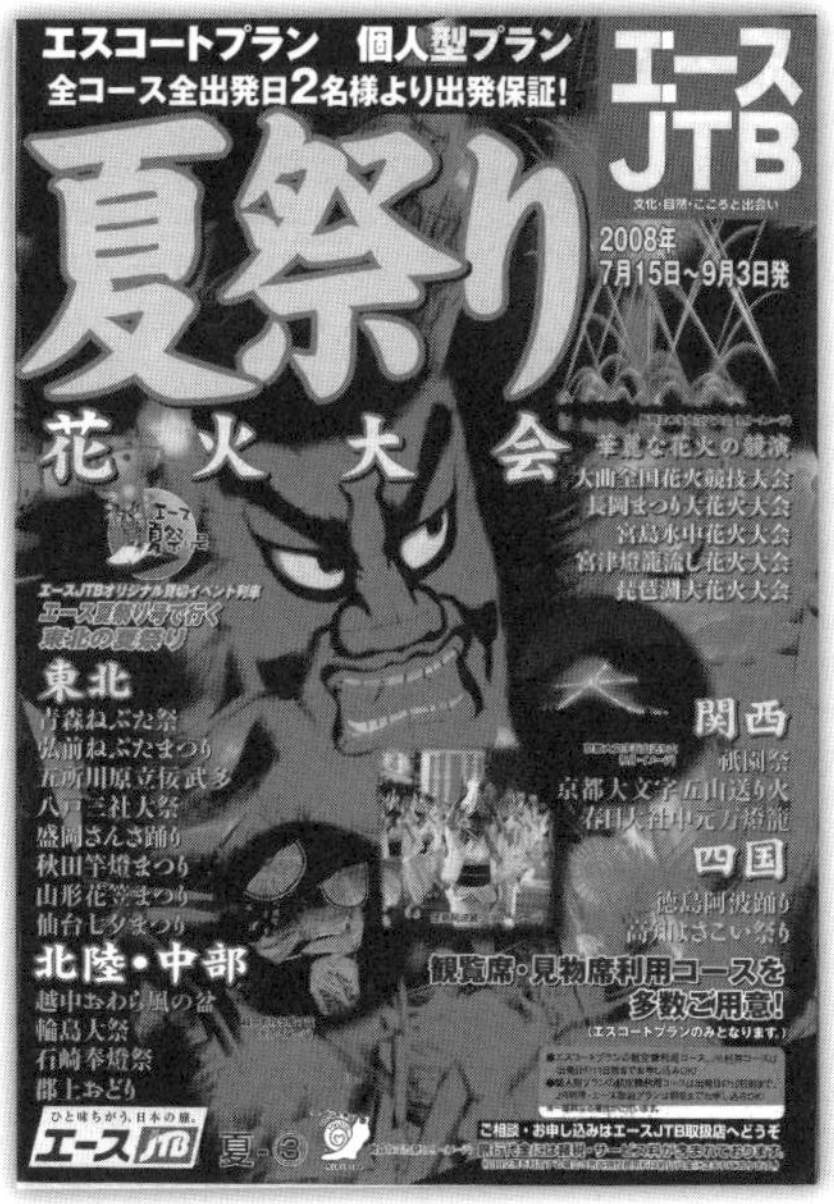

エースJTBパンフレット　JTB提供

ＭＩＣＥやＥＣＣへの本格的な取組み

ＭＩＣＥ（マイス）とは、Meeting（会議・研修・セミナー）、Incentive／Inspection（招待・優待・視察）、Convention／Congress（大会・学会・国際会議）、Event／Exhibition（展示会）の頭文字をとった造語で、非観光型旅行ビジネスの総称である。企業活動の活性化に伴って近年の伸長が著しいマーケットで、旅行会社が新しいビジネスモデルとして注目し、対応を強化している分野である。ミーティングビジネスともいい、日本国内だけでなく世界からの多くの人を集めるビジネスモデルで、そういう意味では旅行会社の祭・イベントに対する新しい取組みといってもいいだろう。

特に日本は先進国において国際会議の開催が低調な国と位置づけられている。２００６（平成18）年日本で開催された国際会議は１６６件で、国別では18位となる。この状況に対して国土交通省は観光立国基本計画の中で２０１０（平成22）年には開催件数を5割以上増加させるという目標を掲げている。

旅行会社が自ら祭・イベントの企画運営にかかわっていくこともあるが、多くの場合は交通機関や宿泊の手配、入場チケットの販売などを対応することが中心となっている。企画運営部分はグループ会社に任せることが多い。最大手のＪＴＢは国際会議の得意なＩＣＳコンベンションデザイン、様々なイベントを手がけるジェイコム、総合広告会社としてイベントをプロデュースするジェイ・アイ・シーなどのグループ会社を擁している。

また、旅行会社によりＥＣＣ、イベント（Event）とコンベンション・コングレス（Convention／Congress）と呼び、自主イベントの開催も視野にいれ営業活動しているところもある。

旅行会社のオリジナルイベントの試み

旅行会社が企画運営するオリジナルイベントを主催することは多くない。旅行商品と連動した地域での小規模イベントなどを主催するぐらいである。

その中でもっとも積極的に対応しているのは、やはりＪＴＢだろう。ＪＴＢのオリジナルイベント「杜《もり》の賑《にぎわ》い」は１９８１(昭和56)年、第1回を石川県の和倉温泉で開催し、２００５(平成17)年、同じ石川県金沢市での開催で通算１００回目を迎え、今日も続いている。「地域に埋もれた、あるいは忘れ去られようとしている郷土の祭りや芸能を見つけ出し、掘り起こし、時と場所を選ばず一同に集めて展開し、旅の中でお楽しみいただく」をコンセプトに、当初は国内旅行素材開発を目的に開催されたが、回を重ねるごとに、地元自治体、観光関係機関との連携などから発展的に規模が拡大し、近年では、地域における伝統文化の保護育成、若者たちの創作芸能への芸術支援や、地域活性化事業としてのイベントの色彩を濃くしている。驚異的な観客数を集めるイベントではないが、開催地は北海道から沖縄、台湾まで広がっている。一企業が自らの企画運営で20年以上継続して開催していることは、評価され賞賛されてよいだろう。また、営業の要素もあるとはいえ、社会貢献の側面ももつこのようなイベントは企業のブランド価値をあげる大きな要素ともなっている。

この他にも、ＪＴＢは１９８０年代後半から、オリジナルイベントとして「ＪＴＢ熱海花火大会」、「フェスタＪＴＢ75」、「ＪＴＢハリウッド映画村」など大型イベントに積極的な取組みをしてきた。旅行業界のリーディングカンパニーとしての挑戦といえよう。

2 祭旅と地域振興

地域の観光資源となる祭・イベント

近年、人口減少、産業構造の変化、地方分権の進行を背景に、地域の自立を目指し地域振興に取組む地方自治体の活発な動きがある。その地域固有の地域資源を最大限活用することがテーマとなり、特に大きな設備投資などがいらないツーリズムによる観光振興、地域おこし、地域ブランドづくりに取組んでいる地域が多い。

地域資源、とりわけ多くの旅行者を呼ぶ観光資源を探し、磨き、創ることがその第一歩となる。観光資源とは一定の地域に存在する観光旅行の対象となりうる特徴的な歴史・文化遺産などの文化財、温泉、食などの有形な要素と気象、風景、民俗、芸能、伝説、歴史、人物、サービスといった無形ないし人文的な要素のもので、旅行者が魅力に感じるものすべてが対象となる。

その観光資源となるモノ・コトの要件の第1は、地域固有なモノ・コトである。日本一、No・1、オンリーワン、珍しい、他にはないなどである。第2は、地域住民が共感するモノ・コト。極めて重要な要素で地域住民も共有、住民の誇りと感じるものでなければ絶対に優れた観光資源とはならない。第3に、物語性のあるモノ・コト。その資源の歴史、伝説、ストーリー、蘊蓄《うんちく》などである。そして第4が持続性のあるモノ・コトで、短期間に消滅したり、消耗したりせず、保護、育成出来ることである。

祭・イベントは期間限定の一過性という、最大の短所をもっているものの、この４つの要件を見事にクリアする可能性のある、もっとも地域らしい観光資源といえ、実際に祭・イベントを活用した地域活性化、地域づくりに成功している例は数多くある。

また、国も地域振興のインパクトある方法と注目し、地域に伝承される伝統芸能や伝統行事などの祭・イベントの文化を次世代に伝えるとともに、その地域特有の地域資源として地域における観光、地域商工業の振興に活用して行くことを目的に１９９２(平成４)年に「地域伝統芸能等を活用した行事の実施による観光及び特性地域商工業の振興に関する法律」(略称：地域伝統芸能等活用法)を制定し、施行している。「おまつり法」の愛称で呼ばれ、様々な支援を展開している。

祭・イベントによる地域おこしが続々

前章までの祭・イベントの具体的な解説と重複するが、近年においても祭・イベントによる地域振興、地域おこし、まちおこしの成功例は数多い。

人口約6万人の青森県五所川原市の事例はあまりにも有名だ。１９９３(平成5)年明治・大正期の立ねぷたの設計図の一部が発見され、この設計図を元に立ねぷたを復活させようとするボランティア運動が始まり、１９９８(平成10)年の夏祭りで80数年ぶりに「立佞武多」として復活させ、運行順路や周辺の電柱、信号機を撤去するなどまちをあげ取組み、東北四大祭りと並ぶ１７０万人の観客を呼ぶ祭りとなった。日銀の調査では5日間の祭り開催期間の経済効果は１００億円とされている。祭りがまちを生き返えらせた。

札幌のＹＯＳＡＫＯＩソーラン祭りの事例はあまりにも強烈である。１９９２(平成４)年に、北海道の学生が中心となってできた、高知市のよさこい祭りと、北海道にソーラン節をミックスさせた創作ダンスの新しい祭りである。〃まちは舞台だ〃を合言葉に、回を重ねるごとに拡大し、２００７(平成19)年には、国内外３４１チームが参加し、２００万人以上の観客を集めた。主催者発表によるとその経済効果は約２５０億円だといわれ。それだけではなく、この札幌での成功は全国に波及し、現在ではおよそ２２０ヶ所でよさこい祭りが行われている。日本国中どこに行っても〃よさこい〃だ、という批判も多い。たしかに祭りには地域固有の伝統や物語がほしい。なにはともあれ、この祭りの影響力と若者のパワーには驚かされる。

もともと歴史文化遺産や食などの有力な観光資源を持つ観光都市長崎もバブル崩壊後の団体旅行者の減少などで１９９０(平成２)年の観光客数６２７万人をピークに漸減傾向にあった。１９９４(平成６)年長崎在住の華僑の人々が中心となり、長崎ランタンフェスティバルが開催された。年々拡大され、今では１万５千個のランタンやオブジェが長崎のまちを飾り、２００７(平成19)年には96万人の来場者を迎え、観光オフシーズンの冬季の集客に成功している。２００６(平成18)年〃日本で始めてのまち歩き博覧会〃と銘打ち長崎さるく博が開催された。４月から10月までの７ヶ月間と長期にわたり、遊さるく・通さるく・学さるくのメニューが用意され、市民がプロデューサーとなりマップの作成やガイドを行った。長崎経済研究所によると観光客数３５５万人、経済効果は８６５億円と発表している。まだ、はじまったばかりのイベントで成否を議論する事はできないが、新しい参加交流型イベントとして今後も注目される。

このような大規模な祭・イベントばかりではなく、数千から数万の地域外からの旅行者を集め、地域の活性化や知名度の向上、イメージアップに寄与している祭・イベントは数限りなくあり、今もまた多くの市民やそれを支える行政や団体が新しい祭・イベントの企画に挑戦している。

祭・イベントの通年の観光資源化

祭・イベントの観光資源としての、最大の短所は期間限定の一過性ということである。通常2～3日間で一週間以内のものが圧倒的に多い。なかには数ヶ月の長期間開催のモノもあるが、稀である。そこで、地域ではその特徴ある祭・イベントを通年で見せ、紹介する工夫をしているところがあり、それ自体が魅力的な観光資源となっているケースもある。

最も多い祭・イベント紹介方法が祭り展示館である。ねぶたの里（青森市）、立佞武多の館（五所川原市）、キリコ会館（輪島市）、高山屋台会館（高山市）、曳山博物館（長浜市）など、山車や屋台が有名な祭りが多く、それらの優れた装飾などを近くからじっくり鑑賞でき、祭りの紹介もきめ細かく興味深い。これらの展示館自体が観光施設となり年間数十万という旅行者を呼んでいる。

また、映像・実演披露による紹介も各地で盛んに行われている。祭り展示館はもちろんのこと、地域の郷土資料館、歴史博物館などには、その地域を代表する祭・イベントを映像化し、大型スクリーンやモニターなどで上映をし、開催期間以外の来訪者に紹介している。なまはげ館（男鹿市）では、地域の独特の祭りである、なまはげが各家を訪れる迫力のある映像を披露し、旅行者を喜ばしている。また、隣接の男鹿真山伝承館ではなまはげの実演も見られる。阿波踊り、郡上踊り、高千穂の夜神楽の実演なども現地で通年鑑賞することができる。映像以上の臨場感があり重要な観光資源となっている。

3 祭旅の効果と課題

まちをおこし、旅を創る、祭・イベントの効果

祭・イベントは地域の観光振興を推進するための観光資源として、また、発地側から見ると単価の高い旅行を企画し、販売する事のできる旅行素材としの価値は極めて高い。祭・イベントのツーリズムにとっての効果、すなわち祭旅の効果を整理すると次のようになる。

①来訪者（旅行者）の増加

祭・イベントは知名度を上げ、その魅力を誘致圏に伝える事により、一定期間に大量の来訪者を誘致することが可能となる。発地側の旅行会社や運輸機関から見ると効率的に大量の旅行者を獲得し、送る事ができる。

②地域経済の活性化

観光関連事業者だけでなく地域が最も期待していることが地域経済の活性化への寄与だろう。事実、これまでに紹介してきた成功事例をみると、想像以上の消費行動を誘発し、経済波及効果を生んでいる。今、注目されている着地型企画旅行の大きな素材ともなり、地元で域外旅行者の需要を吸収することができる。

③地域住民の誇りの高揚、一体感の醸成

その地域固有の優れた観光資源は地域住民の誇りとなり、精神的な支柱となる。特に祭・イベントはもともと地域住民のものであったので、それを見学し、参加した旅行者からの高い評価は地域住民の誇りとなり生きがいにつながる。また、それらへの参加や協力は精神的な満足感を高め、地域の一体感を醸成する可能性をもつ。

④地域の知名度アップ・ＰＲに寄与

祭・イベントは季節感のある行事、トピックスとして地元メディアはもちろん、全国メディアに紹介されることも多い。新聞、雑誌をはじめテレビの全国ネット放送などはその効果は抜群に大きい。その結果、その祭・イベント自体だけではなく、地域の知名度アップとなり、地域自体また地域の特産物などのＰＲとなることもある。また、祭・イベントは海外への紹介も盛んで、インバウンド（訪日外国人旅行）の取組みにも適している。

⑤周辺観光地への波及

大規模で大都市圏からの遠隔地になればなるほど、〝ついで観光〟の需要を発生させる。今回の調査でも、祭・イベントを第一の目的ではなく、他の観光も目的にしたいとしている人は多い。周辺の観光スポット、温泉地などを組み合わせた観光ルートが期待できる。また、開催期間中、オーバーフローした宿泊需要は周辺観光地、周辺都市へと波及する。

⑥地域文化の交流と伝統文化の継承

多くの旅行者の来訪は地域経済の活性を生むだけではなく、人と人、文化の交流を育む。特に、祭・イベントという観光資源は多くの場合、その中に地域の独自の文化や伝統、歴史などが内包されており、地域文化の理解、交流にはもっとも有効なものといえる。また祭・イベントの外部からの評価やその定着は、次世代を担う若者の伝統文化に対する考え方を変え、多くの継承者をつくる可能性となる。

⑦オフシーズン・オフデーの解消

祭・イベントは気候の良い観光シーズンでなくても、週末でなくても旅行者を集める可能性がある。さっぽろ雪祭りが冬季の観光オフシーズン対策もひとつの目的で実施され、見事な成果をあげたのは有名である。雪と氷やイルミネーションを使った祭・イベントはほとんどがオフシーズン対策である。また、土日にこだわらない催行日の設定もオフデー対策となるだろう。

⑧新たなビジネスチャンスの創出

新しい市民の祭りや博覧会、展示会、スポーツイベント、映画祭、音楽祭など企業や業界団体などが主催、協賛、後援などにかかわってくる場合がある。地域の祭・イベントに商業主義が入ってくることは必ずしも肯定的ではないが、一方で時代の要請ともいえる。そこには祭・イベントを通し新たなるビジネスが生まれる可能性がある。また、祭・イベント自体が国内各地、さらに海外などへ公演という形で進出していくケースも出てきた。祭・イベント自体がビジネスとなって行くことも考えられる。

一過性という祭・イベントの課題の克服

幾度か解説したが、一定期間の限定した場所での短期集中ということが、最大の課題となるだろう。祭・イベントによる集客や経済効果も一過性という特徴を持っている。開催期間中はオーバーフローするほど旅行者が増加し、その終了とともに一気に減少する。どの祭・イベントでも起っている現象で、催行のための設備や人件費などの多額の投資は、催行後地域経済に負担増となって跳ね返ってくることが多くあった。にもかかわらず、祭・イベントへ取組むのは前述のような地域にとって大きな効果が期待されているからである。しかし、この一過性の効果を、地域にとって持続的な効果になるようなグランドデザインを描く必要があるだろう。

その克服はけっして容易ではないが、前述した展示館や映像、実演披露、体験メニューの開発などによる通年観光資源化や長期間開催、施設整備などハード整備を回避しソフト面の工夫による催行、地域住民の参加、協力など試行すべきことは数多くある。

その他、短期集中による課題は次のようなものがある。

①宿泊、交通の確保の困難さ
②宿泊、飲食等の価格の上昇
③旅行者が十分に鑑賞できない
④地域住民が参加できない
⑤交通渋滞と駐車場の問題
⑥ゴミ、トイレ、騒音の問題
⑦犯罪・トラブルの発生

などである。

問題解決の方向性は、地域住民にとっても、旅行者にとっても魅力ある快適な祭・イベントにしなくてはならないということだ。これらの課題も解決していかなければ、その祭・イベントが持続的な観光資源、旅行素材となっていくことはできない。

4 新しい祭・イベント

タレント・パレード・ヒカリモノの時代

近年、多くの観客、旅行者を集める祭・イベントのキーワードは「タレント・パレード・ヒカリモノ」といわれている。

人気歌手の野外コンサートなどは何万人という観客を全国から動員する。市民祭りや節分大会などにも有名タレントや歌手が登場し、それを目当てに行く人も多い。たしかに、集客数を確保するためには効果的な手法で、知名度の低い新しい祭・イベントなどでは即効性のある方法といえよう。また、地元出身のタレントや歌手が地域に貢献できる最良の機会となる場合もある。

東京の大銀座祭り、大阪の御堂筋パレード、ひろしまフラワーフェスティバルなどは典型的なパレードで、沿道に数多くの観客を集める。京都の葵祭り、祇園祭り、時代祭りや博多どんたく、山形の花笠踊り、徳島の阿波踊り、沖縄のエイサーも、行ってみるとパレードである。パレードは広範囲で見学できるのが特徴で、祭りの盛り上がりを点から線、さらに面にしている。その見せる工夫が観客を呼び、今日的な祭・イベントの代表的な形態となっているのだろう。

ヒカリモノとは火や灯の祭・イベントで、夜の祭・イベントといっても良く、その華麗な美しさや幻想的な雰囲気が観客を魅了する。各地の花火大会は歴史あるヒカリモノといえる。青森のねぶた祭り、弘前のねぷた祭り、秋田の竿灯祭り、山鹿灯籠祭りはいわばヒカリモノのパレードである。近年、急成長した祭・イベントである神戸ルミナリエに代表されるイルミネーションは、当調査で最も祭旅経験度が高かった。いずれも数十万から数百万の観客を集めている。

新しい祭・イベントのキーワード

地域振興、まちおこしの切り札として、各地域には続々と新しい祭・イベントが誕生している。また、地域に継承される伝統の祭・イベントを復活、磨きなおし、新たな地域の財産としているところもある。図表①は㈶地域伝統芸能活用センターが主催する「地域伝統芸能大賞」の受賞一覧である。地域振興に顕著に貢献し、磨き上げられた伝統ある祭りが並んでいる。また図表②は㈶地域活性化センターが主催する「ふるさとイベント大賞」の受賞一覧である。全国各地のバリエーション豊かな新しい祭・イベントが賞を受けている。中にはもうすでに地域に定着し、全国区となり数十万の観客を集めている祭・イベントもある。これらを見ると、これからの新しい祭・イベントの姿が浮かび上がってくる。

新しい祭・イベントのキーワードは次のようなものだろう。

①ソフトの工夫

一過性という最大の短所をカバーするためには、施設整備などのハードへの多額の投資は地域にとってリスクとなりすぎる。これからは、コンテンツや運営方法、集客方法などソフトの工夫により作り上げることがポイントとなる。

的な発展は望めない。

②住民やＮＰＯ等の主導

行政や企業、旅行会社や運輸機関などの支援や協力、連携は必要不可欠だか、祭・イベントの企画運営は地域住民や住民を中心としたＮＰＯなどが主導して行くことが成功の大きな要素となる。地域住民が自ら参加、協力し誇りと感じるものにしなければその祭・イベントの持続的な発展は望めない。

③参加交流型

近年の祭・イベントの成功例を見ると、参加交流型が多い。踊りやスポーツ、文化的なコンテストなどである。地域住民も運営への協力だけでなく、祭・イベント自体に参加し、旅行者も見学、鑑賞だけにとどまらず自ら参加する事で満足感を高め、地域の人々や文化との交流を楽しむことを求めはじめている。

④自然環境のテーマ

地域の自然を生かした祭・イベントがますます脚光を浴びていくだろう。花、雪、氷、星、ホタルなどがこのテーマとなる。桜をはじめ花を題材にした祭りは季節催事として定着している。雪や氷も見事に観光資源としてきた。さらに、石垣島の南の島の星祭りや伊豆の天城ほたる祭りなども人気が出ている。自然や環境は祭・イベントのこれからのテーマである。

⑤若者パワー

新しい祭・イベントの成功事例で、若者が中心となって創造したものが数多くある。各地域でも若者パワーを活用して祭・イベント作りに挑戦しているところは多い。伝統やしきたりにとらわれない柔軟な発想が成功に導いているのだろう。東京ゲームショー、コミックマーケット、世界コスプレサミットなども若者のパワーが生み出した祭・イベントだろう。

⑥国際化

国際会議の誘致だけではなく、日本の祭・イベントは国際交流の進展とともに着実に国際化している。万博などの国際博覧会や東京モーターショー、東京ゲームショーなどの見本市も多くの外国人の参加がある。また、地域の祭・イベントも訪日外国人の大きなお目当てであり、そこには日本の原風景を感じている。踊りなどへのチーム参加も多く、これからは訪日外国人を意識していくことが重要になってくるだろう。

⑦長期間開催

祭・イベントの欠点であり、最大の特徴でもある期間限定を乗り越え、長期間にわたる祭・イベントが増加し成功事例となっている。各地の冬の催事イルミネーションが代表例で1ヶ月以上の開催が多い。おわら風の盆は前夜祭を10日間開催している。長崎さるく博は7ヶ月間と長期の開催に挑戦した。近年脚光を浴びる雛祭りや芸術祭なども長期間開催が多い。長期間開催は新しい祭・イベントのひとつの方向性である。

地域にとってのかけがえのない財産であり、旅行業や観光業にとっても宝物である祭・イベントは、長い歴史と伝統を守りながらも、時代とともに新しい祭・イベントが加わり進化している。過剰な集客などの課題を解決しながら、自然や環境を保護するのと同様に、地域や発地の旅行会社、運輸機関さらに旅行者、全員の理解と行動で守り、育てていくことが最も大切なことだろう。

図表① 地域伝統芸能大賞受賞一覧

財団法人地域伝統芸能活用センター主催（2008）

年度	賞名	受賞者·団体（受賞対象祭り·地域名）
第1回 平成5年度（1993年度）	地域伝統芸能大賞（保存継承賞）	興梠金長氏（高千穂の夜神楽）
	地域伝統芸能大賞（活用賞）	山形県櫛引町（黒川能）
	地域伝統芸能大賞（地域振興賞）	島袋光史氏（沖縄の伝統芸能振興）
第2回 平成6年度（1994年度）	地域伝統芸能大賞（保存継承賞）	清和文楽人形芝居保存会（清和文楽）
	地域伝統芸能大賞（活用賞）	四国こんぴら歌舞伎大芝居振興協議会（金丸座）
	地域伝統芸能大賞（地域振興賞）	南部盛岡チャグチャグ馬コ保存会（チャグチャグ馬コ）
第3回 平成7年度（1995年度）	地域伝統芸能大賞（保存継承賞）	富山県民謡おわら保存会（越中八尾おわら風の盆）
	地域伝統芸能大賞（活用賞）	北上·みちのく芸能まつり実行委員会（鬼剣舞他）
	地域伝統芸能大賞（地域振興賞）	浜田守太郎氏（佐渡文弥人形芝居の演者）
第4回 平成8年度（1996年度）	地域伝統芸能大賞（保存継承賞）	郡上おどり保存会（郡上おどり）
	地域伝統芸能大賞（活用賞）	㈶淡路人形協会（淡路人形浄瑠璃公演）
	地域伝統芸能大賞（地域振興賞）	隼人町鈴かけ馬おどり保存会（鈴かけ馬おどり）
第5回 平成9年度（1997年度）	地域伝統芸能大賞（保存継承賞）	鷺舞保存会（津和野祇園祭）
	地域伝統芸能大賞（活用賞）	遊佐町民俗芸能保存協議会遊佐町教育委員会遊佐町中央公民館（遊佐町民俗芸能公演）
	地域伝統芸能大賞（地域振興賞）	竹中義雄氏（谷汲踊の保存振興）
第6回 平成10年度（1998年度）	地域伝統芸能大賞（保存継承賞）	八戸地方えんぶり連合協議会（えんぶり）
	地域伝統芸能大賞（活用賞）	出雲神話と神楽フォーラム実行委員会（出雲神楽）
	地域伝統芸能大賞（地域振興賞）	片桐登氏（大鹿歌舞伎の伝承·振興）
第7回 平成11年度（1999年度）	地域伝統芸能大賞（保存継承賞）	西馬音内盆踊保存会（西馬音内盆踊）
	地域伝統芸能大賞（活用賞）	佐原の大祭実行委員会（佐原の大祭）
	地域伝統芸能大賞（地域振興賞）	鶴崎おどり保存会（鶴崎踊の振興·国際交流）
第8回 平成12年度（2000年度）	地域伝統芸能大賞（保存継承賞）	白石踊会（白石踊り）
	地域伝統芸能大賞（活用賞）	先帝祭上臈参拝行事実行委員会（先帝祭上臈参拝行事）
	地域伝統芸能大賞（地域振興賞）	烏山山あげ保存会（烏山山あげ祭り）
第9回 平成13年度（2001年度）	地域伝統芸能大賞（保存継承賞）	山鹿灯籠まつり実行委員会（山鹿灯籠まつり）
	地域伝統芸能大賞（活用賞）	城端むぎや祭協賛会（城端むぎや祭）
	地域伝統芸能大賞（地域振興賞）	長浜曳山祭総当番（長浜曳山祭）
平成14年度（2002年度）	地域伝統芸能大賞（保存継承賞）	壬生の花田植保存会（壬生の花田植）
	地域伝統芸能大賞（活用賞）	唐津曳山取締会（唐津くんち）
	地域伝統芸能大賞（地域振興賞）	島田大祭保存振興会（島田大祭）
平成15年度（2003年度）	高円宮殿下記念地域伝統芸能賞	日立郷土芸能保存会（茨城県日立市）
	地域伝統芸能大賞（保存継承賞）	白鳥拝殿踊り保存会（岐阜県白鳥町）
	地域伝統芸能大賞（活用賞）	八王子まつり実行委員会（東京都八王子市）
	地域伝統芸能大賞（地域振興賞）	能登キリコ祭り振興協議会（石川県七尾市）
平成16年度（2004年度）	高円宮殿下記念地域伝統芸能賞	博多祇園山笠振興会（福岡県福岡市）
	地域伝統芸能大賞（保存継承賞）	犬山祭保存会（愛知県犬山市）
	地域伝統芸能大賞（活用賞）	小鹿野歌舞伎保存会（埼玉県小鹿野市）
	地域伝統芸能大賞（地域振興賞）	佐伯灯籠保存会（京都府亀岡市）
平成17年度（2005年度）	高円宮殿下記念地域伝統芸能賞	長崎伝統芸能振興会（長崎県長崎市）
	地域伝統芸能大賞（保存継承賞）	黒森歌舞伎妻堂連中（山形県酒田市）
	地域伝統芸能大賞（活用賞）	株式会社神楽門前湯治村（広島県安芸高田市）
	地域伝統芸能大賞（地域振興賞）	国府町因幡の傘踊り保存会（鳥取県鳥取市）
平成18年度（2006年度）	高円宮殿下記念地域伝統芸能賞	青森ねぶた祭実行委員会（青森県青森市）
	高円宮殿下記念地域伝統芸能賞	弘前ねぷた保存会（青森県弘前市）
	地域伝統芸能大賞（保存継承賞）	盛岡さんさ踊り実行委員会（岩手県盛岡市）
	地域伝統芸能大賞（活用賞）	沖縄全島エイサーまつり実行委員会（沖縄県沖縄市）
	地域伝統芸能大賞（地域振興賞）	YOSAKOIソーラン祭り組織委員会（北海道札幌市）
平成19年度（2007年度）	高円宮殿下記念地域伝統芸能賞	徳島県阿波踊り協会阿波おどり振興協会（徳島県徳島市）
	地域伝統芸能大賞（保存継承賞）	柏崎市綾子舞保存振興会（新潟県柏崎市）
	地域伝統芸能大賞（活用賞）	金沢百万石まつり実行委員会（石川県金沢市）
	地域伝統芸能大賞（地域振興賞）	牛深ハイヤ祭り実行委員会（熊本県天草市）
平成20年度（2008年度）	高円宮殿下記念地域伝統芸能賞	秋田市竿燈会（秋田県秋田市）
	地域伝統芸能大賞（保存継承賞）	黒丸踊保存会（長崎県大村市）
	地域伝統芸能大賞（活用賞）	五箇山麦屋·こきりこ祭り実行委員会（富山県南砺市）
	地域伝統芸能大賞（地域振興賞）	桐生八木節まつり協賛会（群馬県桐生市）

※他に支援賞・奨励賞がある

図表② ふるさとイベント大賞一覧　　財団法人地域活性化センター主催（2008）

	賞名	イベント名	地域名
第1回（1996年）	大賞	万葉集全20巻朗唱の会（第7回）	富山県高岡市
	優秀賞	大道芸ワールドカップイン静岡（第5回）	静岡県静岡市
	優秀賞	「かまぼこ板の絵」展覧会（第2回）	愛媛県城川町
第2回（1997年）	大賞	小学生創作ミュージカル発表会（第4回）	宮城県歌津町
	優秀賞	星の都絵本大賞（第4回）	兵庫県佐用町
	優秀賞	柳川ソーラーボート大会（第2回）	福岡県柳川市
第3回（1998年）	大賞	因島水軍まつり（第8回）	広島県因島市
	優秀賞	棚田inうきは彼岸花めぐり（第4回）	福岡県浮羽町
	優秀賞	立佞武多の運行（第1回）	青森県五所川原市
第4回（1999年）	大賞	仁淀川紙のこいのぼり（第5回）	高知県伊野町
	優秀賞	からくりデザインフェスティバル'99（第1回）	愛知県名古屋市
	優秀賞	師走祭り「迎え火」（第12回）	宮崎県南郷村
第5回（2000年）	大賞	大地の芸術祭・越後妻有（えちごつまり）アートトリエンナーレ2000（第1回）	新潟県十日町
	優秀賞	第7回ゲタリンピック2000（第7回）	広島県福山市
	優秀賞	長崎ランタンフェスティバル（第7回）	長崎県長崎市
第6回（2001年）	大賞	美濃和紙あかりアート展（第8回）	岐阜県美濃市
	優秀賞	松山・21世紀イベント「ことばのちから2001」	愛媛県松山市
	優秀賞	いいだ人形劇フェスタ（第3回）	長野県飯田市
第7回（2002年）	大賞	仁尾八朔人形まつり2002（第5回）	香川県仁尾町
	優秀賞	松明あかし	福島県須賀川市
	優秀賞	鹿島ガタリンピック（第18回）	佐賀県鹿島市
第8回（2003年）	大賞	西塩子の回り舞台歌舞伎公演（第4回）	茨城県大宮町
	優秀賞	西都古墳まつり（第17回）	宮崎県西都市
	優秀賞	つがわ狐の嫁入り行列（第14回）	新潟県津川町
第9回（2004年）	大賞	あったか高知まんがフェア　第13回全国高等学校漫画選手権大会	高知県高知市
	優秀賞	第5回岡山弁はええもんじゃ〜ことばの祭り・建部〜	岡山県建部町
	優秀賞	南の島の星まつり（第2回）	沖縄県石垣市
第10回（2005年）	大賞	小樽雪あかりの路（第7回）	北海道小樽市
	優秀賞	藤沢野焼祭（第30回）	岩手県藤沢町
	優秀賞	エアロバティックジャパン	宮城県角田市
第11回（2006年）	大賞	岐阜フラッグアート展（第10回）	岐阜県岐阜市
	優秀賞	みやぎ村田町蔵の陶器市（第6回）	宮城県村田町
	優秀賞	白根大凧合戦（300年以上）	新潟県新潟市
第12回（2007年）	大賞	アース・セレブレーション2007（第20回）	新潟県佐渡市
	優秀賞	ふるさと百餅祭り（第25回）	北海道岩見沢市
	優秀賞	来る福招き猫まつりin瀬戸（第12回）	愛知県瀬戸市

※他に部門賞・奨励賞・選考委員特別賞がある

おわりに

インターネットのポータルサイト「ｇｏｏランキング」に〝海外の人に勧めたい日本の祭・イベントランキング〟（２００７年10月）が掲載されていた。そのランキングによると、１位は青森ねぶた祭りで２位はさっぽろ雪祭り、３位は京都の祇園祭りだった。1位が最も日本的な京都で行われる絢爛豪華な山鉾巡行をおさえ、東北の地の青森ねぶた祭りになったことはちょっと興味深かった。４位以下は、阿波踊り、大文字の送り火、岸和田だんじり祭りと続き、それ以下も歴史と伝統のある日本を代表する祭・イベントが並ぶ。一方で、15位東京ゲームショウ、23位コミックマーケット、24位ロボコン、28位に世界コスプレサミットと日本が作り上げた新しいカルチャーのイベントが30位以内にランクインされた。たしかに、これらも今の日本の文化を表現するイベントとしてもうすでに定着し、海外の人々に参加してもらいたいイベントに成長しているようだ。日本の祭・イベントは確実に進化している。

本来祭りは神事仏事をそのルーツに持ち、神聖なものだった。また、その祭りを地域の習俗として継承し育ててきたのは地域に住む一般の人々だった。人々は一年のほとんどを生活のための労働に費やし、年に幾度かの非日常のハレである祭りをつくり、守ってきた。日本の祭りは儀式、山車、神輿、行列、神楽、芸能、舞踊など大枠ではとても似かよっている。しかし、長い時間の流れの中でそれぞれの土地固有の特徴ある祭りとして完成されている。それが、地域の人々の自慢であり誇りともなっている。その魅力ある祭りを是非生で見たいと思う人は多い。特に、地域のコミュニティが希薄になっている都会人にとってはその思いが強い。

もともとは数日間の祭りの一部を切り取り、クライマックスの部分を強調し、見学者のための演出を加え、多くの見物客や旅行者を呼び、彼らはそこだけを見て帰って行く。このような観光イベント化を否定する人も多い。たしかに、いたずらに集客を追求し、過剰な集客となることは、伝統的な祭・イベントの本来の意味やテイスト、住民感情などを損なうこともある。また、過剰集客による様々な地域負担の増加も大きな課題となる場合もある。

しかし、祭・イベントは地域の宝物であると同時に、すべての日本人の財産でもある。誰もがドキドキ、ワクワクする魅力ある祭・イベントを、多くの日本人が見て、触れてほしいと思う。外国からの旅行者にも是非参加してもらいたい。これは旅行・観光にかかわる者の我が儘かもしれない。ただし、集客の量を追求する祭旅の時代は終わりを告げなくてはならないと考えている。集客の質を追い求め、地域の文化や伝統、生活、環境と調和して、その土地の魅力を持続的に高めていく祭旅にしていかなくてはならないだろう。

旅行会社は定番の祭・イベントだけではなく、まだ知られていない祭・イベントも紹介していくことが必要だろう。地域は伝統ある祭りを磨き、守り、また若い力で新しい祭・イベントを創造し、土地のかけがえのない宝物にしていくことが大切だろう。旅行者は祭旅に参加するマナーを守り、地域の人々や文化と交流することが求められる。

祭旅の市場は永遠になくなることのない旅行マーケットとして拡大し、ますます旅人をつくり、地域を元気にしていくに違いない。本書がその対応のきっかけとヒントになればと願っている。

２００８年９月

安田亘宏

な行

は行

ま行

や行

ら行

わ行

索引

著者紹介

安田　亘宏（やすだ　のぶひろ）旅の販促研究所所長（㈱ジェイ・アイ・シー執行役員）

1977年JTBに入社。旅行営業、添乗業務を経験後、本社、営業本部、グループ会社でCI・販売促進・マーケティング・事業開発等の実務責任者を歴任。06年4月より現職。

所属：NPO法人日本エコツーリズム協会理事、日本地域資源学会常務理事、日本観光研究学会会員、日本創造学会会員、日本旅行作家協会会員、法政大学地域研究センター客員研究員

著書：「旅の売りかた入門―もっと売るための広告宣伝戦略―」（イカロス出版）
「旅行会社のクロスセル戦略」（イカロス出版）
「長旅時代―ロングツーリズムの実態と展望―」（監修・教育評論社）
「食旅入門―フードツーリズムの実態と展望―」（共著・教育評論社）
「犬旅元年―ペットツーリズムの実態と展望―」（共著・教育評論社）
「キャッチコピーに見る『旅』」（共著・彩流社）

中村忠司（なかむら　ただし）旅の販促研究所副所長

1984年JICに入社。88年JTBに出向、CI導入・ブランディングを担当。JIC復帰後、旅行・観光関係の企画・キャンペーン・プロモーションを担当。06年4月より現職。

所属：日本地域資源学会理事

著書：「食旅入門―フードツーリズムの実態と展望―」（共著・教育評論社）
「犬旅元年―ペットツーリズムの実態と展望―」（共著・教育評論社）
「キャッチコピーに見る『旅』」（共著・彩流社）

上野　拓（うえの　ひろし）旅の販促研究所主席研究員

1983年JTBに入社。旅行営業、添乗業務を経験後、海外支店、本社、グループ会社で販売促進・広告宣伝・広報等を担当。その間、㈵国際観光振興会へ出向。07年4月より現職。

所属：日本観光研究学会会員・日本地域資源学会会員

著書：「キャッチコピーに見る『旅』」（共著・彩流社）

調査・取材協力

川口　賢次（かわぐち　けんじ）旅の販促研究所シニアプロデューサー

吉口　克利（よしぐち　かつとし）旅の販促研究所主任研究員

小畑　綾乃（おばた　あやの）旅の販促研究所研究員

旅の販促研究所

JTBグループのシンクタンクとして、同グループの総合広告会社㈱ジェイ・アイ・シー（JIC）内に設立された研究所。「旅行者研究」をメインテーマに多様化、個性化された日本人旅行者の行動と心理を独自の調査手法により分析し、旅行業界・観光業界にこだわりのある新しい企画提案をしている。

ホームページ：http://www.jic.co.jp/

参考・引用文献
「旅行者動向　2007」（財団法人日本交通公社観光文化事業部）
「観光実務ハンドブック」日本観光協会編（丸善）
「観光振興と魅力あるまちづくり―地域ツーリズムの展望」佐々木一成著（学芸出版社）
「イベント業務基礎知識講座」（社団法人日本イベント産業振興協会）
「日本の祭り　知れば知るほど」菅田正昭著（実業之日本社）
「祭りの事典」佐藤和彦・保田弘道編（東京堂出版）
「日本の祭り事典」田中義広著（淡交社）
「『日本の祭り』はここを見る」八幡和郎・西村正裕著（祥伝社新書）
「日本の祭りを読み解く」真野俊和著（吉川弘文館）
「日本の祭りと芸能―アジアからの視座」諏訪春雄著（吉川弘文館）
「奇妙な祭り―日本全国〈奇祭・珍祭〉四四選」杉岡幸徳著（角川書店）
「神と祭りと日本人」牧田茂著（講談社）
「現代ニッポン祭り考―都市祭りの伝統を創る人びと」松平誠著（小学館）
「知識ゼロからの神社と祭り入門」瓜生中著（幻冬舎）
「『神社と神さま』がよくわかる本―境内の見どころ・参拝マナーからご利益までを完全ガイド」
　島崎晋著（ＰＨＰエディターズ・グループ）
「祭りと日本人―信仰と習俗のルーツを探る」宇野正人監修（青春出版社）
「知っておきたい日本の神様」武光誠著（角川学芸出版）
他、各観光協会、祭・イベント主催者のホームページ、ガイドブック、新聞、雑誌などを参照しました。

祭旅市場 イベントツーリズムの実態と展望

2008年10月7日第1刷発行

著　　者　安田亘宏　中村忠司　上野拓

発 行 者　阿部黄瀬

発 行 所　株式会社 教育評論社
〒103-0001　東京都中央区日本橋小伝馬町２－５　ＦＫビル
TEL 03-3664-5851FAX 03-3664-5816
http://www.kyohyo.co.jp

印刷製本　壮光舎印刷株式会社

ISBN 978-4-905706-30-4　C0065

旅のマーケティングブックス

旅の販促研究所：著

長旅時代

ロングツーリズムの実態と展望

「長旅時代」到来の裏づけを明らかに！

目次　第1章　What is 長旅？／第2章　長旅時代の幕開けだ！／第3章　さまざまな海外長旅／第4章　海外長旅の実態と意向／第5章　さまざまな国内長旅／第6章　国内長旅の実態と意向／第7章　長旅出現の社会背景／第8章　長旅へのさまざまな取り組み

●旅の販促研究所　●監修：安田亘宏
●定価：一四七〇円（税込）　●ISBN978-4-905706-18-2

食旅入門

フードツーリズムの実態と展望

「食旅」のモチベーションを探る！

目次　第1章　食と旅／第2章　食旅とは何か／第3章　国内食旅の実態と意向／第4章　国内食旅都市の分類／第5章　国内食旅の事例／第6章　海外食旅の実態と意向／第7章　海外食旅都市の分類／第8章　海外食旅の事例／第9章　食旅の取り組みと効果

●旅の販促研究所／安田亘宏・中村忠司・吉口克利
●定価：一六八〇円（税込）　●ISBN978-4-905706-23-6

犬旅元年

ペットツーリズムの実態と展望

「犬旅」が秘めた高い可能性を明らかにする！

目次　第1章　犬旅とは何か／第2章　日本のペット事情／第3章　ペットビジネスの現状／第4章　犬旅の対応と現状／第5章　犬旅の実態／第6章　犬旅の意向／第7章　ペット同伴宿の実態／第8章　海外犬旅の実態と意向／第9章　犬旅のこれから

●旅の販促研究所／安田亘宏・中村忠司・吉口克利
●定価：一六八〇円（税込）　●ISBN978-4-905706-27-4

価格は税込みです。
お近くの書店でお求めください。